e-토피아

월리엄 미첼 지음 | 강현수 옮김

한울

 e-topia

"URBAN LIFE, JIM — BUT NOT AS WE KNOW IT"

WILLIAM J. MITCHELL

THE MIT PRESS

e-topia

by William J. Mitchell

이 책은 윌리엄 미첼의 최근 저작인 *E-topia: "Urban Life, Jim —But Not As We Know It"*(MIT Press, 1999)를 우리말로 완역한 것이다. MIT에 재직하고 있는 미첼 교수는 현재 정보통신의 발달과 인터넷의 보급이 건축과 도시의 기능 및 역할에 미치는 영향에 관해 깊은 관심을 가지고 연구하고 있으며, 이와 관련된 주제에 대해 서술한 일련의 저작들을 통해 세계적인 명성을 얻고 있다. 이 책은 이러한 저자의 저작들 중 가장 최근작으로서, 정보통신의 발달이 21세기 우리의 도시와 일상생활에 어떠한 영향을 미칠 것인지를 아주 쉽고 재미있게 설명하고 있다. 세계적으로 알려진 저자의 명성 덕분에, 이 책은 출간되기도 전에 이미 인터넷에서 예약 판매될 정도로 큰 기대를 모으기도 했다.

이 책에서 미첼 교수가 말하고자 하는 내용은 책의 제목에서 잘 드러난다. 이 책의 제목인 『e-토피아』에서 'e-'의 어원은 전자적(電子的)이라는 뜻을 지닌 electronic의 축약어로서, e-메일, e-트레이드, e-비즈니스 등과 같은 뿌리에서 비롯된 것이다. 현재 우리 사회에서 'e-'로 시작되는 말들은 자신의 현학을 과시하기 위해 새롭고 신기한 용어를 만들어내는 이들에게만 통용되는 비밀스러운 신종 전문

용어 차원을 이미 넘어서서, 어느새 우리의 사회·경제 생활을 묘사하는 데 없어서는 안될 보편적인 생활용어로 자리잡고 있다. 어쩌면 'e-'는 이제 막 접어든 21세기, 혹은 어느새 우리 앞에 성큼 다가온 이른바 '정보화 사회'를 가장 잘 대변하고 있는 접두어라고 할 수 있다. 『e-토피아』는 바로 이 'e-'와, 장소를 뜻하는 '토피아(topia)'의 합성어이다. 따라서 e-토피아는 정보화 사회에 걸맞은 장소, 즉 앞으로 더욱 가속화할 정보통신의 발전이 가져올 새로운 세상에서 우리가 살아가게 될 삶의 장소를 뜻한다고 하겠다.

원서의 부제인 "Urban life, Jim—But Not As We Know It"는 미국의 인기 TV 공상과학 프로그램인 〈스타트랙(Star Trek)〉에서 유명해진 대사를 약간 바꾼 것—원래의 대사에 도시('urban')라는 단어 하나를 살짝 첨가—이다. 이 부제를 통해 저자는 앞으로 e-토피아에서 우리가 영위할 생활은 지금의 도시 생활과는 분명 다를 것이라는 그의 관점을 은유적으로 유머스럽게 드러내고 있다.

그럼 e-토피아는 과연 어떤 곳이며, 기존의 도시와는 무엇이 어떻게 다른가? 이에 대한 저자의 대답이 바로 이 책의 전체 내용을 구성하고 있다. 이제부터 이 책을 읽어볼 독자들은 저자가 특유의 박학다식함과 유머감각을 가지고 풍부하고 다양한 사례를 섞어가면서 e-토피아가 과연 어떠한 곳이며 어떠한 과정을 거쳐서 건설될 것인지를 흥미진진하게 설명하는 것을 보게 될 것이다. 저자의 설명을 아주 간단히 요약한다면 e-토피아는 우리의 생활에 필요한 많은 것들이 전자적으로 공급되며(물질적이 아니라), 우리가 원하면 언제라도, 전세계 어느 곳이라도 손쉽게 접속할 수 있는 그런 곳이다. 또한 e-토피아는 지금 현재 우리가 살고 있는 도시보다 더욱 부드럽고 지능적으로 운영될 것이며, 불필요한 군살이 제거되어 더욱 효율적이고 날렵한 환경친화적인 도시라고 요약할 수 있다. 아울러 e-토피아는 현세대의 필요를 충족시켜 주면서도 미래 세대에 피해를 전가시키지 않는 '지속가능한' 도시이기도 하다.

그렇다면 이 책의 저자 미첼 교수가 말하는 곧 다가올 미래의 도시 e-토피아는 바로 유토피아(utopia)인가? 지금으로부터 500여 년 전 영국의 사상가 토머스 모어가 언급했던 유토피아는 인류가 꿈꾸는 이상향이지만, 문자 뜻 그대로 이 세상에 존재하지 않는 그런 장소이다. 인류는 그동안 토머스 모어가 살던 시절과는 비교할 수 없을 만큼 높은 수준의 과학기술을 발전시켜 왔다. 이렇게 엄청나게 발전한, 그리고 향후 더욱 빠른 속도로 발전할 과학기술, 특히 정보통신기술은 앞으로 인류에게 유토피아를 가져다줄 수도 있지 않을까? 이와 관련하여 이 책의 저자 미첼 교수는 기술발전이 가져올 장밋빛 미래를 낙관하는 유토피아적인 단선적 기술결정론을 거부한다. 이와 동시에 저자는 미래의 암울함을 예견하는 묵시록적인 디스토피아적 관점 역시 거부하고 있다. 저자의 입장에서 보면 정보통신기술은 인류의 목적에 이롭게 활용될 수 있는 훌륭한 수단이다. 이때 중요한 것은 인류 역사상 처음 갖게 된 이 엄청나게 강력하고 효율적인 수단을 우리가 과연 어떠한 방향으로 활용할 것인가다. 예컨대 발달된 정보통신기술은 빈부격차를 심화시키고 조지 오웰의 빅브라더(Big Brother)처럼 우리를 철저히 감시 통제하는 도구로 사용될 수도 있으며, 반대로 인류의 숙명과도 같았던 물리적 거리의 장벽, 물질세계의 속박에서 벗어나 우리에게 보다 많은 자유, 보다 참여적이고 개방적인 민주주의, 새로운 형태의 만남과 교류의 장를 가져다주는 도구로 활용될 수도 있는 것이다. 이처럼 양면성을 지닌 정보통신기술을 우리 인류의 목표에 맞게 현명하고 적절하게 다루고 활용하는 법을 모색하는 것이 저자가 보기에 바로 지금 우리가 해야 할 일인 것이다.

따라서 e-토피아가 유토피아인 것은 아니지만 지금 우리가 살고 있는 장소보다는 보다 세련된 문명을 갖춘 곳이다. 이곳에서 사물

의 축적은 지금보다 적으나 정보의 흐름은 지금보다 많으며, 지리
적 집중은 완화되지만 전자접속은 강화되며, 희귀한 자원의 소비가
억제되고 대신 지능적인 관리가 확대된다. 저자가 든 예처럼, 우리
는 e-토피아에서 책을 '찾거나 사는 데' 낭비하던 시간을 싸고 쉽게
접속한 전자 출판물을 '읽는 데' 활용할 수 있는 것이다.

그런데 이러한 e-토피아가 기술결정주의자들의 주장처럼 결코 저
절로 만들어지는 것은 아니기 때문에 "지금 우리는 우리가 해야 할
몇 가지 중요한 사회적 선택을 결정하고, 우리의 미래를 설계하고
건설해야 하는 귀찮고도 어려운 장기적 과제를 안고 있으며"(1장),
"바로 지금이 도시설계와 도시개발의 새로운 방식을 창안하고, 건
축의 역할을 다시 새롭게 생각해야 할 시점"이며, "새벽이 밝아오
는 새천년의 개막을 위하여 e-토피아를 건설하는 방법을 배워야만"
(머리말) 하는 것이다. 저자는 우리가 e-토피아 건설을 위하여 해야
할 일들을 다음과 같이 구체화하고 있다.

> 우리는 필요한 디지털 정보통신 하부구조를 구축해야 하고, 전통적
> 인 건축 구성요소들에 전자 하드웨어를 결합한 혁신적인 스마트 장소
> 를 창조해야 하고, 이런 스마트 장소들을 우리에게 유용하게끔 운용
> 할 소프트웨어를 개발해야 한다. 마지막으로 서로 전자적으로 접속되
> 고 축소되는 세계에서 지속가능하면서도, 또한 경제·사회·문화적인
> 의미가 사려 깊게 고려된 건축, 마을, 도시, 지역의 공간적 형태를 고
> 안해야만 하는 것이다.
>
> — 머리말 중에서

특히 건축이나 도시계획을 전공하는 학생들은 특히 저자의 다음
의 주장을 귀담아들을 필요가 있을 것이다.

　이러한 목표들을 좀더 효과적으로 수행하기 위해서는 건축과 도시
설계의 정의를 더 넓게 확대하여서 물리적인 장소뿐 아니라 가상의
장소도, 하드웨어뿐 아니라 소프트웨어도, 물리적 근접과 교통체계를
통한 교류뿐만 아니라 정보통신 연계수단을 통한 교류도 함께 포괄해
서 고려해야만 한다.

— 머리말 중에서

　이 책의 내용 구성은 바로 이러한 과제와 관련되어 있다. 머리말
은 이 책의 출발점으로 지금까지의 도시 발전의 역사적 흐름과 아
울러 미래 도시에 대한 전망을 재미있는 비유를 들어가면서 설명하
고 있다. 1장에서 4장까지는 최근 진행되고 있는 정보통신의 발전과
정과 그 공간적 함의, 특히 건축과 도시에 미치는 함의를 다루고 있
다. 그중에서도 1장은 정보통신 하부구조, 3장은 소프트웨어, 2장과
4장은 정보통신기술과 인간과의 인터페이스에 각각 초점을 맞추고
있다. 한편 5장부터 9장까지는 정보통신의 발달에 따라 우리의 삶
의 공간적 형태와 생활방식이 어떻게 변화하고 있는지에 대해 서술
하고 있다. 5장은 가정과 동네 같은 생활공간의 변화에, 7장은 일터
를 중심으로 한 생산공간의 변화에, 8장에서는 원격서비스 전달방
식의 등장과 이로 인한 변화를 다루고 있으며, 6장과 9장은 정보통
신 덕분에 가능해진 사람들간의 새로운 교류방식(이메일, 온라인 만
남 등)의 출현과 그에 따른 사회적, 공간적 함의를 다루고 있다. 특
히 9장의 주요 내용인 "참석의 경제"와 사람들간의 의사소통의 4가
지 유형 구분은 이 책에서 가장 분석적인 내용으로 저자의 독창성
이 잘 드러나는 부분이라고 할 수 있다. 마지막 10장은 결론 부분
인데, e-토피아를 구성하는 다섯 가지 주요 원리—탈물질화, 탈이동
화, 대량 맞춤생산, 지능적 작동, 부드러운 변혁—를 제시하고 있다.
　각 장들은 서로 연관된 내용이긴 하지만 나름대로 독립적으로

구성되어 있기 때문에 독자들이 굳이 처음부터 순서대로 읽어야 할 필요는 없다. 관심이 끌리는 어떤 장부터 읽기 시작해도 내용 이해에는 별 무리가 없을 것이다.

역자가 보기에 이 책의 가장 큰 장점은 보통 이런 유의 미래학 관련 저작들이 빠지기 쉬운 미래에 대한 지나친 낙관론(아니면 지나친 비관론)이나 과도한 일반화의 오류에 빠져 있지 않다는 점이다. 대신 미첼 교수는 구체적인 사실 분석에 입각하여 매우 현실적이고 논리 정연한 입장을 취하고 있다. 또한 일관된 주제와 논리 속에서 시공간을 초월한 풍부하고 재미있는 사례들을 한데 묶을 수 있는 저자의 능력 덕분에, 이 책을 읽는 독자들은 지루하지 않으면서도 앞으로 다가올 새로운 세상에 대한 깊은 통찰력을 얻을 수 있게 될 것이다.

이 책을 읽으면서 정보통신의 발전과 건축 및 도시의 미래에 관해 더욱 흥미를 느끼게 된 독자들이 있다면 저자의 다른 책들—특히 『e-토피아』의 전편이라고 할 수 있는 『비트의 도시』(원제: *City of Bits*, 1994, 국내에도 이미 번역 출간되었음)—과 함께 책 끝에 수록된 주해에서 저자가 인용·소개하는 책들도 보라고 권하고 싶다.

이 책을 번역하면서 역자는 가능한 한 저자의 원문 내용을 가감없이 그대로 전달하려고 노력했고, 아울러 독자들의 이해를 돕기 위해 너무 많다 싶을 정도로 옮긴이 주를 붙였다. 미첼 교수의 영어 원문은 적절히 유머가 섞인 매우 유려하고 리듬감 있는 문체로 독자들을 사로잡고 있지만, 역자의 능력부족으로 저자 특유의 미국식 유머와 영어의 운율을 독자들에게 제대로 전달하지 못한 것을 무척 아쉽게 생각한다.

끝으로 이 책이 출간되는 데 큰 도움을 준 여러분들에게 감사드린다. 처음에 같이 번역을 시작했던 후배 강예린은 이 책의 1, 2, 3, 4, 6장의 초역을 해주느라 무척 고생을 했다. 그의 노고에 감사드리며 결실을 함께 거두지 못한 점 무척 아쉽게 생각한다. 옥스퍼드에서 역자의 영어선생이자 좋은 친구였던 조지 테일러(George Taylor)는 역자가 도저히 해석할 수 없는 부분에 대해 명쾌한 조언을 해주었다. 또한 이 책의 한국어판 출판 필요성에 대한 역자의 말을 믿고, 원저가 공식 출간되기도 전에 무척 비싼 저작권료도 감수하면서 번역판권을 얻어준 도서출판 한울의 김종수 사장님과 관계자 여러분께 깊이 감사드린다.

2001년 10월
강현수

요즘 서울에서 볼 수 있는 놀라운 모습 중의 하나는 바로 'PC방'이라는 것이 무수히 생겨나고 있는 것이다. 이 PC방은 마치 우후죽순처럼 급속도로 퍼지고 있다. 그렇지만 다른 나라의 경험에 따른다면 이 PC방은 곧 사라질 것이다. 인터넷 접속이 가정과 직장에서 점점 더 보편화된다면, PC방은 그 전파된 속도만큼이나 빠르게 사라질 것이다. 하지만 지금 이 시점에서 PC방은 한국의 급격한 사회변화의 생생한 증거라고 할 수 있다. 지금 한국인들은 일하고, 사업거래하고, 사회적으로 의사소통하고, 즐기는데 있어서 전자적으로 매개된 새로운 방식을 알게 되었다.

이와 관련하여 PC방말고도 다른 인상적인 지표들이 많이 있다. 자그마한 휴대폰은 이제 누구나 가지고 있다. 아파트와 오피스 빌딩에는 정교한 정보통신 하부구조가 설치되고 있으며, 이를 '사이버' 입지라는 광고로 널리 선전하고 있다. 전자제품 가게에는 인터넷이 가능한 제품들로 가득 차 있고, 서점에는 소프트웨어와 전자상거래 안내 책자가 잔뜩 놓여 있다. 그리고 보스턴에서 봄베이에 이르는 다른 나라의 여러 도시들과 마찬가지로 서울의 거리를 걷다 보면 간판이나 가게 정면에 눈에 잘 띄게 쓰여진 '웹 주소'를 어디서나 볼 수 있을 것이다.

한편 출퇴근시간에 올림픽도로에서 차를 운전하는 사람들은 누구나 다 "서울은 점점 더 커지고, 더 시끄럽고 혼잡해지고, 교통은 나날이 더 막힌다"고 말한다. 이처럼 서울과 같이 역동적이고 자극적인 도시에서 계획가, 설계가, 사업가, 정치지도자들이 당면한 문제들은 매우 풀기 어려운 문제들이고, 따라서 이를 해결하기 위해서는 엄청난 노력과 수고, 그리고 현명한 판단을 필요로 한다. 또한 시민들은 급속한 발전만이 아니라 삶의 질에 대해서도 점차 많은 관심을 기울이고 있기 때문에, 이들 전문가들은 시민들보다 한 걸음 더 앞서나가야 한다. 만약 서울이 한국의 다른 도시들과 더불어 밝은 미래를 기약하기 위해서는 새로운 급진적인 사고를 필요로 하게 될 것이다.

이 책에서는 위의 두 가지 현상들이 서로 관련된다는 점을 말하고자 한다. 이 책에서는 디지털 기술 때문에 도시가 작동하는 방식이 근본적으로 변화하며, 따라서 도시계획과 설계의 공식 또한 변화한다는 점을 설명하고자 한다. 디지털 기술 때문에 새로운 도시문제들이 생길 수도 있다. 특히 디지털 전자 자원들에 대한 접근이 불균등하게 분배된다면, 그리고 '디지털 격차(digital divide)'가 심화된다면 이는 심각한 도시문제가 될 것이다. 그렇지만 또한 디지털 기술은 우리에게 건축, 토지이용계획, 교통, 환경보존, 지속가능성 등에 관한 신선한 사고방법을 제시해주고 있다. 디지털 기술은—만약 현명하고 적절하게 사용되기만 한다면—경제적, 사회적 기회를 열어주고, 일상적 환경의 질을 향상시키고, 보다 지속가능한 도시 체계와 패턴을 만들 수 있는 길을 우리에게 제공해줄 수 있다.

한국은 이미 전자공학 분야에서 강한 경쟁력과 혁신적 설계의 전통을 지니고 있기 때문에, 디지털 기술이 지닌 잠재력을 도시 생활의 질을 향상시키는 데 잘 활용할 수 있는 위치에 있다. 나의 책

*E-topia*의 한국어 번역판이 한국에서 이런 가능성들에 대한 논의를
자극하기를, 그래서 능동적인 계획과 설계가 이루어지기를 바란다.

윌리엄 미첼

:: 감사의 글

이 책의 발간 동기는 나의 1994년 저작인 『비트의 도시(City of Bits: Space, Place, and the Infobahn)』의 출간—종이와 온라인으로 함께 출간되었음—을 계기로 진행된 토론과 논쟁에서부터 비롯되었다. 이때 사이버스페이스와 도시 사이의 상호관계에 관해 흥미로운 문제들을 제기해준, 그리고 계속 진행되었던 토론과정에서 자극적이고 흥미로운 아이디어들을 제공해준 수많은 비평가들, 평론가들, 인터뷰 대상자들, 이메일 통신자들, 온라인 토론자들, 학생들, 동료들, 친구들 모두에게 감사드린다. 특히 1997년 MIT에서 '첨단기술과 저소득 지역사회(High Technology and Low-Income Communities)'라는 제목으로 열린 학술모임의 참석자들인 고(故) 도널드 숀(Donald Schön), 비시 사냘(Bish Sanyal), 앤 비미시(Anne Beamish), 피터 홀(Peter Hall), 마뉴엘 카스텔(Manuel Castells), 레오 막스(Leo Marx), 멜 킹(Mel King) 및 다른 여러 참석자들에게 감사드린다. 이 학술모임에서 발표된 논문들은 도널드 숀, 비시 사냘, 윌리엄 미첼이 함께 편집하여 『첨단기술과 저소득 지역사회—첨단정보기술의 적극적 활용 전망(High Technology and Low-Income Communities: Prospects for the Positive Use of Advanced Information Technology)』(MIT Press, 1998)이라는 제목으로 출간

되었다. 켄트 라슨(Kent Larson)은 스마트 주택에 대해 분별 있는 코
멘트를 해주었고, 제인 울프슨(Jane Wolfson) 및 크레지스토프 우디
체코(Krzysztof Wodiczko)와 함께 나눈 대화들은 나에게 많은 논점들
을 일깨워주었다. 이들의 탁월한 도움이 없었더라면, 나는 이 책에
서 할 말이 훨씬 적었을 것이다.

  끝으로, 도시가 진정으로 지향해야 할 것이 무엇인지를 나에게
가르쳐준 하비 페로프(Harvey S. Perloff)와 찰스 무어(Charles W. Moore)
에게 이 자리를 빌려 고마움을 표시하고 싶다.

:: :: :: ::
일러두기

1 지은이의 주는 본문에 [1] [2]…로 표기하고 본문 뒤에 주해를 실었
  으며, 옮긴이의 주는 본문 하단에 각주로 처리했다.

2 지은이가 원문에서 이탤릭체로 강조한 부분은 **진하게** 표시했다. 옮
  긴이가 강조하는 내용은 **고딕체**로 표기했다.

3 문장의 이해를 돕는 데 꼭 필요한 경우 원전에는 없는 문장을 괄호
  안에 추가했다.

4 단행본은 『……』, 정기간행물은 ≪……≫, 영화·TV프로그램 제목
  은 <……>로 표시했다.

:: :: :: :: :: ::
주요 번역용어

1 economy of presence 참석의 경제

2 electronic linkage 전자접속

3 infrastructure 하부구조

4 interaction 교류, 혹은 상호교류

5 live/work dwelling 주거/직장 통합체

6 live/work home 주거/직장 통합가정

7 telecommunication 정보통신

8 telecommuting 재택근무

9 teleservice 원격서비스

10 teleworker 재택근무자

:: 차례

머리말: 도시의 진혼곡

마샬 맥루한(Marshall McLuhan)은 1967년에 다음과 같이 말했다. "도시는 더 이상 존재하지 않는다. 관광객들을 위한 문화적 유령으로서의 역할을 빼고는……."[1]

그렇다. 이 말은 신의 죽음, 주체의 죽음, 작가의 죽음, 드라이브 인[1] 의 사라짐, 역사의 종말, 과학의 피로 현상 등과 같이 우리에게 익숙한 비유이다. 그런데 맥루한이 옳았다는 것이 입증되었다. 그는 다른 선각자들처럼 남들보다 수십 년 앞을 예측했을 뿐인데.

도시는 마침내 숨을 거두었다. 도시는 더 이상 과거처럼—플라톤과 아리스토텔레스에서부터 루이스 멈포드(Lewis Mumford)와 제인 제이콥스(Jane Jacobs)에 이르는 도시이론가들이 이해해왔던 것처럼 —기능하지 않는다. 도시에 대한 기존의 해석은 이제 앞뒤가 맞지 않는다.[2] 그것은 비트(bits) 때문이다. 비트가 도시를 죽여버렸다. 전통적 도시 패턴은 사이버스페이스와는 공존할 수가 없다.

그렇지만 디지털 전자시대의 새로운 형태의, 그리고 네트워크로 매개된 대도시는 오래 살아남을 것이다.

:: 첫번째 추모자의 애도문 The First Mourner's Eulogy

도시는 서기 2000년에 도달했을 때 이미 죽어 있었다. 우리가 알던 도시에서 도대체 어떤 일들이 일어났는가?

이제 그 이야기를 하려고 한다.

먼 옛날 사막에 한 마을이 있었다. 이 마을 한가운데에는 우물이 하나 있었고, 물동이를 쉽게 나를 수 있는 거리 범위 내에 집들이 모여 있었다. 선선한 저녁이 되면 사람들은 다음날 쓸 물을 긷기

---

[1] 자동차에 탄 채로 영화를 보거나 음식을 사먹는 곳.

위해 우물로 모였다. 사람들은 거기에서 동네의 풍문을 이야기하거
나 서로간에 볼 일을 보았다. 우물은 희소하고 필수적인 자원을 공
급했다. 이 때문에 우물은 사회적 중심이 되었다. 우물은 공동체가
유지될 수 있게 사람들을 서로 연결시켜 주는 장소였다.

그후 수도시설이 보급되었다. 누가 수도가 가져다주는 편리함을
거부할 것인가? 수도는 훨씬 편리했고, 어린이들은 더 이상 콜레라
에 걸리지 않았다. 인구는 성장했다. 이제 수도관이 가는 어디에서
나 집에 물이 공급될 수 있었다. 마을은 큰 도시로 확장되었다.

더 이상 거주지는 과거처럼 시내 중심지에 집중하지 않아도 괜
찮게 되었다. 사람들이 물을 언제 어디서나 얻을 수 있게 되자 더
이상 우물 주위에 모여 살지 않았다. 따라서 우물 주위의 공간은
과거의 공동체 기능을 상실했다. 그리고 사람들은 만남과 교제를
위한 새롭고 더욱 현대화되고 전문화된 장소, 즉 광장, 시장, 카페
등을 발명했다.

역사는 다시 시작된다—지금 이 시대에서. 왜냐하면 정보의 공급
체계가 변하고 있기 때문이다. 이전에는 우리가 무언가를 하기 위
해서는 특정 장소로 가야만 했다. 우리는 일하러 갔으며, 집에 갔으
며, 극장에 갔으며, 회의장에 갔으며, 동네 술집에 갔다. 어느 때는
아무 이유 없이 단지 그냥 바깥으로 나갔다. 이제 우리는 비트의
수도관을 가지고 있다. 이것은 대용량의 디지털 네트워크를 통하여
우리가 원하면 언제든 어디로든 정보를 전달할 수 있다. 이 덕분에
우리는 어디론가 가지 않아도 많은 일들을 할 수가 있다. 그렇기에
사람이 모이던 해묵은 장소에 우리는 더 이상 끌리지 않는다. 조직
들은 파편화되었고 흩어졌다. 도시의 중심은 유지될 수가 없다. 어
느덧 공적인 삶[2] 이란 사라진 듯 보인다.

---

[2] 공적인 삶(public life)이란 그 사람이 누군지 다른 많은 사람들이 알고 있는 경우

간단한 예로 경마에 참여하는 하루를 보자. 정보통신이 발달하기 전에는 어떠했는가? 손수 경마장까지 가서, 다른 사람들과 관중석에 섞여 있다가, 경주장 옆에 가서 경마에 돈을 걸고, 자신의 두 눈으로 직접 말들을 지켜보고, 경주 결과에 따른 배당을 직접 처리했다. 하지만 라디오와 전화가 널리 보급되자, 경마는 방송중계되었고, 경마장에 직접 가지 않고서도 경마에 돈을 걸 수 있는 합법적 혹은 불법적 장소가 여러 군데 생겨났다. 그리고 경마가 있는 날 경마장이 아닌 다른 장소, 예컨대 선술집이나 내기장에 가서도 경마에 참여할 수 있다. 항상 기업가 정신이 투철한 홍콩 기수클럽은 휴대용 전자 네트워크 장비를 도입하여 이전의 경마 시스템을 새로이 재편했는데, 이 새 시스템 덕분에 이 도시의 어느 곳에서건 하루 중 언제라도 경마에 참여할 수 있게 되었다. 경마에 참여하고자 한다면 전화나 무선단말기를 통해서 단지 접속만 하면 된다. 그러면 시스템이 계정을 자동적으로 처리해준다. 이것은 매우 효율적이다. 그렇지만 대신 사라지는 것도 많다. 이 경우 경마장에 가고, 거기서 사람들을 만나고, 친구가 되고, 신뢰를 쌓고, 거래를 하는 것 등은 사라진다.

다시 한번 말하지만, 21세기를 위한 공공장소, 마을, 도시를 새롭게 다시 창조하기 위하여 우리는 혁신을 필요로 한다.

:: 두번째 추모자의 애도문 The Second Mourner's Eulogy

이것이 전부는 아니다. 디지털 커뮤니케이션은 또한 우리의 일상적 삶의 전통적인 리듬을 새로 만들고 있다. 그리 오래지 않은 과

를 의미한다.

거에, 북쪽 지방에 어떤 가족이 멋진 판잣집에서 살고 있었다. 집의 가운데에는 굴뚝 달린 난로가 있어서, 수수한 판자로 둘러싸인 벽에 온기를 느끼게 했다. 겨울에 가족들은 난로 주변에 모여들었다. 이곳은 이 집에서 열과 빛의 유일한 원천이었다. 이곳에서 아이들은 공부를 했고, 부모들은 그날 소식을 교환했으며, 할머니는 자수를 놓았다. 난롯가는 대가족을 하나로 뭉치게 했다.

그후 에너지를 공급하는 파이프—전선과 중앙난방 배관 등—가 설치되었다. 가족들은 집안 어디서나 따뜻함과 빛을 얻을 수 있었다. 단지 명절이나 축제 때의 향수어린 오락거리용말고는 난로에 불을 붙여야 할 필요가 없어졌다. 아이들은 자기들 방문을 걸어 잠그고 숙제를 하거나 음악을 들었다. 부모들은 서로 다른 교대 근무 시간에 일하기 시작했으며, 냉장고 문에 서로 퉁명스러운 메모를 붙여놓았다. 할머니는 짜증나고 지루해져서, 곧 에어컨 시설이 갖추어진 피닉스(Phoenix) 근처의 양로원으로 옮겨갔다. 그곳에서 할머니는 당신과 비슷하게 가족들에게서 소외된 다른 동료들과 빙고놀이를 했다. 난로 주변은 더 이상 사회적 결속의 역할을 할 수 없었다.

전기화(電氣化)의 바로 뒤를 이어 정보화(情報化)가 진행되었는데, 그 사회적 파급 효과는 대단하다. 엔지니어들이 기술문제를 해결하고 벤처 자본가들이 주식을 공모하면서, 극소형의 정보통신 및 정보처리 장치들이 이제 전구나 전기모터처럼 일상화되었다. 여러분은 디지털 휴대전화를 통해서 언제든, 전세계 어디서든, 누구에게든 바로 전화할 수 있다. 여러분은 호텔 방의 텔레비전으로 인공위성을 통해서 디지털로 전송되는 24시간 뉴스를 시청할 수 있다. 여러분은 어떤 전화 잭을 통해서건 원하는 시간에 언제든지 이메일을 수신할 수 있다. 여러분은 어떤 자동현금지급기에서도 언제든지 현금을 찾아 쓸 수 있다. 여러분의 가전제품들은 내장된 프로세서를 지니고 있고, 전기와 수도 연결만큼이나 네트워크와의 접속을 필요로 한다. 여러분의 자동차는 정교한 전자기구들로 빽빽이 채워져 있고 그것을 고치는 사람들은 렌치뿐만 아니라 컴퓨터를 필요로 한다. 초창기 산업시대의 멍청한 장치들은 이제 끝났다. 이제 지칠 줄 모르는 물건들은, 일주일 24시간 내내, 사고(思考)하고[3] 연결된다.

오늘날 어디에나 존재하는 정보통신 네트워크, 스마트 기계(smart machines), 인텔리전트 빌딩들은 물 공급, 쓰레기 처리, 에너지 공급, 운송시스템 등과 결합되어서, 언제 어디서나 전세계적으로 상호 연결된 그런 세상을 만들고 있다. 입지와 시간의 강제된 공유에 의하여 서로 묶였던 낡은 사회조직은 이제 더 이상 통용되지 않는다.

무엇이 이것을 대체하게 될 것인가?

:: 세번째 추도자의 애도문 The Third Mourner's Eulogy

일찍이 부처는 보리수나무 아래 앉아 있었다. 제자들이 그 그늘 아래 모였고 부처의 목소리를 경청했다. 배우기 위해 제자들은 부처의 목소리가 들리는 거리 안으로 와야만 했다. 그리고 그곳에서 믿음의 공동체를 형성하였다.

그 길밖에는 다른 길이 없었다.

그후, 부처의 말씀이 글로 쓰여졌다. 처음엔 정성 들여 손으로 쓴 경전들이 사원에 있는 도서관에 보관되었고, 신도들은 그곳에 가서 책을 읽을 수 있었다. 부처가 죽은 지 오랜 후에도 신도들은 과거 그들의 선행자들이 보리수나무 아래로 갔던 것처럼 책을 중심으로

---

[3] 여기서 '사고(思考)한다'는 것은 기계에 인공지능 기능이 내장된 것과 같은 것을 뜻함.

형성된 공동체로 순례를 떠났다. 나중엔 책이 인쇄되었다. 그래서 부처의 말씀들이 널리 퍼져나갈 수 있었으며, 누구나 책을 구하면 말씀에 접할 수 있었다. 다른 종교도 마찬가지다. 비록 정신적인 체험으로서의 성지 순례가 여전히 존재하고 있고, 산티아고 디 콤포스텔라[4]나 메카[5]와 같은 장소들이 사람들을 끌어들이고 있긴 하지만, 성지 순례는 직접적인 실천적 기능을 많이 상실하였다.

인쇄된 책들이 늘어나고, 글자를 읽고 쓸 수 있는 사람들도 늘어나면서, 여러 곳에서 책의 보관과 보급을 위한 정교한 시스템이—종교적, 세속적 모두—만들어졌다. 이러한 시스템은 다양한 형태와 규모를 지니고 있다. 예를 들어 국립도서관, 수도원의 도서관, 대학도서관, 도서대여점, 시립무료도서관, 교외의 도서관 분점, 카네기도서관, 기독교과학에 관한 독서실, 서가, 북클럽, 그리고 이동도서관 등이 있다. 주요 거리에는 서점과 가판대가 있다. 대합실에는 귀퉁이가 찢겨진 낡은 잡지들이 잔뜩 쌓여 있다. 사업은 주문장, 회계출납장, 송장에 의존한다. 사무실마다 서류가 채워진 파일과 서류가방이 넘쳐흐르고, 우리의 주머니도 노트, 카드, 사진, 지폐 등으로 가득 차 있다. 이같이 섬유성분 위에 잉크가 찍혀진 것들이 모두 우편 시스템을 통하여 여기저기로 옮겨졌다. 정보가 이동되었다. 그리고 정보에 대한 접근도 분산되었다.

오늘날, 문자와 이미지는 종이에서 해방되어서 부유하고 있으며, 컴퓨터 네트워크를 통하여 놀랄 만큼 빠른 속도로 전파되고 있다. 우리는 온라인 데이터베이스와 웹사이트, FAQs, 검색엔진을 가지고 있다. 달팽이같이 느린 편지를 이메일이 빠른 속도로 대체하고

---

[4] Santiago de Compostela. 스페인 북서부에 있는 가톨릭의 성지. 성 제임스(St. James)의 묘지가 있어서 가톨릭 신도들의 대표적인 순례지임.

[5] Mecca. 사우디아라비아 서쪽에 있는 도시로 모하메드의 탄생지여서 이슬람교도들의 성지임. 수많은 이슬람 순례자들이 매년 이곳에 모임.

있다. 지금과 같은 기술의 시대에, 깨우침을 찾고자 하는 이들은 더 이상 멀리 떨어진 정보의 원천을 찾아서 지친 여행을 시작할 필요가 없다. 이들은 동네 도서관에 갈 필요조차도 없다. 서점, 신문 및 잡지 가판대, 극장, 절, 교회, 그리고 심지어 보리수나무조차도 자신들의 가상적 등가물을 가지게 되었다. 학생들은 전자백과사전을 검색한다. 교수들은 강의 노트를 웹에 올려놓는다. 판매상들은 온라인상에 카탈로그와 주문서를 올려놓는다. 주식시장은 거래 가격을 거래자의 스크린 위로 빠르게 전송한다.

정신적인 일은 이제 더 이상 발의 수고를 필요로 하지 않는다. 이제 더 이상 거리가 교역의 장애가 되지 못한다. 공동체가 근접성에 의존할 필요도 없어졌다. 그전까지는 상상할 수도 없던 방식을 통하여 사람들 사이의 교류가 이루어진다.

아마도 이러한 새로운 사회적 결속은 우리에게 혜택을 가져다 줄 것으로 여겨진다. 집과 직장, 운송체계, 그리고 지금 등장하고 있는 디지털 정보통신 하부구조가 또다시 새롭게 연결되고, 새롭게 조직될 것이다. 그리고 이로 인하여, 21세기에 우리가 추구해야 할 사회적·문화적으로 높은 수준을 지닌, 신선한 도시 관계, 도시 과정, 도시 패턴을 창조할 수 있을 것이다. 아마도 어떤 길―축복받고, 지속가능하고, 해방된 길―이 있을지도 모른다.

낙관적이지 못한 불확실한 지구촌을 위하여 만세![6]

---

[6] 이 구절의 저자의 원문은 "Two tentative cheers for the global village!"이다. 지구촌 (global village)이란 마샬 맥루한이 1960년대 처음 사용한 용어로서 정보통신의 발달로 인해 지구 전체가 하나의 마을처럼 될 앞으로의 세상을 의미한다.
　여기서 'two cheers'란 표현은 영국 작가 포스터(E. M. Forster)의 책제목 *Two cheers for democracy*(1951)에서 따온 것으로서 포스터는 그 책에 다음과 같이 썼다. "Two cheers are quite enough: there is no occasion to give three." 영미권에서는 운동경기나 집회장에서 자기편의 사기를 북돋우기 위해서 three cheers를 한다. 그런데 two cheers로 충분하다는 것은 민주주의라는 제도가 결코 완벽한 제도가 아니라는 것을 포스터가 냉소적으로 풍자한 것이다. 예컨대 우리나라의 어떤 정치

:: 2000년 이후의 세상[7] Mondo 2K+

이 모든 일들이 앞으로 어떻게 펼쳐질 것인가? 그리고 그 결과는 어떠할 것인가? 앞으로 디지털 혁명의 진행과정에서 등장할 건물, 이웃, 마을, 도시는 현재 우리에게 친숙한 모습들의 대부분을 그대로 간직할 것이다. 하지만 우리의 옛 조상인 도마뱀 두뇌 위에 새로운 신경구조가 덧씌워진 것과 마찬가지로, 과거의 잔재와 자취 위에 범세계적으로 구축될 초고속 정보통신 연계망, 스마트한 장소, 점점 더 필수 불가결하게 될 소프트웨어들이 새로 포개질 것이다.

이 마지막으로 덮인 층은 기존의 도시 구성요소들의 기능과 가치를 변화시키며, 도시 구성요소들 사이의 관계를 근본적으로 다시 만들 것이다. 그 결과, 생활과 일터가 통합된 거주공간, 24시간 깨어 있는 동네, 전자적으로 매개되어서 느슨하게 널리 흩어진 형태를 띠게 될 만남의 장소, 유연하고 분산된 생산·마케팅·유통 체계, 그리고 전자 주문배달 서비스 등이 미래 도시조직의 특징이 될 것이다. 또한 우리의 일상공간과 장소를 다루는 건축가나 도시설계가와 같은 전문가들의 지적, 전문적 강령(agenda)이 새롭게 정립될 것이다.

집회에서 만세 삼창을 하지 않고, 만세 이창만 하자고 제안하는 것과 비슷한 맥락이다.

이러한 맥락을 끌어온 윌리엄 미첼은 여기에 불확실하다는 의미를 지닌 tentative란 단어까지 추가하고 있다. 결론적으로 말해 이 글의 저자인 미첼은 정보통신이 가져올 미래 세계를 무조건 낙관시하지는 않는다는 자신의 견해를 은유적으로 밝힌 것이다.

[7] 이탈리아어로 'mondo'는 세상, 세계, 우주를 의미한다.

:: 비트로 행하자 Doing Your Bit

이 새로운 강령은 자연스럽게 몇 개의 개별 주제로 구분될 수 있는데, 그 각 주제들이 이제부터 이어질 이 책의 각 장들의 주제가 된다. 우리는 필요한 디지털 정보통신 **하부구조**(infrastructure)를 구축해야 하고, 전통적인 건축 구성요소들에 전자 하드웨어를 결합한 혁신적인 **스마트 장소**(smart places)를 창조해야 하고, 이런 스마트 장소들을 우리에게 유용하게끔 운용할 **소프트웨어**를 개발해야 한다. 마지막으로 서로 전자적으로 접속되고 축소되는 세계―거리가 과거처럼 큰 장애가 되지 않지만, 그와 동시에 과거처럼 멀리 떨어진 곳에 있던 도전과 위협을 편안하게 강 건너 불 구경하듯 볼 수도 없게 된 그런 세계―에서 지속가능하면서도, 또한 경제·사회·문화적인 의미가 사려 깊게 고려된 건축, 마을, 도시, 지역의 **공간적 형태**(spatial configurations)를 고안해야만 한다.

이러한 강령들을 좀더 효과적으로 수행하기 위해서는 건축과 도시설계의 정의를 더 넓게 확대해서 물리적인 장소뿐 아니라 가상의 장소(virtual places)도, 하드웨어뿐 아니라 소프트웨어도, 물리적 근접과 교통체계를 통한 교류뿐만 아니라 정보통신 연계수단을 통한 교류도 함께 포괄해서 고려해야만 한다. 또한 동시에 가정과 직장, 그리고 일상 생활용품 및 서비스 공급처 사이의 근본적인 관계망―이들 사이의 관계망이 도시를 하나로 묶어주는 핵심고리이다―이 지금 새롭고 비권위적인 방식으로 재구성되고 있다는 점을 분명히 인식해야만 한다.

내가 감히 주장하기에, 바로 지금이 도시설계와 도시개발의 새로운 방식을 창안하고, 건축의 역할을 다시 새롭게 생각해야 할 시점이다. 이 일은 수익이 높은 만큼 위험도 크다. 그러나 우리는 다른 선택의 길이 없다. 현실적으로 여기서 손을 뗄 수가 없기 때문이다.

새벽이 밝아오는 새천년의 개막을 위하여 우리는 **e-토피아**—전자적으로 서비스되고 범세계적으로 연계되는 도시—를 건설하는 방법을 배워야만 한다.

혁명을 원하는가? 디지털 기술이 더 나은 새로운 도시를 열어줄 것이라고 기대하는가? 글쎄다. 하지만 여러분들도 잘 알다시피 컴퓨터전문가들(digerati)이 약속했던 세계에 자유, 평등, 박애가 공존했던 적은 지금까지 거의 없었다.

아주 작은 디지털 휴대폰이라. 다 큰 아이들을 위한 장난감밖에 더 되는가? **HDTV?** 정말 거대한 화면이지만 이렇게 커진 화면 안에서도 쓰레기 같은 프로그램은 여전히 쓰레기일 뿐이다. **온라인 주문형 영화(Movies on demand)?** 사회에 별 이익을 가져다주지 못한다. **가상현실 비디오게임?** 단지 몇 분 동안만 재미있을 뿐이다. **웹상의 당신 자신의 홈페이지?** 전자적 허영심의 발로일 뿐이다. **눌러서 작동하는 스포츠 점수기?** 제발 그만! 오늘은 전자화된 사회현상에 흥미를 느낄지 몰라도 아마 내일은 이 기술에 싫증내며 따분해할 것이다.

행여 이 책에서 사이버 미래에 대해 현란하게 앞서 나가는 기술승리자들(techno-triumphalist)의 힘찬 새천년의 예언을 기대하지는 마시라. 또한 이와 정반대 입장에 있으면서도 마찬가지로 독단적이고 결정론적인 비관주의자들의 견해―즉 디지털 혁명이 소중한 우리의 전통들을 짓밟고 뭉개버리면서 기존의 추잡한 권력과 특권들은 더욱 강화시킬 것이라는 이미 잘 알려진 암울한 주장의 되풀이―역시 기대하지는 마시라.

:: 디지털 애호 대 디지털 혐오 Digiphiles versus Digiphobes

우리는 이 두 가지 극단적 입장들이 지니는 진부한 이데올로기적 의미를 알고 있다. 정부의 간섭을 싫어하는 우파(右派)들은 디지털 기술이 우리에게 돌아올 혜택을 **늘려줄 수 있기** 때문에 우리가 시장(市場)에 쓸데없이 참견하지만 않는다면 실제도 그렇게 **잘될 것이**

라고 여긴다. 이와 반대로 국가정책을 맹신하는 좌파(左派)들은 신기술로부터 나오는 혜택의 우선 수혜자가 부자와 권력가들이며 시장은 가지지 못한 자에게는 적대적이기 때문에, 컴퓨터와 정보통신으로 인하여 가진 자와 갖지 못한 자 사이를 갈라놓는 디지털 격차(digital divide)가 발생하지 못하도록 정부가 강력히 개입할 필요가 있다고 여긴다. 더욱이 신러다이트주의자들(the neo-Luddites)[1]은 어찌되었든 디지털로 인해 얻는 것보다는 잃는 것이 훨씬 많다고 확신하면서, "참호를 파고 저항해야 한다!"라고 주장한다.

하지만 디지털 찬미자들의 유토피아적 세계관과 디지털 혐오자들의 디스토피아적 세계관의 차이는 '장님들이 코끼리의 각기 다른 곳을 만진 것'과 다를 바가 없기 때문에 점점 지겨운 이야기들이 되고 있다. 우리는 고지식한 기술결정론이 빠지기 쉬운 잘 알려진 함정을 멀리 피해나가야 한다. 또한 기술옹호주의의 열렬한 지지자들과 기술에 대해 인색하게 비웃는 자들이 각각 제시하는 정반대의 운명론 둘 다를 거부해야 한다. 그 대신에 지금 현재 우리 주위에서 실제로 진행되고 있는 기술적, 경제적, 사회적, 문화적인 실체에 대해서 광범위하고 비판적이며 행동지향적인 관점을 만들어가기 시작해야 한다.[1] 새로운 기술시스템은 복잡한 사회적 구성물이기 때문에, 지금 우리에게 주어진 선택의 기회를 잘 이해하고 목표를 신중하게 선택하고 이를 잘 추진해나가야 한다.[2] 우리가 해야 할 일은 미리 결정된 미래의 경로를 예견하는 것이 아니라 우리가 원하는 미래를 설계하는 것이다.

---

[1] 러다이트(Luddite) 운동이란 산업혁명 당시 기계로 인해서 직장을 잃게 된 직공들이 기계화에 반대하면서 기계를 파괴하였던 운동을 일컫는다. 신러다이트 운동이란 지금 정보화, 자동화 추세에 반대하는 운동을 의미한다.

:: 디지털 혁명 이후 After the (Digital) Revolution

이야기를 시작하기 전에 먼저 우리 주위를 둘러보자. 아직까지 디지털 혁명에 회의적인 사람이라고 할지라도 자신의 눈으로 본 것들과 축적된 사회과학적 증거들을 통해서 디지털 혁명이라는 것이 단지 과장이나 허풍으로만 치부할 수는 없다는 것을 금방 확신하게 될 것이다. 기술변화의 우렁찬 나팔소리가 "벵골지방의 태풍과도 같이 우리의 삶을 휘저어놓을 것"이라고 우리가 확신하는 데는 충분히 현실적인 면이 실제로 있다.[3]

1993년 무렵, 그러니까 월드와이드웹(World Wide Web)이 시작되고 잡지 ≪와이어드≫[2]가 창간되면서, 이들 괴짜 전문가들이 선도하고 네트워크와 실리콘에 기반한 신흥 권력이 구질서에 대항하여 일으킨 봉기는 마치 1789년 프랑스 혁명, 러시아 10월 혁명, 중국 5·4 운동 등—당신이 좋아하는 다른 어떤 혁명이라도 좋다—이 가상적으로 실현된 것과도 같다. 우리에게 익숙했던 기존 체제는 상호 인과관계를 지니면서 동시적으로 전개되고 있는 다음과 같은 과정들, 즉 기술혁신, 자본의 이동성 증대, 사회 재조직화, 문화적 변혁과정들에 의하여 싹 쓸려 내려가고 있다는 것이 점점 명백해지고 있다.

우리의 과거 역사에 한 획을 그었던 거대한 변혁의 시기—쟁기와 바퀴의 발명에 뒤따른 농업 및 도시 혁명과, 계몽주의적 과학에서 비롯된 산업혁명—와 마찬가지로, 이번 혁명 이후에 나타날 사회적 동력은 누구도 막을 수 없는 큰 힘을 지닌 것 같다. 이 강력한 동력은 우리의 제도를 흔들어대고 있으며, 우리의 주변 환경을 휘젓고 있다. 이 강력한 동력으로 인하여 새로운 기회들이 만들어지

---

[2] ≪와이어드(Wired)≫는 미래의 디지털 기술과 산업 문화에 관한 월간잡지로 이 분야에서 세계적으로 가장 유명한 잡지라고 할 수 있다.

고 있으며, 그 대신 과거의 것들이 사라지고 있다. 그 결과가 언제나 치어리더들에 의해 널리 선전되는 것은 아니다. 또한 그 결과가 항상 긍정적인 것만은 아니며, 전체적으로 고르게 영향을 미치는 것도 아니다. 그렇지만 이를 무시해서는 안된다.

이번과 같은 특별한 변혁의 궤적을 이해하기 위해서는 이 변혁이—역사책에 기록된 과거의 중요한 변혁기와 마찬가지로—극적인 단 한 가지 사건의 산물이 결코 아니라는 점을 반드시 인식해야만 한다. 또한 이것은 어떤 고립적인 발명의 결과인 것도 결코 아니다. 이 변혁은 여러 과정들이 점점 확대되고 서로 수렴하면서 이루어져 온 결과라고 할 수 있다. 바로 최근까지만 해도 이런 결과를 초래한 여러 과정들은 산발적으로 따로따로 진행되고 있었다. 그러나 이 과정들이 함께 결합되면서, 마치 각각은 전혀 위험하지 않은 화약의 구성요소들이 함께 섞여버린 상태와 비슷해졌다. 바로 이때 월드와이드웹이 점화 역할을 하면서 폭발적인 팽창이 일어나게 되었다. 이 빅뱅(Big Bang)은 완전히 새로운 어떤 것의 시작이라고 할 수 있다.

특히 이같은 거대한 폭발을 가져온 가장 중요한 요소는 디지털 정보를 하드웨어에 **저장, 전송, 네트워킹, 프로세싱**하는 능력과 함께 이와 결합된 관련 **소프트웨어와 인터페이스** 능력이었다.[4] 이와 같은 다양한 기술에 기반한 상품과 서비스들이 지금 경제 최전선—이를테면 전화, 라디오, 텔레비전, 케이블 TV, 반도체, 컴퓨터, 가전제품, 소프트웨어, 출판, 오락 산업 등—에서 널리 생산·보급되고 있다. 그리고 이들 산업들은 점점 더 서로 결합되고, 상호의존적이 되어가고 있다. 정보는 탈물질화되고, 탈신체화되고 있다. 지금 현재 머리가 터질 정도로 많은 양의 정보가 컴퓨터 네트워크를 통하여 엄청나게 빠른 속도로 전세계를 날아다니고 있다. 이같은 엄청난 세계적 과정이 이제 막 부팅된 것이다.

:: **정보, 하부구조, 기회** Information, Infrastructure, and Opportunity

전자적으로 매개된 우리의 미래의 전반적인 모습이 비록 세부적이지는 못하지만 어느 정도 분명해지고 있다. 그 모습이 어떠할지는 결국 기술 경쟁, 비즈니스 전쟁, 그리고 새천년의 목표에 대한 공공정책적 논쟁이라는 요소들의 최종 결과에 달려 있다. 즉 이같이 서로 이질적인 요소들이 상호 결합되면서 범세계적인 디지털 정보 하부구조를 구축하게 될 것이다.[5] 디지털 정보 하부구조의 구축이 가져다줄 잠재적 혜택이 너무나 엄청나고 또 매우 빠르게 추진되고 있어서, 어떠한 장애도 이 강력한 흐름을 막지 못할 것으로 보인다.

이렇게 하여 앞으로 나타날 시스템은, 기존의 전화시스템의 특징 ─지리적으로 넓은 포괄 범위 및 사람 대 사람, 장소 대 장소를 연결하는 정교한 접속능력─에다가 초고속 연결망과 케이블 TV의 멀티미디어 능력이 서로 결합될 것이다. 여기에 덧붙여 또한 반도체 칩에 의한 거의 무제한적인 저장능력과 프로세싱 능력이 결합될 것이다. 이같은 시스템의 능력을 전체적으로 묘사하는 접두사는 **킬로**(kilo)에서부터 시작하여, **메가**(mega), **기가**(giga), **테라**(tera)로, 그리고 더 나아가 **페타**(peta)와 그 너머로까지 계속 진행될 것이다.[6]

물리적으로 볼 때 이 시스템은 연산장치, 구리선, 동축 케이블, 광섬유, 다양한 종류의 무선통신시스템, 통신위성 등의 복합체가 될 것이다. 논리적으로 볼 때 이 시스템은 TCP/IP, HTTP, FDDI, ADSL 등과 같이 이해하기 어려운 머리글자를 가진 프로토콜들을 우리에게 익숙한 관습들과 함께 결합시킬 것이다. 경제적으로 볼 때 이 시스템은 서로 다른 이해를 가지고 있고, 각기 다른 방식으로 이윤을 창출하고 있는 전세계에 널리 분포된 수많은 기업들과 공공기관이 함께 만들어내는 성과물이 될 것이다. 이 시스템은 기

술혁신, 새로운 하부구조 건설, 기존 하부구조의 적절한 재활용, 정
보통신 공급자들간의 동맹과 합병, 규제 체제의 재편 등 현재 진행
되고 있는 복잡한 과정들을 통하여 다소 혼란스러우면서도 점진적
으로 만들어지고 있는 중이다.

결국에는 모든 종류의 정보가 수많은 컴퓨터들 속에 수집될 것
이다. 그리고 수집된 모든 정보들은 하나의 단일한 디지털 채널을
통하여 여러분이 원하는 그 어느 곳에서든지 전달될 것이다. 손목
시계로부터 칠판에 이르기까지 모든 일상 생활용품은 점점 더 스마
트해질 것이며, 어디에나 존재하는 디지털 세계로 우리를 안내하는
인터페이스 역할을 할 것이다. 그리고 역설적이게도 이런 거대한
집합적인 구조물의 그 어느 곳에 우연히 접속하더라도 마치 속옷과
도 같이 여러분에게 친밀하게 느껴질 것이다.

농업혁명 때에 인간과 경작지와의 새로운 관계가 형성되었고, 산
업혁명 때 인간과 기계와의 관계가 새로이 형성되었다면, 이 전세
계적인 디지털 네트워크 시기에는 인간과 **정보**와의 관계가 새롭게
재구성될 것이다. 디지털 네트워크는 점점 더 기회와 발전의 핵심
요인이 되고 있으며, 새로운 사회구조와 도시패턴을 만드는 수행자가
되고 있다. 투자, 일자리, 경제적 권력 등은 정보통신 하부구조를
그곳에 재빨리 구축하고 효과적으로 활용할 수 있는 그런 동네, 그
런 도시, 그런 지역, 그런 국가들로 옮겨가고 있는 것이 분명한 것
같다.[7]

:: 새로운 네트워크와 도시 변화 New Networks and Urban Transformation

역사 의식을 가진 관찰자들이라면 최근 진행되는 도시 하부구조
의 네트워크화 과정은 과거의 기술적 대변혁 시기에 도시의 네트워

크들—예컨대 로마시대의 도로와 수도관, 18세기 번성하였던 항운
과 운하, 19세기에 전성기에 다다랐던 철로, 20세기 확대된 전기송
전망과 고속도로 등—의 발전이 촉발시켰던 엄청난 변화보다도 훨
씬 더 큰 변화를 초래할 것이라는 점을 어렵지 않게 예견할 수 있
다.[8] 근육의 힘이나 운하가 암스테르담, 베니스, 스웨즈에 해당한
다면, 철로, 침목, 증기기관차는 미국 서부의 광활한 대지, 지하철
터널은 런던, 내연엔진과 콘크리트 고속도로는 남부 캘리포니아의
교외 지역, 전자화와 에어컨디셔너는 피닉스와 각각 연관되며, 마
찬가지로 디지털 커뮤니케이션 시스템은 21세기 도시에 해당될 것
이다.[9]

그러나 파이프와 전선으로 상징되는 과거의 네트워크와 마찬가
지로, 디지털 커뮤니케이션 네트워크가 갑자기 땅에서 솟는 것과
같이 완전히 새로운 도시형태를 만들지는 않을 것이다. 이것은 기
존 도시형태를 하나씩 하나씩 서서히 점차적으로 바꾸기 시작할 것
이다.[3] 과거의 일반적 경향을 보면 새로운 도시 네트워크는 기존에
있던 네트워크의 핵심 결절과 연결되면서 새롭게 시작되었다. (기존
의 네트워크말고 어디와 연결할 수 있겠는가?) 마찬가지로 기존의 네트
워크 결절은 그보다 더 이전의 네트워크와 연결되었기 때문에 기능
할 수 있었던 것이다. 이렇게 연결되면 마치 자신의 숙주를 잡아먹
는 기생동물처럼, 자신이 접수한 기존 시스템의 기능을 변화시키고
그 속에서 활동들을 재분배하며 결국에는 과거와는 다른 방식으로
시스템이 확장된다.

한 예로 미국의 서부가 개척될 당시 시카고에 철도가 도착하면
서 이 도시는 국가적인 교통 중심지로 변화되었다. 그 다음에 등장

---

[3] 저자는 이를 모핑한다고 표현함. 모핑(morphing)이란 디자인 용어로서 과거의 이
   미지를 새로운 이미지로 점진적으로 변환시켜 나가는 것을 의미한다.

한 도로와 항공교통은 이러한 시카고의 역할을 다시 한번 강화시켰
다. 남부 캘리포니아의 경우 철도체계가 등장하여 넓은 지역을 연
결하면서 계곡을 따라 여기저기 산재해 있던 작은 도시들이 처음으
로 서로 연결되었다. 그후 고속도로망이 이들 소도시들을 또다시
연결하면서 소도시들 사이에 있는 공간들이 개발되었고 결국 지금
우리가 알고 있는 현대적 로스앤젤레스 메트로폴리스 지역과 같은
형태가 만들어졌다. 19세기와 20세기의 교통, 물 공급, 쓰레기 처
리, 전력 공급, 전화망 등에 의하여 만들어졌던 도시형태가 21세기
에는 새로운 고속 디지털 정보통신 하부구조로 인하여 새롭게 개조
될 것이다.

이미 우리들은 쾌적한 인도의 도시인 방갈로르(Bangalore)의 사례
에서 이러한 유의 변화가 진행되고 있는 것을 볼 수 있다. 방갈로
르는 원래 고대 시대 화려했던 미소르(Mysore) 왕국의 수도로 성장
하였다. 그후 영국의 식민 지배하에서 철도의 중심지가 되었다. 19
세기 후반기부터 이 도시의 양호한 접근성과 쾌적한 기후, 녹색의
매혹적인 환경은 정부기관, 산업, 교육 및 연구기관들을 유인하게
되었으며, 결국 고급 교육을 받은 많은 수의 전문가들이 이곳에 정
착하게 되었다. 1990년대에 들어와 방갈로르에는 인공위성 기지국,
마이크로웨이브 연계국, 소프트웨어 단지와 같은 새로운 하부구조
를 갖추게 되었고, 이를 통하여 방갈로르는 소프트웨어 수출산업의
중심지로 번창하게 되었다. 방갈로르에 입지한 소프트웨어 기업들
은 지적(知的) 원자료를 수입하고 이를 가공하여 완성된 소프트웨어
상품을 만들어 수출하고 있는데, 고객들과 접촉하는 데 있어서 고
속의 전자접속망을 활용할 수 있다. 이에 덧붙여 고급 기술능력을
갖추었으면서도 상대적으로 값싼 이 지역의 기술인력 시장을 활용
할 수 있어서 세계 시장에서 효과적인 경쟁력을 갖추고 있다.

지금까지의 이야기는 결국 새로운 배우가 과거의 대본을 가지고

공연하는 것과 같다. 실리콘은 새로운 철이고, 인터넷은 새로운 철도인 것이다.

:: 거대한 파이프 The Big Pipes

새로운 도시 하부구조는 더 이상 일을 제대로 못하는 오래되고 낡은 선조들을 마치 비아그라(Viagra)를 통해 회생시키는 것과 같다. 강화된 약효 덕분에 질적인 차이가 나타난다. 배관체계가 우물을 대체했을 때, 우리는 더 많은 양의 물을 얻을 수 있었고, 뜨거운 샤워를 오랫동안 할 수 있었다. 고속도로가 지저분한 철로를 대체하자 우리는 교외에서 거주하면서 도심으로 출근할 수 있었다. 마찬가지로 고속의 디지털 커뮤니케이션 시스템이 전신과 전화를 계승했을 때 우리의 일상적 교류에 사회적으로 중요한 변화가 일어나게 된다. 커뮤니케이션 채널을 통해서 1초당 이동시킬 수 있는 비트의 양이 더욱더 많아짐에 따라, 이를 통해 발생하는 교환과 거래 역시 더욱더 복잡하고 정교해지고 있다.

이는 전자 커뮤니케이션의 초창기 단계에서부터 확실히 입증되었다. 전보는 철로 만든 전선을 통해서 극히 단순한 단점(·)과 장점(—)[4]을 전송했는데, 이것은 무지무지 느리면서도 몹시 비싼 비용이 들었다. 이러한 한계가 지금 우리가 사용하는 일상언어에도 그 흔적을 남겨서, '전보문'이란 용어는 바로 간결하고 압축된 문장 스타일을 묘사할 때 사용된다. 단순한 부호가 아니라 우리의 말을 그대로 전송하는 데 필요한 주파수 영역은 더 큰 대역폭을 필요로 했기 때문에 전화 시스템에는 이를 감당할 수 있도록 구리로 만든 전

---

[4] ·와 —를 통해 정보를 전달하는 모스부호를 의미.

선을 사용하였다.[10]

　현대 디지털 정보통신 중에서 낮은 기술 수준으로 1초당 1킬로비트(kbit/sec)가 전송되는 통신세계가 있다. 바로 초창기 모뎀이나 프랑스의 미니텔(Minitel) 시스템이 그 예이다. 이 정도의 속도로는 문자화된 짧은 메시지를 주고받는 것이 가능하다. 이 정도라면 전자메일을 통하여 제한된 수준의 사회적, 교육적 상업적 교류를 하기에 충분하다. 즉 회의를 준비하거나 주문, 재고확인, 장부결산, 청구서 지불 등과 같은 단순한 일상적인 거래를 한다든지 게시판, 유즈넷(Usenet)뉴스그룹, MUDs, MOOs 같은 기초적이고 텍스트 기반의 가상 공공공간을 만들기에는 충분하다.

　이보다 열 배 혹은 백 배 빠른 디지털 정보통신 세계로 넘어가보자. 1초에 수십에서 수백 킬로비트(kilobit)가 전송 가능한 세계—예를 들어 초당 28.8킬로비트의 모뎀 혹은 ISDN과 같이 초당 128킬로비트 정도가 통용되는 세계—에서는 대규모의 텍스트 파일과 고화질의 컬러 그래픽이 적절한 속도로 전송될 수 있다. 이 정도 수준의 접속은 1990년대 중반에 들어와 매우 널리 보편화되었다. 여기에 고속 인터넷 중추망(backbone)—초당 45～155메가비트의 속도로 작동하도록 설계되었다—이 결합되면서 월드와이드웹이 급속도로 성장할 수 있는 기반이 제공되었다. 인쇄된 잡지, 책, 카탈로그 등을 대체할 수 있는 가상 등가물이 웹을 통하여 온라인으로 제공됨으로써 상당한 규모의 온라인 출판, 광고, 판매의 길이 열렸다. 가상 서점, 가상 신문가판대가 실제 세계의 동종 업체와 경쟁하기 시작했으며, 가상의 쇼핑몰과 가상 대학 역시 생기기 시작했다. 그러나 초기 웹의 그래픽은 거의 대개 2차원 수준이었으며, 검색은 단지 마우스를 가져가 클릭하는 수준이었다.

　자, 이제 메가비트(megabit)의 수준으로 가보자. 초당 몇 메가비트, 혹은 몇십 메가비트의 속도에서는 괜찮은 오디오와 비디오가 가능하며, 그래픽은 매우 섬세하고 정교한 3차원 그래픽이 될 수 있어서 세밀한 가상세계가 창조될 수 있다. 이같은 전송속도는 이미 오래 전에 케이블 텔레비전 망을 통해서 각 가정에 제공되어 왔던 것이지만 이는 쌍방향적인 것이 아니라 공급자가 소비자에게로 한쪽 방향으로만 전달하는 방식이었다. 또한 근거리 통신망(LANs) 혹은 대학이나 대기업들의 인터넷 접속에도 이처럼 빠른 전송속도의 시스템이 구축되고 있는데, 이들 시스템들은 일반적으로 초당 약 10메가비트, 좀더 빠른 것은 초당 약 100메가비트 정도의 속도로 데스크탑에 전송한다. 더 먼 거리에는 정보통신 공급자들로부터 회선을 임대하여 사용하는데, 보통 T1(1초당 1.54메가비트)과 T3(1초당 45메가비트) 서비스가 공급되고 있다.

메가비트와 기가비트(gigabit)의 속도에서는 낮은 대역폭의 정보통신에서는 전달할 수가 없는 목소리의 색조, 보디 랭귀지 등과 같은 아주 미묘한 부분들을 걸러내지 않고 그대로 드러낼 수 있다. 더구나 작업도구 및 재료에 대한 접근이나 가상세계를 공유하게 해주는 엄청난 양의 유용한 컨텍스트(context)가 비디오 배경의 형태로 제공될 수가 있다. 이는 마치 사무실이나 교실 같은 건축물들의 구조가 그 속에서 일어나는 각종 활동에 적합한 환경을 제공하는 것과 마찬가지이다. 그래서 뉘앙스와 맥락이 중요한 상황—이를테면 어떤 계약을 위해 협상한다든지, 어떤 설계안에 대해 토론한다든지, 혹은 환자를 진찰하는 것과 같은—에서도 원격참석(telepresence)이 육체적 참석[5]과 효과적으로 경쟁할 수 있게 되었다.

---

[5] 여기서 육체적 참석이란 어떤 곳에 자기 몸이 직접 가 있는 것을 의미하고 원격 참석(telepresence)이란 그곳에 육체적으로 직접 가서 있지 않지만 네트워크를 통해 마치 그곳에 가 있는 것과 유사한 효과를 얻는 경우를 뜻한다. 가장 간단한 예가 실제로는 서로 멀리 떨어져 있는 사람들이 마치 한 회의실에 모여 있는 것 같은 효과를 내는 화상회의 같은 것이다.

이렇게 빠른 속도에 도달하면 컴퓨터 프로세서나 내부 버스[bus, 컴퓨터나 네트워크상에서 신호(signal)가 지나가는 장소—옮긴이]가 작동하는 속도와 비슷한 속도로 네트워크가 작동하게 된다. 결국에는 각 컴퓨터들은 각기 떨어져 있던 공간적 속성을 상실하게 된다. 즉 공간적으로 흩어져 있는 여러 프로세서들과 메모리 징치들이 서로 연결되면, 이것이 마치 하나의 PC처럼 기능할 수 있게 된다. 선마이크로시스템스(Sun Microsystems)에 의해 유명해진 구호(시대를 조금 앞선 구호였던 셈이다)처럼, **네트워크가 곧 컴퓨터이다.** 여기가 결국 우리가 도착할 지점인 것이다.

:: **중추망에 연결됨** Connected to the Backbone

이렇게 모든 것을 포괄하는 디지털 시스템은 **도시의 내부**에서, 그리고 **도시와 도시 사이**에서 새로운 연계들을 만들어나갈 것이다. 하지만 디지털 시스템의 도시 내부 요소들과 도시간의 요소들을 서로 엄밀하게 구분해야 할 것이다. 우선 아주 가까운 근거리와, 도시 전체를 포괄하는 중간 정도의 거리, 그리고 멀리 떨어진 장거리를 연결하는 네트워크들 사이에는 상당한 기술상의, 그리고 비용상의 차이가 있다. 하지만 이보다 더 중요한 차이는 가까운 거리를 연결하는 네트워크와 먼 거리를 연결하는 네트워크가 도시 생활과 도시의 물리적 형태에 미치는 함의 또한 서로 다르다는 것이다.

장거리의 도시간 연계는 고용량 광섬유 케이블이나 마이크로웨이브, 혹은 인공위성 등을 통해 대규모 스위칭(switching)센터들 사이를 연결함으로써 구축되는데, 이를 통해 새로운 디지털 정보통신 **중추망**(backbones)이 만들어지게 된다. 스위칭센터는 일반적으로 **POPs** (points of presence)로 알려져 있다. 만약 기가비트의 속도로 작동되는

중추망 위에 있다면 이 센터들은 **기가 POPs**가 된다. 인공위성기지국 주위에 건설된 이러한 대규모 센터들은 때론 텔레포트(teleport)[11]로 육성되기도 한다.

그 형태가 어떠하든지 간에 중추망 위에 놓인 스위칭 센터들은-마치 항구나 공항과 같이-그 주변 지역을 바깥의 더 넓은 세계와 연결하는 결절점 역할과 아울러 경제활동의 촉진제 역할을 수행한다. 따라서 앞으로는 어떤 지역이 그 근처에 고속 중추망상의 효율적 POP를 가지고 있는지의 여부가 경제적으로 매우 중요한 요소가 될 것이다. 우리 지역은 POP를 가지고 있는데 우리와 경쟁하는 다른 지역은 POP를 가지고 있지 않다면 이것이 바로 우리 지역의 상당히 중요한 경쟁력이 될 것이기 때문이다. 그리고 형평성에 대한 고려 때문에, POP를 널리 그리고 지역별로 고르게 분포하도록 유도하는 공공정책이 수립될 것이다.

이러한 양상은 개발도상국가들에서 가장 분명하게 나타난다. 아직까지 POP가 없던 개발도상국가의 어떤 지역에 이를 도입하게 되면 매우 급격하고 생생한 변화가 나타날 수 있다. 한 예로 인도 정부는 1980년대와 1990년대에 걸쳐 방갈로르(Bangalore), 하이데라바드(Hyderabad), 푼(Pune), 노이다(Noida), 부바네쉬와르(Bhubaneshwar), 티루바난타푸람(Thiruvananthapuram), 찬디가르(Chandigarh) 등지에 고속의 인공위성기지국 건설을 위해 투자하였다. 이들 기지국 근처에는 소프트웨어 회사들을 위한 작업공간을 갖춘 소프트웨어 단지가 들어서서 기지국을 통해 24시간 내내 국제적 접속망을 제공받을 수 있게 되었다. 그 결과 기지국 주변은 소프트웨어 수출 산업이 번창하는 핵심 거점이 되었다.[12] 이후 10년도 채 안돼서 인도는 세계 제일의 원격서비스 수출국, 세계에서 두번째 소프트웨어 수출국이 되었다.[13] 지상에는 이같은 고속 하부구조가 거의 없었기 때문에 인공위성기지국에 가까이 인접한 지역에 대한 파급효과가 더욱 크게 느껴졌을 것이다. 이 파급효과를 느끼는 지역은 넓어봤자 기지국에서 반경 20 내지 30킬로미터 정도 떨어진 지역들인데, 그 이유는 송신탑에서부터 마이크로웨이브에 의해 접속 가능한 거리가 일반적으로 이 정도 거리이기 때문이다. 결과적으로 인도에 건설된 인공위성기지국은 디지털 오아시스를 창출한 셈이다.

한편 선진국에서는 디지털 데이터를 전송할 수 있게 개조된 기존의 전화 및 케이블전화 시설망을 바탕으로 하여 디지털 혁명이 전개되었으며, 따라서 상황이 더 복잡하게 되었다. 선진국에서는 거의 대부분의 장소에서 디지털 접속이 가능하지만—보통 여러 공급회사들이 서로 경쟁하고 있다—그 속도나 비용, 신뢰성의 수준은 천차만별이다.

:: 새로운 세계적 상호의존성 New Global Interdependencies

장거리 디지털 정보통신 하부구조가 초래한 가장 극적인 결과는 멀리 흩어져 있는 지역과 거주지 사이에 새로운 형태의 상호의존 관계를 만든 점이라고 할 수 있다. 예컨대 기업들은 저비용, 고품질의 음성 및 화상 접속을 통하면 엄청나게 먼 거리에서도 특정 고객 서비스의 전달이 가능하다는 것을 알게 되었다. 같은 대도시권 안에 있다는 사실보다는 오히려 적합한 시간대에, 적합한 언어를 사용하고, 적합한 소프트웨어를 보유하고 있고, 국제 노동시장에서 경쟁력이 있다는 점이 더욱 중요해지고 있는 것이다.

그래서 시드니에 있는 전화 및 비디오 콜 센터는 홍콩에서 비행기 예약을 원하는 고객에게 서비스를 제공할 수 있다. 비슷한 예로, 하이데라바드(Hyderabad: 인도의 남부에 있는 대도시로 교통·상업의 요지—옮긴이)에 있는 속기사는 시카고에 있는 의사의 지시를 받아 적을 수 있으며(즉 서로 다른 시간대를 활용하여 심야서비스를 제공할 수 있다), 마닐라에 있는 제도공은 런던에 있는 엔지니어나 건축회사를 위한 캐드(CAD)작업을 할 수 있으며, 아프리카에 있는 저임금 노동자가 뉴욕의 보안 카메라와 연결된 비디오 모니터를 지켜볼 수 있다.

물론 이같은 상호의존성이 예전에도 전혀 없었던 것은 아니다. 그전에도 인접한 도시끼리는 서로 자주 교류해왔다. 또한 과거에도 그 당시로 봐서는 새로운 하부구조 덕분에 경제적, 정치적, 문화적으로 상호 의존하는 정주 체계가 확대되어왔다. 미국을 예로 들면, 이 나라를 하나로 묶어주는 도시간 네트워크는 대서양 연안을 따라 항구도시들을 연결하는 데서부터 시작하여, 내륙의 미시시피 강 수로를 따라서 신도시들이 개발됨에 따라 서쪽으로 확장되었으며, 철도와 전신의 시대에 들어와서 마침내 대서양에서 태평양에 이르는 전국적인 네트워크로 확장되었다.[14] 경제와 문화의 세계화가 오히려 컴퓨터나 통신위성보다도 역사적으로 앞서 진행되었다는 점을 많은 관찰자들이 주목해왔다.

그럼에도 불구하고 디지털 정보통신 하부구조로 인하여 도시체계 내부의 연계 **밀도**가 엄청나게 높아졌으며, 도시체계가 전세계적으로 확산될 수 있게 되었다는 점이 중요한 것이다. 외환 거래자들 간의 상호 전자접속을 위한 초고속의 범세계적 거래시스템이 구축된 것이 바로 이에 관한 가장 극적인 사례라고 할 수 있다. 하지만 이 역시 앞으로 불 디지털 바람의 조금 앞선 징후에 불과할 뿐이다.[15] 앞으로 훨씬 더 많은 일이 일어날 것이다.

:: POP에서 당신의 집까지 From POP to Your Door

일반적으로 볼 때, 그것이 어떤 종류이건 간에 국지적 네트워크가 구축되고 이것이 장거리 네트워크에 연결되면 국지적 네트워크의 서비스 영역 내에 있는 주민들에게는 장거리 연계의 혜택이 확산된다. 쉬운 예로, 동네의 물 공급 시스템을 대형 수도관에 연결시키면 멀리 떨어져 있는 수원(水源)으로부터 집까지 바로 물을 끌어들일 수 있다. 지방도로가 고속도로와 연결되면 덕분에 소도시 경제에 혜택을 가져다줄 수 있다. (반대로 고속도로가 옆으로 우회 통과하면 소도시에 재앙이 될 수도 있다.) 마찬가지로 국지적 디지털 네트워크를 장거리 고속 중추망 위에 있는 POP에 연결시키는 것은 그 지역의 주민들이 세계와 직접 접촉할 수 있게 해준다.

그렇지만 POP로부터 가정과 직장을 연결하는 국지적 연결망을 구축하는 것은 많은 시간과 비용을 요하는 일이다. 연결되어야 할 곳도 많고 또 이를 위해서는 보통의 경우 도로를 파헤쳐야 하기 때문이다. 설비 공급자들은 이들이 종종 '제일 첫 마일(first mile)'과 '마지막 마일(last mile)'이라고 일컫기도 하는 문제들에 직면한다.[16] 잠재적 소비자가 자신을 가장 가까운 POP와 어떻게 연결할 것인가? 공급자의 경우 자신의 POP에서부터 어떻게 하면 모든 잠재적 소비자에게 도달할 수 있는가? 누가 국지적 연결망의 비용을 지불할 것인가? 그리고 그 비용은 어떻게 회수될 수 있는가? 공급자들은 이런 문제들을 새로운 국지적 하부구조를 새로 설치하는 것 뿐 아니라, 기존의 전화, 케이블TV, 혹은 전기선을 활용하여 이를 디지털 정보통신이라는 새로운 과업에 적용하는 방식을 통해서도 해결하고자 한다.

각 개인에게 있어서 POP가 자기 집안으로 직접적으로 연결된다는 것은 다음의 두 곳 중에서 단지 어느 한곳만, 즉 편안하고 따뜻하지만 때로는 구속적인 지역사회와, 기회를 가져다주긴 하지만 또한 익명성과 소외가 반드시 뒤따르는 대도시 중에서—이는 페르디난트 퇴니스(Ferdinand Tönnies)의 유명한 분류인 **게마인샤프트**(Gemeinschaft) 대 **게젤샤프트**(Gesellschaft)의 구분과 유사하다[17]—한 곳만 선택할 수밖에 없었던 과거의 제약으로부터 부분적으로 벗어날 수 있는 기회를 얻는 것을 의미한다. 과거에 불가피했던 선택은 바로 지리적인 선택이었다. 즉 이런 유형의 장소 아니면 다른 유형의 장소를 선택해야만 하는 문제였다. 그러나 상호 연결된 디지털 네트워크의 시대에서는 여러분이 작은 마을에 살면서도 더 넓고 더 다양한 세계—이를 가상의 게젤샤프트라고 일컫더라도 말장난으로만 들리진 않을 것이다—와 효과적으로 접촉을 유지할 수 있다. 반대로 여러분이 멀리 떨어진 도시로 이사 가거나, 혹은 여행중이라 하더라도, 여전히 고향과 가족들—즉 전자적으로 유지되는 게마인샤프트—과 긴밀한 접촉을 지속할 수가 있다.

그러나 이것이 전부 좋은 소식인 것만은 아니다. 바로 이와 같이 자유로워진 접촉으로 인하여 재화와 서비스를 공급하는 지역 업체와 외부 업체 사이에 경쟁이 유발되어서 지역사회의 경제적, 문화적 기반을 흔들어놓을 수가 있다. 수도관이 들어왔을 때 동네 우물이 쓸모없어진 것을 상기해보자. 소비자가 고속도로를 통해서 멀리 떨어진 곳에 있는 대형쇼핑몰로 가기 시작하면, 동네 가게는 경쟁에서 지게 된다. 지역의 라디오와 텔레비전 프로그램들은 훨씬 더 광역적인 청취자/시청자들을 포괄하고 있으면서 거물급 스타들과 더 재미있는 프로그램들을 제공할 수 있는 대규모 네트워크 방송들과 경쟁해야만 한다. 그리고 국지적 디지털 네트워크가 중추망에 연결되면, 격리와 교통비용 때문에 얻을 수 있었던 여러 기존의 보호장치들이 사라지고, 따라서 멀리 떨어져 있던 경쟁자들이 개방의 이점을 톡톡히 누릴 수 있다.

:: **확장된 네트워크 도시** The Network City Extended

　도시 내부의 디지털 네트워크화 과정으로 인해서, 어느 정도 상
호독립적이었던 거주지들의 느슨한 집합체로부터 시작하여 고도로
통합되고 네트워크화된 도시에까지 이르는, 인간 정주의 긴 역사적
진화과정이 촉진되고 있다. 통합되고 네트워크화된 도시에서는 철
로, 파이프, 전선 등의 다중적 하부구조를 통하여 각 건물들에 중앙
공급형 서비스가 제공되며, 또 쓰레기들을 치워주고 있다.

　아주 초창기 네트워크 도시의 면모는 폼페이(Pompeii)[6]의 폐허에
서 분명하게 찾아볼 수 있다. 폼페이는 이미 그 당시에 언덕 위의
공용 저수지, 도시를 통과해서 흐르는 납으로 만든 수도관, 중력을
이용한 하수처리시스템 등을 갖추고 있었다. 산업혁명 이후에 도시
들은 도시 내부의 네트워크를 엄청나게 복잡 정교하게 만들어나갔
다. 더 많아진 교통량을 처리하기 위해 도로들을 증설하였고, 도시
인구가 늘어나고 더 넓은 지역에 거주함에 따라 이에 대응하여 전
차와 철도 교통시스템을 가설했으며, 공중위생을 향상시키기 위해
공공 상하수도 시스템을 건설했고, 에너지를 공급하기 위해 가스와
전기 설비를 구축하였고, 커뮤니케이션을 위해서 전화 네트워크를
만들어나갔다.[18] 디지털 데이터 처리 시스템은 앞으로 곧 전기나
전화 네트워크처럼 도시 안 어디에서나 이용 가능하게 될 것이다.
이 시스템은 여러 다양한 유형의 정보를 전송할 것이며, 궁극적으
로는 (곧바로 그리 되지는 못하겠지만) 값싼 비용으로 높은 성능을 달
성할 것이다.

　전자상거래―전자적으로 주문과 배달―를 할 수 있는 기업의 관

---

[6] 고대 로마시대의 고급 휴양 도시로 서기 1세기경 인근 베수비오 산의 화산 폭발
　　로 인하여 사라진 후 근 2000여 년 간 화산재에 묻혀 있다가 거의 원형 그대로
　　발굴되고 있다.

점에서 보면, 이같은 새로운 도시 내부 디지털 네트워크 덕분에 쉽게 접근할 수 있는 소비자 시장이 창출된 셈이다.[19] 그래서 이 새로운 네트워크는 뉴스와 엔터테인먼트 회사, 출판사, 은행, 온라인 소매상들에게 매우 중요하다. 이 네트워크가 금방 살벌한 경쟁의 전쟁터가 되어가고 있으며, 경영학계의 최신 연구 주제가 되고 있다는 사실은 놀랄 만한 일이 못된다. 또한 동시에 이 네트워크는 동네 신문판매소, 비디오가게, 영화관, 은행지점 등과 같은 중간 유통기능을 담당하던 곳들의 강력한 대체물을 만들어내고 있다. 그래서 지금 지역사회를 구성하고 있는 위와 같은 장소들의 존재 자체가 실제로 위협받게 된다.

관점을 바꾸어 지역의 교육과 문화기관, 정부 관련기관, 지역사회 활동가나 정치인의 관점에서 살펴보면, 이 도시 내부 네트워크는 잠재적으로 과거의 아고라나 포럼의 현대판이 될 수 있다.[7] 또한 이 네트워크는 지역사회 내부의 상호작용을 강화하는 새로운 수단이 될 수 있으며, 토론 및 조직의 기구 역할을 할 수 있다. 그래서 이 새로운 도시 내부 네트워크 덕분에 제퍼슨류의 민주주의[8]의 꿈이 부활될 수 있고, 풀뿌리 '지역사회 네트워크' 운동이 활발해지고 있으며, 샌프란시스코만 지역의 웰(Well)이나 뉴욕의 에코(Echo)[20]와 같은 대중적인 온라인 만남의 장소들의 등장이 촉진되고 있다.

---

[7] 아고라(Agora) 는 그리스 시대, 포럼(forum) 은 로마 시대에 시민들이 모여서 지역사회의 각종 사안에 대해 함께 자유롭게 토론하던 장소로서 풀뿌리 직접 민주주의의 상징적 장소라고 할 수 있는 곳이다.

[8] 미국 독립의 공헌자이자 미국의 제3대 대통령이었던 토마스 제퍼슨은 풀뿌리 민주주의, 개인주의적 자유주의 등의 가치를 옹호하는 정치철학을 지니고 있었다.

:: 농촌 고립은 이제 끝? The End of Rural Isolation?

한편 디지털 네트워크는 과거의 네트워크보다 훨씬 더 먼 거리로 확장될 수 있다. 이처럼 디지털 네트워크가 멀리 확장됨에 따라서 오랫동안 존재해왔던 도시지역과 농촌지역 사이의 구분도 점차 사라져가고 있다.

과거에는 도시와 농촌 사이의 구분이 매우 분명했다. 과거의 도시 경관에 대한 여러 묘사들, 그중 대표적인 예로 시에나(Siena)의 퍼블리코 궁전(Palazzo Pubblico)에 있는 로렌체티 형제의 유명한 그림 '선과 악의 정부(Good and Bad Government)'[9] 같은 데서는 성벽에 의해서 도시의 경계가 어떻게 확정되는지를 생생하게 보여주고 있다. 성벽 바깥은 조야하고 쓸쓸하며 불편함과 위험이 공존하는 농촌지역이다. 도시의 확장이 필요할 때는 그만큼을 더 추가적으로 성벽으로 둘러싸곤 했다. 이같은 점진적인 도시 성장의 흔적은 오래된 유럽 도시들의 도로형태에서 쉽게 찾아볼 수 있다.

그렇지만 고대 시대에서도 항상 도시와 농촌의 구분이 명확했던 것은 아니었다. 예를 들어 아테네는 자영농민들의 공동체였다고 할 수 있는데, 자영농민들은 성벽 바깥에 거주하면서 이따금 시내로 들어오곤 했다. 만남의 장소나 여타 공용시설들은 도심에 집중되었고, 여기서부터 길이나 도로 네트워크가 주변 배후지역으로 뻗어나갔다.

19세기와 20세기에 들어와 훨씬 더 복잡 정교해진 네트워크 도시에서 이제 성벽은 불필요해졌고, 도시의 하부구조가 외곽으로 확산되면서 도시의 크기도 확장되었다. 대도시권의 영역을 벗어난다

---

[9] 피에트로 로렌체티(Pietro Lorenzetti)와 암브로지오 로렌체티(Ambrogio Lorenzetti)는 14세기에 활동한 이탈리아의 형제 화가이다. 이들의 작품은 비잔틴 전통을 지닌 시에나 유파에 속하며 르네상스 예술의 전조로 일컬어진다.

는 것은 도시전철, 상하수도 공급의 도달 한계를 넘어선다는 것을 의미하였다. 이러한 네트워크들은 도시 중심부로부터 거리가 멀어지면서 갑자기 사라지는 것이 아니라 서서히 점진적으로 줄어드는 경향을 보였다.

이 뒤를 이어서 전선시설-전기송전망과 전화시스템-이 도시에서 가깝고 사람이 많이 사는 농촌지역으로 아주 손쉽게 확장되었다. 20세기에 들어와서 진행된 농촌의 전기와 전화 보급은 도시의 경계를 벗어난 바깥 지역의 생활상태를 향상시키는 데 엄청난 기여를 하였다.

현재 디지털 정보통신 하부구조가 기존의 전깃줄과 전화선에 뒤이어 설치되고 있는데, 어떤 경우에는 기존의 구리선을 그냥 활용하기도 한다. (그리 확실하지는 않지만 기존의 철도 신호선과 철조망도 활용할 수 있다고 한다.) 그리고 가장 최소한의 수준에 불과한 농촌의 정보통신 하부구조도 전략적으로 배치된다면 매우 엄청난 사회 경제적 결과를 초래할 수가 있다. 예를 들어 인도는 농촌에 전화서비스를 공급하는 프로그램을 추진하고 있는데, 마을과 마을을 연결하는 전화선을 깔고, 작지만 매우 튼튼한 스위치를 공급하고, 공중전화와 함께 이런 기술에 익숙하지 못한 사람들에게 도움을 주는 안내원을 배치함으로써, 이 프로그램을 성공적으로 수행하고 있다. 이러한 설비들이 팩스와 공공 인터넷 접속으로 확대된 것이 자연스럽게 진행된 그 다음 단계이다. 가장 즉시 나타난 결과는 긴급 비상 서비스에 대한 접근이 엄청나게 향상된 점이다. 장기적인 관점에서 볼 때 새로운 연결체계 덕분에 농부들이 먼 거리에 있는 상인들과 직접 생산물을 거래할 수 있게 됨으로써 농촌의 경제 생활에 변화를 가져올 것으로 기대되고 있다. 또한 월드와이드웹이 보유한 자원들에 비록 최소한이지만 효과적으로 접근할 수 있게 됨으로써 농촌 교육에도 큰 변혁이 기대된다.

그러나 더욱 중요한 것은 지금 무선시스템—지상시스템과 인공
위성시스템 둘 다 모두—이 농촌 주민들에게 접근할 수 있는 엄청
나게 효과적이고 새로운 방법을 제공해주고 있다는 점이다.[21] 마
이크로웨이브 연계망과 무선 셀룰러 시스템은 몇 군데 전략적으로
배치된 송수신탑만 있으면 아무리 넓고 험한 지역도 쉽게 횡단해갈
수 있다. 1980년대와 1990년대 호주의 정보통신 공급자인 텔스트
라(Telstra)는 아무도 살지 않는 광활한 오지를 가로질러 태양열로
작동하는 마이크로웨이브 중계탑 시스템을 넓은 범위에 걸쳐 건설
했다. 이것은 도로를 따라 약 50km의 간격으로 설치되었는데, 높이
솟아올라 있기 때문에 여행자들에게 거리를 가늠하는 지표로도 활
용되고 있다.

인공위성 정보통신 시스템은 지형에 전혀 영향을 받지 않으며,
인구밀도나 전화밀도(주민 100명당 전화 설치 수)가 매우 낮은 지역에
도 매우 경제적으로 서비스를 제공할 수가 있다.[22] 지구 정지궤도
를 운행하던 이전의 위성시스템은 서비스 가능 지역이 넓기는 하지
만 제한된 서비스 능력을 지니고 있었기 때문에 그 역량의 대부분
을 인구밀도가 높은 지역에 집중하였다. 하지만 이리듐(Iridium)이나
텔레데직(Teledesic)과 같은 저궤도(LEO, Low Earth Orbit) 위성시스템
은 지구 전체에 균일하게 서비스를 공급하고 있다.

농촌의 정보통신 하부구조가 점점 더 세심하게 교육, 의료, 기타
중요 서비스들을 제공하면서, 그 결과 도시와 농촌 사이, 그리고 중
심과 주변 사이의 오랜 구분이 점차 희미해지고 있다. 이것은 이미
오래 전에 시작되었던 변혁과정이 계속 이어지는 것이라고 할 수
있다. 맑스와 엥겔스의 저작을 보면, 거대한 산업도시들의 성장으
로 인하여 "상당수의 인구가 농촌생활의 몽매로부터 구출되었다"[23
]라고 하는 유명한 구절이 있다. 오늘날 디지털 혁명이 이 일을 완
수하고 있다.

:: 그밖의 오지 지역 Residual Wireless Backblocks

그럼에도 불구하고 전선이 설치되어 있지 않은 외딴 미발전 오지 지역—잡초만 바람에 날려 다니는 황량한 황무지나 미크로네시아 산호초 위와 같이 외딴 지역—에서는 미래에도 여전히 정보통신시설이 복잡한 도시지역보다는 부족할 것이다. 이로 인해서 정보통신의 이용형태가 도시와는 상이한 특징을 갖게 될 것이다.

시골에 사는 사람들도 급하게 정보를 구해야 할 때가 있다. 예를 들어 응급 의료처방에 대한 정보가 필요하다면 즉시 답변을 받아야 한다. 그리고 시골지역의 개발이나 재개발작업, 재난구조 등에 종사하는 사람들은 종종 시간상의 구애를 받는 주요 정보를 요청하게 된다. 이런 경우에 필요한 것이 바로 가장 발전된 정보통신 시설에 짧은 시간 동안만 접속하는 것이다. 따라서 잠깐 동안 인공위성과 접속하는 것은—비록 상당히 비싸더라도—이해할 수 있다.

그러나 다른 많은 경우에는 질문에 대한 대답을 듣는 데 걸리는 시간이 그렇게 극히 짧아야 할 필요가 없기 때문에—어떤 경우는 몇 시간 후나 며칠 후도 괜찮고 몇 주나 몇 달 후에도 별문제가 없을 수 있다—의료, 교육, 기타 중요 서비스에 필요한 질적 수준과는 큰 수준 차이가 있어도 문제가 전혀 없다. 그래서 정보통신 시설 용량 중에서 일부를 활용해서 가난하고 고립된 시골지역에 매우 값싼 비용의 '그런 대로 실시간이라고 할 수 있는 정도의' 이메일 전송 서비스를 제공해주는 데 대한 관심이 늘어나고 있다. 피도넷(fidonet)이라 불려지는 시스템은 한가한 시간대에 전화선 접속을 통해 이메일 메시지를 일괄 전송하는 방식을 통해서 효과적으로 이러한 전략을 처음으로 시도하였다.

이제는, 저궤도(LEO) 통신위성이 인구가 희박한 지역을 지나갈 때는 거의 아무런 할 일이 없기 때문에 그 시설 용량이 남아돈다는 사실에 착안하여 이같은 낮은 수준, 낮은 비용의 서비스를 쉽게 제공할 수 있게 되었다. 니콜라스 네그로폰테(Nicholas Negroponte)가 지적했듯이, "LEO는 그 기능의 일부만 작동하려고 해도 전세계를 포괄해야만 한다. 이런 점에서 시골이나 외딴 지역에서의 접속은 무료로 할 수 있다."[24]

하지만 이러한 진보가 나타난다고 할지라도 전선이 설치되어 있지 않은 시골 오지의 주민들은 여전히 어느 정도의 불이익을 받으면서 고생할 것이다. 왜냐하면 무선 원격통신에 내재된 고유한 불평등 때문이다. 일반적으로 넓은 지역에 정보를 송출할 수 있는 크고 중앙집중적인 송신소를 건설하는 것이, 여러 곳에 고루 분산되어 있으며 정보를 회신할 수 있는 수많은 작은 송신소를 건설하는 것보다 훨씬 더 저렴하고 간편하다. 따라서 공중에서 지상으로 고속의 다운링크(downlink) 서비스—특히 인공위성을 이용하여—를 시골지역에 제공하는 것이, 지상에서 공중으로 같은 수준의 업링크(up-link) 서비스를 제공하는 것보다 훨씬 더 쉽다. 그래서 시골 거주자들은 외부 세계로 많은 양의 정보를 송출하는 능력을 갖출 수 있을 때보다 훨씬 전에 이미 방송이나 웹의 다운링크 서비스(보통 낮은 용량의 비정규 채널과 함께)를 제공받을 수 있을 것이다.

:: **공공과 민간** Public and Private

지금 등장하고 있는 정보통신 하부구조—근거리/장거리, 도시/시골—의 대부분은 비트를 운반하는 사업을 하는 조직에 의해 건설되고 관리되고 있다. 그런데 비트 운반 사업 그 자체만 보면 민간 부문의 조직이 추진하기에 그리 큰 매력이 있는 사업이 아니다. 디지털 정보통신 시설은 저비용 상품이며 이윤도 낮기 때문이다. 그래서 이 부문의 사업자들은 비트의 흐름에 가치를 부가함으로써 이윤을 더 높이고자 한다. 예컨대 오락물을 생산·유통하거나 전략적으로 광고를 삽입하는 따위 등이다. 그 결과 나타난 정보통신 사업 구조는 대규모이고 어디서나 이용가능하며 여러 가지 다목적으로 활용되는 그런 사업구조, 즉 마치 공공 도로체계와 비슷한 구조가 되었다. 이 때문에 '정보고속도로'라는 은유가 지겹도록 과다 사용되고 있다.

그렇지만 민간 네트워크들 역시 굉장히 많다. 이들 중 일부는 건물과 캠퍼스 내부에서 운영되는데 마치 내부 배관체계처럼 작동한다. 또 다른 일부는 은행 같은 사업체를 다른 사업체와 연결시켜주는 매우 전문적인 전자정보변환(EDI, Electronic Data Interchange) 네트워크들이다. 또 다른 일부는 대규모 민간조직이 관리하는 장거리 네트워크들로서 정보통신 공급자들로부터 임대한 회선을 운영하고 있다.

이들 민간 네트워크들 중 일부는 특수한 프로토콜하에서 운영되고 있지만, 점점 더 많은 네트워크들이 공공 인터넷이나 월드와이드웹과 동일한 프로토콜과 소프트웨어를 사용하게 되었다. 기술에 접두사 붙이기를 좋아하는 분위기 때문인지, 이러한 민간 네트워크는 인트라넷(intranets)으로 널리 알려져 있다. 이와는 대조적으로 조직이 공공성을 띠는 네트워크는 엑스트라넷(extranets)으로서 알려져 있다.

:: 방화벽과 여과기 뒤에 Behind the Firewalls and Filters

보안이 중요한 곳에서, 인트라넷 및 여타 민간 네트워크들은 물리적인 단절과 접속 지점에 대한 신중한 통제를 통하여 그들의 프

라이버시를 유지하고자 한다. 과거의 요새와도 같이 이들 네트워크
들은 외부 세계와 극소수의 연결지점만 가지며, 그 연결지점도 들
어오고 나가는 모든 것을 철저히 감독할 수 있도록 설계되었다. 요
새의 관문과 초소의 보초 대신, 민간 인트라넷과 공공 인터넷 사이
에는 전자 '문지기(gatekeepers)'의 역할을 하는 특수하게 프로그램된
컴퓨터가 접속을 통제한다. 언제 외부인이 접속할 수 있는지, 언제
내부인이 외부와 접속 가능한지, 어떤 종류의 정보가 흘러들어오고
나올 수 있는지 등의 여부를 결정하는 것이 이런 항시적인 불침번
장치이다. 이렇게 함으로써 '방화벽(firewalls) 내부'에 있는 영역과
그 바깥 환경 사이에 분명하게 구분된다.

　따라서 디지털 네트워크의 세계에서 정보는 어디든지 자유롭게
흐른다는 생각은 희망에 찬 자유주의자들의 신화에 불과하다. 또한
여러분이 어떤 정보에 대한 접근의 통제를 지나치게 우려한다면 이
는 쓸데없이 암울한 디스토피아라고 볼 수 있다. 공공 네트워크와
의 연결을 엄격하게 통제하고 격리시킴으로써, 그리고 내부의 규칙
과 규범을 정함으로써, 부모, 교사, 고용주, 정부 등은 엄격하게 통
제되는 온라인 환경을 창조할 수 있다.[25] 이렇게 통제되는 영역은
개인의 컴퓨터에서부터 범국가적 네트워크에 이르기까지 다양한
규모가 가능하다.

　그 결과는 복잡하다. 어디서나 상호 접속이 가능하다는 것이, 통
제 가능한 영역이 사라진다거나 공공영역과 민간영역 사이의 구분
이 사라진다는 것을 의미하는 것은 아니다. 그렇지만 우리에게 이
와 관련된 핵심 구성 개념을 새로운 맥락에서 다시 생각하고 다시
발견하도록 촉구하고 있다. 지금 등장하고 있는 사이버스페이스상
의 통제지점과 영역체계는 우리에게 익숙한 물리적 세계의 국경,
장벽, 관문, 출입구처럼 가시적이지는 않지만, 그렇다고 실질적인
힘이나 정치적인 힘이 덜한 것은 결코 아니다.[26]

전세계적으로 디지털 정보통신 하부구조로 인한 파급효과가 이처럼 매우 강하게 세상을 휩쓸고 있지만, 일부 사이버광(狂)들이 과대선전하는 것처럼 이로 인하여 거리의 소멸, 공간의 죽음, 모든 것의 가상화(모든 견고한 것들은 이 뜨거운 열기 속으로 녹아 사라진다) 따위가 실현될 것이라는 과장된 주장들은 오히려 사건의 본질을 모호하게 할 뿐이다. 이보다는 새로운 정보통신의 연계 덕분에 우리가 거주공간을 만들고 조직하는 데에 혁명적인 새로운 수단들을, 그리고 인류의 여러 가지 다양한 목적에 잘 활용할 수 있는 그런 수단들을 얻게 되었다고 여기는 것이 보다 더 유익하고 확실한 태도일 것이다.[27]

이런 맥락에서 지금 우리 모두가 모든 네트워크들의 본질이 무엇인지, 그리고 이로 인해 야기된 사회적, 경제적, 정책적, 디자인적인 문제들에 관하여 엄청난 관심을 가지고 있다. 과연 그것이 어떤 새로운 혜택을 가져다줄 것이며 그 혜택은 우리에게 어떤 가치가 있을 것인가? 이 네트워크들을 어떻게 건설할 것이며 그 비용은 어떻게 조달할 것인가? 이것은 기존의 도시패턴과 어떻게 상호작용할 것인가? 누가 이를 통제할 것인가? 누가 접속할 수 있을 것인가? 그리고 언제 접속할 수 있을 것인가? 접속의 형평성을 보장하는 정책과 정보통신 기업가와 투자가들의 수익을 보장해주는 것이 어떻게 서로 조화될 수 있을까? 우리의 일상생활의 새로운 매개자가 될 이 네트워크들에게 우리는 어느 정도의 사회적·문화적 수준을 요구할 것인가?

'새로운 세상', '모든 것이 가능하다'는 식의 숨막히는 수사학에 걸맞은 시대와 유행은 이미 지나가고 있다. 그렇다고 우리가 '지금 새천년의 그날'이나 이와 정반대 이미지인 '곧 현실화될 묵시록의 그날'에 직면한 것도 아니다. 지금 우리는 근본적인 변화가 일어난 혁명 이후 상황에서 우리가 해야 할 몇 가지 중요한 사회적 선택을 결정하고, 우리의 미래를 설계하고 건설해야 하는 귀찮고도 어려운 장기적 과제를 안고 있는 것이다.[28]

모든 네트워크는 그 상호교차 지점과 접속지점에서 일종의 특권적인 장소를 만들어낸다.

관개시설 네트워크에서는 물을 내뿜어 식물을 잘 자라게 하는 오아시스들이 바로 특권적인 장소가 된다―이는 미국 서부 평원에서 관개 시스템에 의해 만들어진 녹색의 선명한 둥근 원들에서 잘 드러난다. 마찬가지로 번창하는 사업들은 철도의 교차지점, 고속도로의 입체교차로, 항로의 항구, 항공교통의 거점 주변에서 주로 발달해왔다. 앨리스스프링(Alice Springs)과 다윈(Darwin)같이 외딴 사막 가운데에 있는 정착촌들은 19세기에 전신(電信) 접속 지점의 마을들로 건설된 것이다. 그리고 오늘날에는 우리가 디지털 정보통신 하부구조에 접속하는 바로 그 지점에, 비트(bits)가 풍요롭게 흐르고 물리적 세계와 디지털 세계가 교차되는 **스마트 장소**(smart place)가 존재한다.

정보통신 엔지니어가 작성한 추상적인 네트워크 도면에서는 이 같은 스마트 장소, 즉 전자적 매개장소가 공간적 차원의 교차점을 갖지 않는다는 오해를 유발할 수도 있다. 하지만 건축가의 관점으로 볼 때는 전자적 매개장소라고 해도 모두 균일하지는 않으며, 교차점과 접속점은 역시 마찬가지로 중요하다. 또한 이곳이 단지 전자부품들로 채워진 플라스틱 상자인 것만은 아니다. 실제로 스마트 장소들은 공간적으로 연장되고 있고, 우리가 이를 이용하기에 편하게 인간의 신체구조에 맞추어지고 있다. 이들 장소들은 특정한 물리적 맥락 속에 위치하고 있다. 따라서 이들 장소들의 공간적, 물질적 배열은 중요한 것이다. 스마트 장소에는 일부 특정 집단이 이 속에 머무르면서 이를 사용하고 통제한다. 이들 장소만의 독특한 관습과 문화도 존재한다. 그 규모와 특성에 있어서는 친밀하고 개인적인 장소에서부터 범세계적인 공공장소에 이르기까지 다양하다. 결국 이런 장소는 단지 단순한 인터페이스가 아니다. 우리는 **이 속**

에서 우리의 삶을 살아가기 시작하고 있다.[1]

스마트 장소는 IP 주소(어드레스)뿐만 아니라 실제 공간상의 주소도 가지고 있다. 스마트 장소는 다른 스마트 장소와 전자적으로 접속 가능할 뿐 아니라, 물리적으로 인접한 공간과도 문과 창문을 통해서 연결된다. 그래서 스마트 장소는 물리적·물질적 순환 시스템, 시각적 청각적 커뮤니케이션 시스템, 원거리 상호접속 시스템 모두 동시에 기반하며 이들에 의해 유지되고 있다. 이 모든 연결형태들이 함께 작동되기 때문에 스마트 장소는 우리의 일상활동에 새로운 환경을 만들어주고 있다.

우리는 스마트 장소를 서로 뚜렷하게 구분되는 두 영역—예컨대 『뉴로맨서』에서 매우 생생하게 비유한 육체공간(meatspace)과 사이버스페이스(cyberspace), 혹은 생물자원(biomass)과 정보자원(informass)으로 구분할 수도 있다—이 인간의 특정 활동을 지원하기 위해서 효과적으로 조합되고 교차되는 지점이라고 생각할 수도 있다.[2] 이곳에서는 앞으로 우리가 볼 수 있겠지만, 물리적 행위가 전산 프로세스를 이끌어내며, 또 전산 프로세스가 물리적인 형태로 드러나기도 한다. 가장 최고의 스마트 장소가 될 수 있는 곳은, 우리의 전통적인 가치관으로도 높게 평가받을 수 있는 훌륭한 수준의 물리적 환경을 갖추었을 뿐만 아니라, 이와 동시에 값싸면서도 폭넓게 이용할 수 있는 전자지능과 정보통신을 제공하는 깜짝 놀랄 새로운 시설들이 함께 마련된 그런 곳일 게다.

:: **무대와 디스플레이** Proscenium and Display

17세기 바로크 양식의 극장 건축가들이 연기 공간과 청중 공간을 어떻게 관계 맺을지 고민하는 상황에 직면했을 때, 이들은 극장 앞무대(proscenium)[1]를 통해서 이 두 공간을 조화시키는 데 성공했다. 이것은 뛰어난 건축상의 발명이라고 할 수 있다. 지오바니 바티스타 알레오티[2]는 한편에는 무대, 다른 한편에는 관중석이 있으며, 그 사이에는 무대 막이 오르내릴 수 있도록 정교하게 짜여진 틈을 갖춘 사각형 목조 구조를 발명해서 파르마(Parma)에 있는 파르네스 극장(Teatro Farnese)에 적용했다. 이 극장에서는 무대에 조명을 비추고 관중석은 어둡게 함으로써, 관객들로 하여금 어둠 속에서 가상의 '네번째 벽(fourth wall)'[3]을 통해 혼자 배우들을 염탐하는 듯한 환상을 가지게 할 수 있었다.

여러분의 거실에서, 텔레비전 세트는 알레오티의 착상을 직접적으로 차용하여 놀라울 정도로 비슷한 관계를 만들어낸다. 여러분은 사각형 틀 속에서 은은한 빛을 뿜어내는 TV 화면 앞의 관람석에 앉아서—때로는 불을 끈 채—환한 장면을 응시할 것이다. TV드라마용 세트 디자인의 전통도 극장 무대를 답습한 것이다—실제로 가정의 TV 시청자들도 촬영장의 관중과 거의 똑같은 각도에서 연기 장면을 볼 수 있다.

여러분의 책상 위에 있는 개인용 컴퓨터(PC)—텔레비전과 타자기와 디스크 플레이어가 마치 프랑켄슈타인의 괴물같이 미련스럽고 미숙하게 결합되어 있는 지금의 PC는 얼마 후에는 곧 쌍엽비행기나 모델 T처럼 고리타분하게 보이게 될 것이다—는 극장 앞무대의 전통을 또 다른 맥락으로 확장시키고 있다. 초창기 PC 시절, 우리는 사각형 틀 속에서 오르내리는 텍스트만 볼 수 있었으며, 극장

---

[1] 지금이야 무대가 앞에 있는 게 일반적이지만, 과거에는 무대가 반드시 앞에 있었던 것은 아니었다.

[2] Giovanni Battista Aleotti. 바로크 시대의 이탈리아 극장건축가이자 무대장치가.

[3] 어두운 관중석과 밝은 조명이 비추어지는 무대 사이의 명암 교차부분을 은유적으로 표현한 것이다.

무대와 같은 배치적 요소를 여기서 찾기는 어려웠다. 그후 이집트 그림처럼 사물을 정면에서 묘사하는 2차원 그래픽의 탁상용 컴퓨터가 일반화되었다. 최근에는 3차원 컴퓨터 그래픽이 점차 가능해지고, 원근법에 따른 장면과 아바타 캐릭터(avatar-actor)[4]를 갖춘 온라인 채팅이 일반화되었다.[3] 또한 디지털 비디오에 의해서 PC와 비디오 사이의 구분이 사라지게 되자, 컴퓨터 스크린은 다시 극장의 앞무대같이 되었다. 이때 컴퓨터 스크린은 얇은 막을 통해서, 우리의 육체와 우리의 건물을 사이버스페이스로부터 분리시키는 일종의 틈인 셈이다.

여러분은 스크린 공간을 **볼** 수 있으며, 거기서 정보를 얻을 수 있을 테지만, 거기로 **들어갈** 수는 없을 것이다. 폴 사포(Paul Saffo)가 생생하게 언급했듯이, "현재 두 개의 세계가 나란히 평행하게 존재한다. 하나는 우리가 거주하고 있는 일상의 아날로그 세계, 또 하나는 인간이 만든, 하지만 그 속에 디지털 기계들이 거주하고 있는 새로운 디지털 세계이다. 우리는 컴퓨터 스크린이라는 구멍을 들여다봄으로써 디지털 세계를 방문한다. 또한 마치 원자력 기술자가 방사선 물질을 글로브박스(핵을 다룰 때 사용되는 밀폐된 투명용기)와 기계팔을 통해 다루는 것과 같이, 키보드와 마우스를 통해서 디지털 세계를 조종한다. 디지털 세계를 직접적으로 조종하는 것은 기계들이지만, 이 기계들은 자신들의 사이버스페이스를 둘러싸고 있는 아날로그 세계에 대해서는 거의 알지 못한다."[4]

그래서 컴퓨터 그래픽 디스플레이 기술은 새로운 것이었지만, 건축적으로는 새로운 발상이 아니었다. 그 기원은 바로크 시대까지

---

[4] 아바타(avatar)란 어떤 대상을 대신하여 구현된 화신(化身)을 의미하는데, 현재는 인터넷에 접속한 사용자를 대신하여 사이버스페이스에서 활동하는 사이버 주체를 의미하는 용어로 널리 사용된다. 인터넷상의 채팅, 게임 등에서 아바타 캐릭터를 이용한 참여가 점점 늘어나고 있다.

거슬러 올라간다. 알레오티라면 이 진부한 배치구조를 당장 알아차
릴 것이다.

:: 스크린 공간: 소, 중, 대, 특대 Screenspace : S, M, L and XXL

컴퓨터 그래픽 디스플레이 기술은 신기한 것은 아니지만 확실히
효과적인 기술이다. PC의 출현, 네트워크의 성장, 그리고 디스플레
이 기술의 지속적 발전과 함께, 전세계에 산재되어 있는 무수히 많
은 사각형 백열 유리 화면들은 사이버스페이스와 건축을 점점 더
복잡하게 서로 엮는 데 기여해왔다. 그리고 고질라(Godzilla)가 옳았
다는 것이 드러났다. 왜냐하면 스크린의 크기가 중요하기 때문이다.
크기는 매우 중요하다. 또한 우리 신체에 대한 상대적 위치도 중요
하다.

예를 들어 가장 작은 크기로는 손목시계나 혹은 윗옷 주머니에
넣을 수 있는 아주 작은 장치에 부착된 스크린을 개인적인 휴대용
접속도구로 사용할 수 있다. 이 경우 여러분이 어디에 있든지 간에
상관없이 스마트 공간을 만날 수 있다. 이보다 약간 더 큰 휴대용
컴퓨터(laptop)의 스크린은 일종의 전자 야영생활을 가능하게 할 것
이다. 여러분은 임시 사무실, 호텔 방, 비행기, 공원 벤치, 카페 테
이블 등 어디든지 한곳을 선택하여 거기서 자리잡고 일할 수 있다.

이 모든 경우에 스크린은 우리와 마주보고 있으며, 따라서 프라
이버시를 보호할 수 있다. (만약 당신이 나랑 생각이 같은 사람이라면,
비행기에서 휴대용 컴퓨터를 사용하길 원할 때는 창가 자리를 택해서 다
른 사람들이 당신의 어깨 너머로 흘끔거리지 못하게 할 것이다.) 하지만
반대로 여러분이 스크린을 바깥쪽으로 돌린다면, 이는 자아표현의
강력한 수단이 될 수 있다. 이러한 가능성은 크쥐토프 보딕즈코'의

에이리언 스태프(Alien Staff)나 포트파롤(Porte-Parole)과 같은 프로젝트
들에서 볼 수 있다. 그의 작품의 신브레히트주의적(neo-Brechtian) 측
면을 잘 주목해보라.[5]

가구나 생활용품 정도의 규모, 즉 중간 크기의 스크린으로 넘어
가보자. 사무실의 데스크탑 PC, 거실의 디지털TV, 상점의 POS 장
치, 은행 현관의 자동현금입출금기 등은 방의 쓰임새와 성격을 규
정한다. 이것들은 기계장치의 일부이자 실내장식의 일부이다. 그래
서 대부분의 이런 기구들은 잘 짜여진 인테리어 장식 모델에 융합
되고 있다. 따라서 시애틀에 있는 빌게이츠의 호화저택에는 워싱턴
호수를 바라볼 수 있는 전통적인 창문과 함께, 사이버세상의 왕이
되고자하는 그에게 마치 현대판 베르사유 궁전에 있는 것처럼 자신
이 지배하는 디지털 영토를 한눈에 조망할 수 있게 해주는 전자창
문이 동시에 존재한다.[6] 이와는 대조적으로, 익살맞은 건축적 재치
를 지닌 로버트 벤투리[6]는 디스플레이 스크린을 건축장식의 고전적
전통에다가 융합시킴으로써, 탁자를 <스타트렉(Star Trek)>에서 볼
수 있는 미래주의적 모습으로 바꾸어놓았다. 하버드 기념관 재건
프로젝트에서와 같이 그는 LED 스크린[7]을 역동적인 벽면장식, 벽
면조각, 벽화처럼 취급한 것이다.[7]

---

[5] Krzyztof Wodiczko. 저명한 구상 예술가이자 MIT 교수이다. 구상 예술(conceptual
art)이란 예술품 제작의 구상과 과정 그 자체를 예술작품으로 보는 조류이다.

[6] 로버트 벤투리(Robert Venturi)는 대중주의 건축의 선구적이고 대표적인 건축가로
서 미국에서 주로 활동했다. 그는 건축에 대한 깊은 조예와 대중문화(popart)에
대한 관련을 결합시킨 혁신적인 이론을 제시하여 1960년대 이후 건축가들에게
많은 영향을 미쳤다. 주요 작품으로는 배나벤츄리하우스, 시애틀 미술관, 세인즈
베리 윙 국립미술관 등이 있다.

[7] LED(Light-Emitting Diode: 발광다이오드) 스크린은 전류가 통과하면 빛을 방출하
는 일종의 다이오드를 사용한 화면으로서 대개 붉은 색을 띤다. LED는 이미지를
표시하는 데 좋은데, 그 이유는 비교적 작고 타버리지 않기 때문이다. 그러나
LED는 LCD보다 더 많은 전력을 소모한다.

일반적으로 사회적 교류에서 전자적으로 가장 중요한 역할을 수행하는 것도 이같은 중간 크기 수준의 스크린이다. 예를 들어, PC, 자동현금입출금기 혹은 탁상용 화상회의 스크린 등은 사람들이 기계와 1대1로 대화하도록 설정되어 있다. 사실 PC 인터페이스의 모든 영역은 개별 사용자가 스크린에 코를 맞대고 있다는 것을 가정하고 있다. 항공권 발권 창구에서는 스크린이 고객과 창구직원 **사이에 놓여 있어서**, 고객과 직원 간의 대화에 필요한 정보를 제공해 준다. 그러나 직원만이 이 스크린을 볼 수 있기 때문에 직원에게 특권을 가져다주는 셈이다. 이와는 대조적으로 거실이나 스포츠 바에 있는 텔레비전 스크린은 거기에 담긴 내용을 보는 사람 모두가 공유하기 때문에, 위와는 아주 다른 대화와 교류의 토대를 만든다. 물론 여기엔 누가 리모콘을 조절하느냐에 관한 논쟁이 있을 수 있다! 지금 교실과 회의실에서는 비디오 프로젝션 스크린이 칠판을 대체하여 표현의 장소가 되고 있다. 이제 화자(話者)는 프로젝션을 조정하고, 청중은 스크린을 보는 식으로 설명이 이루어지고 있다.

벽 정도 크기의 스크린으로 넘어가보자. 전자 동영상 화면은 공간 그 자체가 인지되는 특성을 변화시킬 수 있다. 예를 들어, 실물 크기의 사람이 등장하는 비디오 프로젝트 화면은 멀리 떨어져 있던 공간들이 갑자기 서로 겹쳐지면서 서로를 구분짓던 표면이 사라져버리는 것과 같은 착각을 불러일으키게 할 수 있다. 이것은 매우 극적인 효과다. 비록 유리 칸막이를 통해서만 교류할 수 있었던 감옥 면회실의 유쾌하지 못했던 기억을 환기시키기도 하지만 말이다.

1980년대, 제록스 팔로알토(Palo Alto) 연구소의 연구원들은 가상으로 나란히 배치된 회의실과 작업장을 대상으로 이런 유의 실험을 했다. 이후 얼마 안되어 히로시 이시이[8]는 이 아이디어를 멋지게 활

---

[8] Hiroshi Ishii. MIT 미디어연구소 소속 교수로서, 인간과 컴퓨터의 상호작용과 컴

용하여 그가 개발한 클리어보드(clearboard) 시스템을 통하여 서로 멀리 떨어진 곳들끼리 협동 디자인 작업을 가능케 하는 '투명' 제도판을 만들었다. 즉 마치 양면 제도판처럼 보이는 것 속을 '관통하여' 공동 작업자를 볼 수 있게 된 것이다. 보다 최근에 IBM은 "가상 식사용" 가구 일체를 만들어냈는데, 이는 후면 투사 스크린이 중간에 자리잡고 있어서 서로 두 쪽으로 분리되어 있는 식탁을 갖춘 것이다. 중간에 있는 이 후면 투사 스크린 속에서 여러분은 저 멀리 반대편 자리에 앉아 있는 손님들을 실물크기의 비디오 이미지로 본다. 부루스 블럼버그(Bruce Blumberg)가 개발한 얼라이브(ALIVE) 시스템은 그 자체가 마치 거대한 '마법의 거울'과도 같다. 이 거울 속에서 거주자들의 실물 비디오 이미지가 컴퓨터가 만들어낸 '애완동물'이나 다른 동영상 구성요소들과 상호작용한다.[9]

마지막으로, 도시 규모로 가보자. 타임스 광장, 도쿄의 긴자 거리, 곳곳의 야구장에 있는 거대한 전자스크린은 동영상 옥외광고판 같은 기능을 하며, 엄청난 수의 군중에게 접근하는 데 이용될 수 있다. 만약 엄청 많은 전구들을 교체해야 하는 것을 꺼려 하지만 않는다면, 이 전략은 무지무지 현란하게 그 극단으로까지 추진될 수 있다. 라스베이거스에서는 1,400피트의 길이, 2억 1,100만 개의 전구, 5만 4,000와트의 전력 사용량을 가진 디스플레이 스크린이, 퇴색하고 낡은 프리몬트(Fremont) 거리를 비추는 아주 새로운 지붕이 되어 주곤 했다. 이것은 마몬 바티칸 시스틴 성당의 천장화인 셈이다.

이와 같이 다양한 유형, 크기, 모양을 지닌 스크린들이 우리의 일

퓨터 지원 협업(CSCW, Computer-Supported Cooperative Work)에 관한 연구분야에서 유명하다. 그가 속한 연구소에서는 인간과 컴퓨터의 상호작용(HCI, Human Computer Interaction)에 대한 연구를 '눈에 보이는 비트(Tangible Bits)'에 초점을 맞추어서 연구하고 있다. 즉 비트를 일상의 물리적 물체와 건축환경과 조화를 이루는 방안을 찾는 데 그 목적이 있다.

상 환경을 막 잠식하기 시작했던 그 초창기에는 스크린들이 각각 별개로 작동하였다. 여러분의 TV는 PC와 아무런 관계도 없었다. TV나 PC가 보여주는 정보는 각기 서로 다른 정보원에서부터 서로 다른 경로를 통해 도착한 것이었다. 이후 포인트-앤-클릭(point-and-click) 인터페이스를 갖춘 컴퓨터 덕분에, 우리는 PC에 있는 정보를 우리가 원하는 어떤 방향으로도 가지런히 정돈할 수 있다는 생각에 익숙해졌다. 그리 머지않은 미래에 스마트 장소가 점점 더 정교해진다면, 스마트 장소의 디스플레이 표면은 디지털 하구구조를 통해 전달되어오는 정보의 흐름에 대한 통합 인터페이스로 취급될 것이다. 예컨대 우리는 우표 크기만한 손목시계 디스플레이에서 뉴스 방송을 모니터하다가, 흥미로운 기사가 나온다면 이를 근처의 벽 크기만한 화면으로 끌고 가서 (드래그해서) 볼 수 있게 될지도 모른다.

:: **사각의 틀을 벗어나서** Out of the Box

입센(Ibsen)과 같은 극작가들은 마치 관객이 없는 것처럼 실감나는 연기를 공연하기를 원했기 때문에, 극장의 앞무대를 무척 선호했다. 무대가 함축하고 있는 투명한 벽은 입센과 같은 극작가들이 원하는 바로 그런 종류의 관계를 창출했다. 그러나 관객을 연극에 몰입시키고 참여의식을 고취하려는 극작가와 감독들에게는 이런 무대가 상당히 짜증나는 방해물이기도 하였다. 이로 인해 극장에서는 대안적인 무대장치―특히 개방형 무대, 돌출형 무대, 씨름판 같은 무대 등―가 개발되고 활용되게 되었다.

비슷한 이유로, 디지털 미디어 연구자들은 컴퓨터 사각 화면의 엄격함을 파기하고, 우리를 전자정보 속으로 몰입시키기 위한 방법을 오랫동안 고안해왔다. 이것이 그리 쉽지는 않지만 불가능하지는 않다. 한 가지 가능성으로, 가까운 미래에 스마트한 벽지, 벽면, 페인트 같은 것들이 채택될 수 있다. 이것들은 디스플레이의 표면 배치를 더 자유롭게 하는 데 보탬이 될 수 있을 것이다.

기본 원리는 아주 간단하다. 전자자극이 오면 상태가 가시적으로 변하는 유형의 물질을 활용하여, 이를 표면에 고루 발라서 자극에 따라 각 지점들이 각각 반응하게 하는 기술을 개발한다는 것이다. 예를 들어 MIT 미디어 연구소의 조 제이콥슨(Joe Jacobson)은 '스마트 종이(smart paper)'를 고안했는데, 이는 한쪽은 하얗고 다른 쪽은 검은 아주 작은 둥근 공들을 지니고 있어서 이 작은 공들이 정전기 부하에 반응하여 뒤집히면서 정보를 디스플레이하는 원리이다.[10] 다른 방법으로는 정보 전송이 가능한 반짝거리는 점들로 구성된 물질로 넓은 스마트 표면을 채울 수도 있다. 좀더 낮은 해상도에서는, 스마트 세라믹 타일 혹은 스마트 유리판을 가지고 재차 프로그래밍할 수 있는 모자이크 형태를 만들 수도 있다.

:: 중심과 주변 Center and Periphery

규격화되고 고정된 디스플레이와 몰입형(immersive) 디스플레이는 매우 서로 다른 방식으로 작동한다. 여러분이 규격화된 디스플레이인 PC 스크린에 집중할 때, 여러분의 주의가 집중되는 중심이 되는 곳은 바로 이 스크린이다. 즉 이 스크린의 경계 바깥에 있는 모든 것은 주변적이 되는 것이다. 그러나 여러분이 전자적으로 디스플레이된 정보 속으로 완전히 몰입하게 되면, 그 순간에는 상대적으로 좁은 부분에만 집중할 수 있으며, 그 나머지 부분들은 단지 주변적으로만 인식하게 될 것—아마 거의 무의식적으로—이다.

주변의 정보가 중요하지 않은 것은 결코 아니다. 사실 주변 정보는 장소의 특성을 만들고, 여러분과 장소가 관계를 유지하는 데 있어서 중요한 역할을 한다. 예를 들어서 창문이 있는 방에서는, 창 외부의 환경에 대한 끊임없는 정보의 흐름이 창을 통해 흘러들어온다. 예컨대 낮과 밤의 변동, 햇빛과 그림자의 움직임, 맑음과 흐림의 변화, 비가 오고 날이 개는 날씨의 반복 등, 이 모든 것에 대해서 분명히 주의를 집중하지 않고 있어도 주변적으로는 이를 인식하고 있다. 그리고 이런 정보가 차단되었을 때는 불편한 고립감을 느끼게 된다.

이와 비슷하게, 붐비는 식당에서 여러분은 바로 옆에 있는 친구에게 주의의 대부분을 쏟고 있지만, 여전히 주변의 웅웅거리는 대화 소리와 주위 사람들의 흐릿한 얼굴, 종업원들의 분주한 움직임 등을 부수적으로 인식하고 있다. 만약 갑자기 대화가 중지되거나 접시가 깨진다거나 하는 상당한 변화가 생기면, 여러분은 잠시 그 방해의 근원을 찾아 주의를 돌릴 것이다. 또한 여러분에게 필요한 것이 생길 때에도 주의를 돌릴 수 있다. 예컨대 식사가 끝나고 계산서가 필요할 때, 여러분은 그때부터 종업원들의 움직임에 더 많은 주의를 기울이기 시작할 것이다.

영화관에서 여러분은 화면에서 펼쳐지는 연기에 주의를 집중할 것이다. 그러나 여러분은 동시에 주위에 있는 관객의 반응을 부수적으로 인식하고 있으며, 이것이 중요한 체험이 된다. 만약 어떤 사람이 "불이야!"라고 외친다면, 여러분은 재빨리 출구 쪽으로 주의를 돌릴 것이다.

몰입형 디지털 매개 환경에서는, 비슷한 배경 정보를 드러내기 위하여 표면이나 대상을 미세한 방식으로 활성화시킬 수 있다. 예를 들어서 주식가격, 교통량, 오염수치, 건물의 에너지소비량과 같이 어쩌면 중요할 수 있는 수량 변동에 대한 정보는, 약간 낮은 수준의 소음(지붕 위에 떨어지는 빗소리 수준), 떨리는 끈, 분수, '비트의

바람' 속에서 회전하는 바람개비, '비트의 비'로 인해 생긴 잔물결
의 파문 등과 같이 표현할 수도 있다.[11] 덧붙여 음성 및 화상 정보
전송을 통해서 주변부는 외부에서 이식될 수도 있다. 즉 전자적으
로 연결된 협동 작업장에서는 다른 작업장의 움직임에서 나오는 소
음을 배경 소리로 섞어서 들을 수도 있으며, 평상시 시각범위의 귀
퉁이 어딘가에 디스플레이되어 있는 웹캠(webcam) 이미지를 이따금
흘낏거리면서 거기에 누가 있는지를 살필 수도 있다.

　따라서 스크린의 경계를 무너뜨린다는 것은 디스플레이 영역을
단지 더 늘린다는 차원을 훨씬 넘어서는 것이다. 이것은 우리의 감
각을 사로잡고, 우리의 관심을 훨씬 더 많이 끌 수 있는 스마트 장
소의 가능성을 열고 있는 것이다.

:: 빛 위로 Up in Lights

　전자적으로 스크린에 표시되는 정보의 공간에서, 주위 표면을 스
마트화하는 것만이 그 이용자들을 몰입시키고, 중심과 주변의 정보
를 창출하는 유일한 방법은 아니다. 기하학적으로 장애물 없는 투
사가 가능한 공간에서는 (혹은 그림자가 그리 문제가 되지 않은 공간에
서는), 건물 실내에 비디오, 혹은 레이저 프로젝션으로 정보를 투사
하는 것이 또다른 효율적 방법이 될 수 있다.

　프로젝터는 어떤 장소에 고정될 수도 있다. 이렇게 고정되었을
때는 벽, 바닥, 천장 표면과 같이 엄격히 제한된 부분에만 정보를 전
달하게 된다. 혹은 감시 카메라와 같이 설치되어 건물 전체에 정보
가 전달될 수도 있다.[12] 그래서 한 예로 피에르 웰너(Pierre Wellner)
의 디지털 책상(digital desk) 프로젝트에서는, 보통의 책상에 오버헤드
비디오카메라와 프로젝터가 장착되어서 종이 문서와 투사된 디지털

문서가 서로 자연스럽게 섞여질 수 있도록 하였다.[13] 히로시 이시이의 메타데스크(metaDESK) 프로젝트의 경우, 투명한 책상 표면 위로 거꾸로 투사된 비디오 이미지가 전산 프로세스를 통제하는 자그마한 물리적 모형 및 도구들의 활용과 결합되었다.[14]

이러한 방식으로 만들어지는 벽 크기의 비디오 투사체는, 나타내고자 하는 이미지를 실물 크기로 표현하고, 또 보는 사람의 주변적 시야로까지 이를 확장함으로써, 물리적인 실체와 이 투사된 이미지가 너무나 매끄럽게 서로 합성되도록 할 수 있다. 마이론 크루거(Myron Krueger)의 비디오플레이스(Videoplace) 프로젝트는 이러한 가능성을 처음으로 확실하게 보여준 것이다. 크루거는 주민들을 실물 크기로 투사한 비디오 '그림자'가 서로서로 복잡하게, 때로는 놀라운 방식으로 합성되는 그런 공간을 창출했다. 보다 최근에 전자 이미지 합성은 하이퍼 거울(Hyper-Mirrors)을 만드는 데 사용되고 있다. 하이퍼 거울이란 바로 거대한 비디오 벽으로, 이 속에서 화상회의에 참여하는 현지 참석자들과 원격지 참석자들은 실물 크기의 이미지를 통해서 같은 가상공간을 공유한다.[16]

이 모든 것은 결과적으로 인공 조명에 관한 모든 관념을 근본적으로 새롭게 바꾸게 한다. 전구를 에디슨이 만들어낸 멍청한 픽셀 하나짜리 디스플레이라고 여기지 말고, 컴퓨터가 통제하는 비디오 프로젝터와 카메라가 아주 작게 결합된 것이라고 생각해보라.[17] 이것을 대략 1000×1000 픽셀이라 생각하자. 그리고 이들이 내뿜는 것이 단지 벽에서 반사되는 광자(光子)라고 생각하지 말고, 고도로 구조화되고, 엄밀하게 통제 가능한, 빛을 발하는 에너지가 상호 작용하는 영역이라고 생각해보자.

:: **얼굴 앞의 인터페이스: 가상현실** Interface in Your Face: Virtual Reality

비디오 스크린을 축소시켜서 바로 눈앞에 직접 놓아서 머리 부착형 스테레오 디스플레이를 만드는 더 대담한 방법도 있다.[18] 이같은 디스플레이 장치는 여러분의 움직임과 일치하게 컴퓨터장면을 유지해주는 머리 추적 장치와, 실시간으로 그 시야를 교체할 수 있는 충분한 전산처리 능력을 갖추었기 때문에, 가상 3차원 공간에 완벽히 몰입하고 있다는 확신감 있는 환상을 만들어낼 수 있다. 이제 극장 앞무대는 완전히 사라졌다. 이 가상현실 장치는 성가시고, 또 겁쟁이나 변태, 강력범처럼 보이게끔 하긴 하지만, 여러분을 사이버스페이스 안으로 인도할 것이다.

이로 인하여 건축 공간, 원근법적 평면, 보는 사람의 망막, 이 셋의 관계에 대한 오래된 르네상스의 개념이 뒤집혀지게 된다. 알베르티와 브루넬레스키[9]에게 현실의 3차원 장면은 원근법적 평면 위에서 가상의 2차원 이미지로 만들어지는 것—화가가 그림을 그림으로써—이었다.[19] 반대로 가상현실 시스템의 사용자에게, 원근법적 평면상에서 선명하게 반짝이는 2차원 이미지는 가상의 3차원 장면을 만들어낸다.

---

[9] 브루넬레스키(Brunelleschi)와 알베르티(Alberti)는 모두 15세기 르네상스기의 건축가이다. 브루넬레스키는 선원근법을 만들었으며, 이 뒤를 이어 알베르티는 비례에 의한 원근법적 구성의 기본개념을 밝혀내었다. 이로서 2차원의 종이 위에 3차원을 표현할 수 있게 된 것이다. 브루넬레스키의 원근법에 관한 실험은 유명하다. 우선 그는 작은 나무판자 위에 원근법을 이용해서 플로렌스에 있는 산지오반니 교회를 그렸다. 그 다음 그 판자 중앙에 작은 구멍을 뚫었다. 그리고 다른 사람에게 교회 앞 광장에 서서 한 손으로 그 나무 판자의 뒷면에 얼굴을 대고 중앙의 구멍을 통해 교회를 바라보게 했다. 그 다음에는 나머지 한 손으로 판자 앞에 거울을 들고 다시 구멍을 통해 판자에 그려진 그림이 거울에 비친 것을 보게 했다. 그 결과 그 사람은 거울을 들었을 때나 밑으로 내렸을 때나 같은 광경, 즉 똑같은 모습의 산지오반니 교회를 볼 수 있었다.

다른 기술 수단으로 같은 결과를 얻을 수도 있다. 예컨대 양쪽 눈을 서로 번갈아가면서 가려주는 액체 크리스털 셔터를 장착한 플리커(flicker) 안경을 착용하는 방법도 있을 수 있다. 그러면 오른쪽 눈과 왼쪽 눈에 비친 이미지가 동시화되면서 주변의 스크린들—보통 정육면체 형태로 배치됨—위에 투사되고, 그 결과는 역시 마찬가지로 3차원의 가상의 장소에 실제 있는 듯한 착각을 불러일으키게 된다.[20]

그렇지만 어떤 가상현실 기술이든지 간에, 그 결과는 여러분을 물리적인 환경에서부터 단절시키고, 그 대신 전자적으로 만들어진 가상환경으로 완전히 대체하는 것이다. 물론 이것은 문제점을 가지고 있다. 벽에 부딪히거나 의자에 걸려 넘어지기 십상이기 때문이다. 가상현실 시스템과 연결되어 있지 않은 옆사람은 여러분이 도대체 무엇을 보고 있는지 알 수가 없기 때문에, 여러분이 그저 실수로 꽝 부딪히는 것처럼 보일 따름이다. 따라서 이 전자장치에 의해서 형성되는 자기중심주의는 사회적 교류에 거의 도움이 되지 않는다.

:: 어디에서나: 확장 현실 All Over : Augmented Reality

다행히 물리적인 환경을 완전히 가릴 필요는 없다. 예컨대 당신은 가상현실 안경(고글)의 렌즈에 프리즘을 통합할 수도 있다. 이 경우 컴퓨터 그래픽이 주위의 장면에 포개지게 되며, 그 결과 3차원 가상 대상은 실제 대상과 섞여서 새로운 형태의 혼성(hybrid) 건축물을 만드는 것처럼 보인다.[21]

또 다른 대안으로, 프리즘 대신 비디오 카메라를 사용할 수 있다. 그래서 생생한 비디오 이미지를 인조 컴퓨터 그래픽과 전자적으로 혼성할 수가 있다. 이것은 비디오가 여러분의 눈을 잘 속이기만 한다면 매우 효과적인 방법이다. 이로 인한 결과를 **확장 현실**(augmented reality), 혹은 보통 **합성 현실**(mixed reality)이라고 일컫는다.

동작 추적, 기록, 겹침 기술 등이 충분히 발전한다면 (물론 그리 쉽지 않은 작업이겠지만), 인류의 주거지에 문자와 그래픽 정보를 덧씌웠던 전통적인 건축적 기능을 이러한 시스템이 점차 수행하게 될 것이다. 고대의 건축물에서는 벽에 조각을 하거나 그림을 그렸다. 고딕 양식에서 장인들은 스테인드글라스를 사용했다. 라스베이거스는 네온사인을 선호한다. 상품 포장업자는 아무 곳에나 인쇄된 라벨을 붙여놓았다. 이제 지금 우리 세대는 극소전자공학에 의해 만들어진 가상 덧씌우기의 가능성을 열고 있는 것이다. 아마도 미래에는 우리 주변의 여러 표면에 무질서하게 놓여 있는 정보들을 모두 흡수해서, 이를 개인 맞춤정보로 변환하여 여러분이 필요한 언제 어디에나 이를 깔아버릴 수 있을 것이다.

확장 현실을 통하여, 도시에 거주하는 시민들은 도시의 군데군데에 깔려 있는 특수한 목적에 맞추어 제작된 여러 상이한 정보들을 눈으로 볼 수 있을 것이다. 여행자는 역사의 현장 위에서 안내책자 정보와 과거가 재건된 형태를 가상으로 볼 수 있을 것이다. 혹 이를 다른 데 활용한다면, 범죄나 사고 현장을 가상적으로 복원할 수 있다. 부동산 중개인은 그들이 요구하는 가격을 가상으로 붙인 건물을 볼 수 있을 것이며, 건설 노동자는 빈 땅에 가상적으로 잘 등기되어 있는 건물 설계에 따라 일을 할 것이며, 기술자는 고장난 기계 위에 투사된 수리 매뉴얼 그림을 편하게 참조하게 될 것이다. 우체부는 현관에 가상으로 붙은 거주자 이름을 발견할 수 있을 것이다. 그리고 서로 다른 언어를 사용하는 사람들은 각자의 모국어로 서로 이해할 수 있을 것이다.

:: 픽셀, 어디에나 있다 Pixels, Pixels, Everywhere

스크린 공간, 스피커, 스마트 표면, 비디오 프로젝트 디스플레이, 가상현실, 확장 현실 등등이 급격히 늘어나고 있는 세계에서, 빛을 발하는 디지털 정보는 우리가 접하는 실제 현실 위 어디에나 덧씌워지고 있다. 로마에 정적(靜的)인 조각이 있었다면, 우리에겐 동적(動的)인 픽셀이 있다. 간판과 라벨이 점차 동적이 되어가고, 문자는 그것이 기재된 면을 뛰어넘어 3차원 공간 속으로 투영되며, 벽화는 움직일 준비를 하고 있다. 이제 비물질적인 것이 물질적인 것과 아주 자연스럽고 매끄럽게 섞이고 있다.

건축물은 이제는 단순히 빛을 받으며 떡 하니 서 있는 덩어리(mass)가 아니다. 이제 건축물은 공간 속에서 디지털 정보를 담고 있는 역할을 하게 되었다.

조심해라! 스마트 장소에 관련된 기술이 무르익을수록, 그 메타포가 반격할 테니.

컴퓨터 그래픽 기술의 초창기 시절, 우리는 실제로 우리가 그림을 그릴 때 사용하는 도구들을 닮은 '가상'의 도구를 가지고 그래픽 작업을 수행하는 데 익숙하게 되었다. 우리는 가상의 붓으로 '그리고', 이를 스크린 위의 '파일 폴더(file folder)'에 마우스로 끌고 가서 디지털 '문서(documents)'로 저장하고, 휴지통처럼 생긴 아이콘을 통해 이를 삭제하는 법 등을 배웠다. 그것은 마치 책상 위에 있던 친숙한 물리적 도구들이 마술과도 같이 PC 속으로 스며들어서, 그 속에서 여생을 사는 것처럼 보였다. 지금에 와서는, 물건에 인공지능과 상호 교신기능을 주입하고 태그[1]와 센서 시스템을 개발함으로써, 과거의 경향을 뒤바꿀 수도 있다. 이제 우리는 일상적인 물건에 컴퓨터 기능을 장착할 수 있다. 즉 가상적인 어떤 것을 만들지 않고도, 그 기능성을 얻을 수 있게 되었다.

이처럼 물건에 컴퓨터 기능을 장착하는 것은, 그 초보적 형태부터 이미 우리에게 익숙해진 개념이다. 예를 들어 슈퍼마켓의 상품에는 인쇄된 바코드가 부착되어 있으며, 계산대에는 바코드 판독기가 장착되어 있다. 상품이 바코드 판독기 앞을 지나가면서 전산 처리가 이루어진다. 즉 기계 표면 아래 숨어 있는 소프트웨어는 상품의 고유 코드를 판독하고, 데이터베이스에서 그 가격을 찾아내어, 손님이 산 물건값에 이를 합산한다. 또한 이 소프트웨어는 상품의 재고량에 대한 최신 정보를 수정하고, 구매 패턴에 대한 통계자료를 수집하는 부수적인 역할도 수행할 수 있다.

이같은 원리를 일반화하면, 상호작용을 하는 일련의 스마트 물체

---

[1] 태그(tag)란 사람이나 물건에 부착하여 그 행방을 추적하는 전자장치를 의미한다. 어떤 정보를 전달하기 위해서도 일련의 태그가 필요하다.

들을 모아서 공간상으로 확장된 스마트 공간을 만들 수 있게 된다.
현실의 책상이나 방, 그리고 기타 우리 주변 환경들은 이것들을 전
자적으로 만든 대용물들보다 더 손쉽게 컴퓨터 인터페이스(interface)
로 기능할 수 있다. 또한 우리는 현실과 가상의 재미있는 합성물을
만들어낼 수도 있다. 예를 들어 비디오 게임방 안의 시뮬레이터에
서 당신은 실제의 골프채로 실제의 공을 치고, 그것이 어떤 경로로
뻗어나가는지를 비디오 화면 속에서 시뮬레이션을 통해 볼 수 있는
것처럼 말이다. 결과적으로 현실 공간에서의 우리의 행동은 사이버
스페이스에서의 우리의 행동과 밀접하면서도 은밀하게 결부된다.
우리는 단순히 컴퓨터 장치의 사용자가 아니라 전자적으로 매개된
환경 속에서 실제로 살아가는 주민이 된 것이다.

:: 태그와 센서 Tags and Sensors

이런 방식으로 물건이 스마트 장소의 실질적 요소로 작동하기
위해서는, 각 물건들이 서로를 식별할 수 있는 방법이 마련되어야
만 한다. 바코드와 바코드 판독기, 혹은 권한이 부여된 사람에게 문
을 열어주게끔 하는 지문인식시스템이나 얼굴인식시스템의 경우는
시각적인 기술을 활용한 것이다. 초음파 신호를 발산하는 장치는
청각적인 기술을 사용한 것이다. 또한 자동현금지급기 카드, 휘발
유펌프를 작동하게끔 일련의 태그들을 부착한 무선 주파수 식별
(RFID) 칩, 도난방지용 감식 태그, 그리고 자동무선장비를 부착한
자동차가 통과하는 것을 자동적으로 식별하고 나중에 자동차 소유
주에게 요금을 청구하는 자동요금징수기계 등에서 볼 수 있는 것처
럼 전자기적인 기술을 활용할 수도 있다.
때로는 사물이 **무엇인지를** 식별하는 것 못지않게, 그것이 지금 **어**

디에 있는지를 식별하는 게 중요할 때가 있다. 이때는 마치 화면 관리 소프트웨어가 커서의 위치를 추적하듯이 사물의 위치를 추적할 수 있는 방법이 필요하다. 다양한 방식이 이에 활용될 수 있다. 오차의 허용범위가 몇 미터 이내 수준의 정확도를 요구하는 넓은 공간 규모에서는, GPS(Global Positioning System) 인공위성시스템과 비싸지 않은 소형 GPS 수신기를 통해서 지구 표면 어느 곳에서든지 차량과 다른 물체의 좌표를 알아낼 수 있다. 이 정보는 자동차에 내장된 네비게이션 시스템이나, 비상서비스 호출시스템에 전송된다.[1] 그리고 도시나 건축물 정도의 공간 규모에서는 지상 송수신기의 격자망 안에서 차량과 휴대전화의 이동을 감지할 수 있다. 건물 안에서는 다양한 압력 감지, 동작 감지, 전자기적·시각적·청각적인 센서가 사람과 사물의 움직임을 추적할 수 있다. 이때 자동적으로 호출하거나 메시지를 전송할 수도 있다.[2] 정밀한 정확도가 요구되는 좁은 공간 규모에서는, 3D 디지타이저에서 사용되는 전자기와 초음파 기술이 효율적으로 활용될 수 있다.

어떤 스마트 물체는 맡은 특정 역할에 상응하는 특수한 감지능력을 필요로 한다. 필요하다면, 여기에 '눈'과 '귀'에 해당하는 카메라와 마이크로폰이 장착될 수도 있다. 온도와 습도 감지센서가 부착될 수도 있다. 또한 폭발물, 마약, 오염물질의 미세한 흔적을 추적할 수도 있다. 동작을 감식하는 소형 속도계, 구조물에서 힘과 압력을 감지하는 압전기, 거리와 연료 수준을 측정하는 MIR(Micropower Impulse Radar), 동작 정보를 잡아내는 전기장 센서,[3] 방위를 추적하는 디지털 나침반 등이 될 수도 있다. 더 나아가 호르몬과 미생물을 감식하기 위해 살아 있는 세포를 활용할 수도 있다. 이런 예들은 잠재적으로 무한하다.

때때로 스마트 물체는 살아 있는 생명체처럼 다양한 출처로부터 얻은 인지 정보를 종합해서, 자신을 둘러싼 환경과 자신의 내부에서 무슨 일이 일어나고 있는지 알아낼 필요가 있다.[4] 예컨대, 스마트 장난감이 아이에게 반응하기 위해서는 소리와 동작 모두를 감지할 수 있어야 한다. 스마트 방은 거주자의 명령을 인식하고, 해석하고, 반응하기 위해 여러 군데의 마이크로폰으로부터 음성정보를 수집하고, 다수의 카메라로부터 화상 흐름을 수집해야 하며, 인공센서가 부착된 카펫 혹은 여타 장소감지시스템을 통해서 거주자의 위치를 파악해야 한다. 이렇게 여러 곳으로부터 정보를 수집함으로써 각 정보를 상호 체크할 수가 있어서 정보의 모호한 측면을 제거할 수 있다.

공산품에 부착된 태그와 센서는 실제로 어디에서나 사용될 수 있도록 작으면서도 튼튼하고, 매우 값싼 절전형이어야 한다. 닐 거센펠드(Neil Gershenfeld)가 말한 것처럼 어디에서라도 값싸게 컴퓨터를 사용할 수 있어야 한다.[5] 이제 막 기술자들이 이런 물건을 만들기 시작했으며 아직도 가야 할 길은 멀다.[6] 예컨대 비디오 카메라는 겨우 몇 달러밖에 안하는 단일 칩의 장치로 발전되고 있어서 대부분의 물건에서 값싼 '눈'이 될 수 있는 것이다. 극소전자시스템(MEMS, Microelectromechanical Systems) 기술은 아주 작은 규모의 센서 제작을 가능하게 해주었다. 이 장치는 매우 미세해서 진동이나 태양에너지로 충전되므로 외부의 전력공급이나 배터리가 필요 없다.

새로운 태그와 센서 기술 덕분에 물체들이 서로를 지각하게 되었고, 상호교류가 시작될 수 있게 되었다. 이것이 인공생태시스템과 모든 사물이 스마트한 사회로 나아가는 기초적인 첫 걸음이다.

:: **지능을 내장하다** Embedded Intelligence

정보를 가공하고 정보에 반응하기 위해, 스마트 인공물은 센서뿐 아니라 메모리와 기계지능을 내장해야 한다.

여러분이 특별한 주의를 기울이지 않으면 미처 느끼지도 못하는 사이에 각종 차량과 제품, 심지어 장난감 안에도 컴퓨터 내장이 보편화되었다. 여러분의 자동차는 브레이크나 다른 기능을 통제하는 정교한 디지털 시스템을 가지고 있다. 그런데 이 시스템은 사실 엔진과 동력전달장치를 합친 것보다 아마 더 많은 비용이 소요될 것이며, 전기 소모량 역시 커서 12볼트 배터리를 42볼트 배터리로 교체해야만 할 것이다. 여러분의 전자레인지, 식기세척기, 세탁기 등은 불과 몇십 년 전에 사용된 첨단 컴퓨터보다도 더 많은 프로세싱 파워를 사용할 것이다. 텔레비전 수신기와 휴대전화에는 디지털 전기회로가 내장되어 있다. 필름을 끼우는 복잡한 카메라는 거의 아무것도 갈아 끼울 필요가 없는 디지털 카메라로 대체되었고, 문에 달린 자물쇠와 열쇠는 프로그램 입력이 가능한 카드열쇠시스템으로 대체되었다. 마이크로소프트 바니(Microsoft Barney)[2] — 어린이 TV 프로그램에 나오는 얄미운 캐릭터를 모델로 한 봉제인형 — 는 자주색 폴리에스테르 벨트 밑에 말하는 칩과 동작조절기가 심어져 있다. 퍼비(Furby)[3]를 분해하면 전자공학을 배울 수 있을 것이다.

이러한 흐름은 1960년대 마이크로칩이 처음 등장한 이후 제품 디자인 분야에서 조용하게 진행되던 혁명을 한층 심화시켰다. 즉 이런 제품의 기능과 가격 면에서 기계적 혹은 전자기적인 부분이 차지하는 비중은 지속적으로 하락한 반면, 디지털 전자 부분이 차지하는 몫은 점차 커지고 있다. 그 결과 1990년대 중반까지 특수한

---

[2] 세계 최대 컴퓨터 소프트웨어업체인 마이크로소프트사가 1997년에 개발한 말하는 장난감이다. 이 첨단 장난감은 출시 첫해에 5천만 달러 어치가 팔려나갔다.

[3] Tiger Electronics사가 만든 첨단 인형으로, 신체 각 부분에 센서가 달려 있다. 따라서 이 인형을 쓰다듬거나 배를 간지르거나 껴안거나 들어올리거나 하면, 눈을 감거나, 큰소리로 떠들거나 음악을 연주하는 등의 반응을 볼 수 있다.

스마트 물건에 장착된 마이크로 프로세서의 수는 놀랍게도 PC의 수를 천 배 정도나 능가했다.[7]

칩이 더욱 작아지고 싸지고, 성능이 좋아지고, 튼튼해지고, 전기 소모량이 줄어듦에 따라, 디지털 지능을 가진 이러한 제품이 대거 등장하는 현상은 계속 지속될 것이다. 국지적 프로세싱 파워와 메모리는 그 사용 목적이 무엇이든, 필요한 곳이 어디든 상관없이 잘 활용될 수 있을 것이다. 결국에 가서 우리는 컴퓨터를 다른 것과 분리되어 있는 장치로 여기지 않을 것이며, 기계 지능은 어떤 것과도 결합될 수 있는 도구로 간주될 것이다.

앞으로 우리는 그저 단지 거기에 **놓여 있는 게** 아니라, 실질적으로 무엇을 해야 되는지를 **생각해서** 그에 따른 적절한 행동을 선택할 수 있는 그런 능력을 갖춘 물체들이 가득한 세상에서 살게 될 것이다.

:: 즉각적인 네트워킹 Instant Networking

우리가 살아가는 환경을 실제로 스마트 공간으로 전환하기 위해서는 스마트 부품들을 어떻게 배열해야 할 것인가?

PC 시절에, 그 대답은 간단해 보였다. 그 당시 컴퓨터 자원들을 조립할 때에는 잡다한 주변 장치를 CPU 상자 안으로 우겨넣고 난 후에 압축된 소프트웨어를 작동시켰다. 그러나 이러한 과정은 지능형 부품들이 다양해지고 그 수가 급격히 증가함에 따라 점점 귀찮은 일이 되었다. 뒤엉킨 전선과 불빛이 번쩍거리는 상자들로 인하여 너무 많은 문제점들이 생겨났다. 무언가 개선되어야만 했다!

개선의 확실한 첫번째 단계는 주변 전자 장치들을 잭과 케이블로 연결하는 대신 공용단파 무선 전송으로 대체하는 것이었다. 이를 위해서 각 장치들에 고주파 저전압의 극소형 송신기와 수신기를 장착할 수도 있다. 1990년대 후반에 대형 전자회사들이 합작하여 도입한 블루투스(Bluetooth)[4] 기술 사양은 잘 작동되면서도 광범위하게 활용될 수 있는 표준을 제공함으로써 이러한 대체 가능성을 활짝 열었다.[8] 블루투스 장치들은 서로 가까이 근접하면 자동적으로 서로를 감지하고 네트워크로 연결된다.

하지만 불행하게도, 장치들 사이의 물리적 상호연계가 장치들이 함께 협업하는 것까지 가능케 하는 것은 아니었다. (아마도 여러분이 새로운 프린터를 PC에 걸려고 해보았거나, 혹은 휴대용 컴퓨터를 회의실 비디오 프로젝터에 연결하려고 시도해보았다면, 이에 대해 잘 알 것이다.) 또한 하드웨어 호환이라는 피할 수 없는 문제를 처리할 수 있는 단순하고 자동화된, 사용하기 간편한 방법도 필요하다. 이 스마트 장치들을 보편적인 디지털 언어로 커뮤니케이션할 필요가 있다. 공통어를 제공하는 것은 선마이크로시스템스(Sun Microsystems)의 지니(Jini)와 같은 '네트워크 다이얼 톤(network dial tone)' 소프트웨어의 역할이다. 이것은 자신에게 연결된 어떤 새로운 기계에도 즉각적으로 네트워크할 수 있는 자원을 생성함과 동시에 연결된 기계 역시 새로운 네트워크 자원으로 기능하도록 만든다.[9]

무선 연결과 자동적으로 하드웨어 호환을 승인하는 기능을 가진 전자장치들은 레고(Lego) 블록만큼 쉽사리 상호 연계할 수 있다. 네트워크는 이제 고정된 배관이라기보다는 특정 목적을 위해 특별히 임시적으로 배치하는 가구 배치와 비슷하게 되어가고 있다.

---

[4] 복잡한 선이 없이도 정보를 전송할 수 있는 차세대 무선 데이터 전송 기술의 이름이다. 블루투스란 명칭은 10세기 덴마크와 노르웨이를 통일한 바이킹 왕 해럴드 블루투스의 이름에서 유래된 것으로, 그가 북유럽을 통일했던 것처럼 각종 디지털 기기를 선 없이 하나로 엮어 통신환경을 구축한다는 의미를 담고 있다. 아울러 차세대 무선 데이터 전송의 세계적 표준이 되겠다는 야심이 숨겨져 있기도 하다.

일단 스마트 하드웨어의 일부분이 네트워크에 편입되면, 필요할 때 네트워크상의 어떠한 소프트웨어도 다운받을 수 있고, 어떠한 서비스로도 접속이 가능해진다. 따라서 우리는 스마트 장소는 특정 사용 목적이 정해지면 그 즉시 그 목적에 적합한 성능을 갖추는 능력을 가졌다고 여길 수도 있다. 마치 스마트 장소가 광범위한 검색엔진 능력을 갖춘 전자 브리콜라주[5] 같이 근본적으로 새로운 능력을 지닌 것처럼 말이다.

그렇지만 실제로 이 매력적인 생각이 실행되려면 소프트웨어의 스타일과 구조라는 난해하지만 중대한 문제가 우선 해결될 필요가 있다. 이때 특히 소프트웨어의 코드가 거대한 획일적 단일체제로 짜여지지 않고, 그 대신 실행명령문과 데이터를 각각 포함하고 있어서 재사용·재조합될 수 있는 모듈방식의 요소로서 조직된다면, 많은 도움이 될 것이다. 이것이 바로 객체지향형 프로그래밍과 C++[6]와 같은 컴퓨터 언어의 중요한 원칙이다.

더욱이 이러한 코드의 모듈 구성요소가 이들의 원래 사용된 목적의 운영 시스템과 기계 환경에서뿐만 아니라, 그밖의 다른 어떠한 컴퓨터 환경에서도 작동이 가능하다면 이는 매우 널리 활용될 수 있을 것이다. 예컨대 자바(Java) 소프트웨어 환경은 특정 하드웨어나 운영시스템 위에서 작동하여 균일한 실행환경을 만들어주는

---

[5] 브리콜라주(bricolage)는 원래 프랑스어로 '여러 가지 일에 손대기'라는 의미를 지닌 말로서, 이 글에서는 스마트 장소가 그때그때 필요에 맞게 다용도로 사용 가능하다는 것을 강조하고 있다.

[6] 객체지향형 프로그래밍(object-oriented programming)은 컴퓨터 프로그램의 개발을 완전히 새로운 시각으로 보는 혁명적 개념이다. 프로그램에서 정말 중요한 논리보다는 오히려 다루고자 하는 객체라는 시각에서 접근하고 있다. 객체지향형 프로그래밍 언어의 대표적인 것이 C++과 Java이다.

‘버추얼 머신(virtual machines)’을 지니고 있어서 이같은 광범위한 적용을 가능케 한다.[10] 물론 이같은 작동방식은 매우 비효율적이라고 할 수 있지만, 값싸고 강력한 프로세서와 충분한 양의 메모리를 갖춘 지금 시대에 이런 사소한 비효율성은 전혀 문제가 되지 않는다.

더욱 급진적으로 발전된다면, 특정 과업을 수행하는 코드가 자동 소프트웨어 대행자(agent)라는 형태를 띨 수도 있다.[11] 이 자동 소프트웨어 대행자는 순회배우처럼 자신의 과업을 수행할 사이트를 찾아서 네트워크를 떠돌아다닐지 모른다.

1990년대 말에 이르러 업계 내부에서는 스마트 장치, 특정 목적의 네트워킹, 재조합이 가능한 모듈러 소프트웨어가 서로 결합되면서 과거보다 훨씬 더 유연한 컴퓨터 환경을 창출하게 된다는 점을 확신하게 되었다. 1960년대와 1970년대는 중앙집중의 시분할 시스템의 시기였고, 1980년대와 1990년대 초반은 클라이언트/서버 시스템, 인터넷, 월드와이드웹의 시대였다면, 새로운 세기의 특징은 어디서나 상호 접속되는 스마트 물체가 될 것이다. 대학과 산업 연구소는 여기에 구체적으로 살을 붙이기 시작했다. MIT의 미디어연구소는 ‘생각하는 물건(Things That Think)’이라는 야심찬 프로젝트를 시작했으며, MIT의 컴퓨터 과학 연구소는 ‘산소(Oxygen)’라고 불리는 프로토타입 기술에 착수했고, 휴렛패커드는 ‘서비스 중심의 연산’에 집중할 것이라고 공포했으며, 선은 자바와 지니를 계속 밀고 있다.

:: 형태가 기능을 가져온다 Form Fetches Function

이런 식으로 소프트웨어가 어디든지 자유롭게 움직이고, 여기에 접속만 하면 그 서비스를 받을 수 있게 될 때, 물건의 기능은 예전처럼 고정되어 있지 않으며, 형태만을 봐서는 그 물건의 기능을 짐작할 수 없게 된다. 이제 벽에 붙어 있는 디스플레이 스크린은 우리의 순간적인 기분에 따라서 시계도 되고, 텔레비전이나 증권 시세표도 될 수 있으며, 사랑하는 사람의 초상으로 둔갑할 수도 있고, 때론 어린아이를 돌보는 모니터로 그 역할을 계속 바꿀 수 있을 것이다. 손바닥 크기의 포켓용 컴퓨터 장치 하나가 휴대전화, 호출기, PDA(Personal Digital Assistant), 텔레비전 리모콘의 역할을 동시에 할 것이다. 간단한 플라스틱 사각형 카드는 신용카드, 디지털 현금으로 채운 지갑, 현관열쇠의 역할을 할 수 있다. 고객마다의 특성과 필요에 따라서 자동현금입출금기는 구식의 은행지점과는 달리 각 고객들의 서로 다른 신분과 필요에 따라서 여러 다양한 은행과 금융기관의 서비스를 제공할 수 있다.

또한 이러한 기능들이 특정 지역에 한정되지도 않으리라 예상할 수 있다. 네트워크로 연결된다면 어떠한 스마트 장치들도 무한히 뻗어나가 전세계에 분포하는 자원과 서비스의 풀과 연결되어 이를 지역에 공급할 수 있는 가시적인 지역 접속점이 될 것이다. 이 기능 중 일부는 하드웨어의 어딘가에 내장되기도 하고, 일부는 소프트웨어의 실행에 의해서 이루어지고, 또 일부는 실제 사람에 의해 수행되지만, 여러분 대부분은 어떤 기능이 어디에 속하는지 알지 못하며 관심도 없다. 그리고 만약 네트워크 접속이 충분히 빠르게 된다면, 어떤 과업이 지역적으로 수행되는지 혹은 세계 저편에서 활용할 수 있는 프로세서에 의해 수행되는지는 거의 중요하지 않게 된다.

그 결과, 제품 디자이너와 건축가는 다소 새로운 형태의 어려운 난국에 봉착하게 된다. 이들은 멀티미디어 PC처럼 다용도의 하드웨어를 만들어야 하는가, 아니면 휴대전화, 디지털 카메라, 휴대용 전자책과 같이 그 기능이 잘게 나뉘어져 분산되어 있는 단일 용도의 정보기기들이 서로 교신할 수 있도록 만들어져야 하는가 하는 고민에 빠지게 된다.[12] 또한 시스템의 어떤 성능이 하드웨어 속에 만들어지고, 어떤 성능이 소프트웨어로 제공되어야 하는가를 고민해야 하며, 소프트웨어의 어떤 기능이 장치 속에 항구적으로 있어야 하며, 어떤 기능이 필요에 따라서 상호접속과 다운로드를 통해 얻을 수 있는지도 고민해야 한다. 결국 어떤 기능들은 물질구조와 기계장치로부터, 다른 일부 기능들은 내장된 코드로부터, 또 다른 기능들은 필요에 따라 전선을 통해 내려받은 소프트웨어와 서비스로부터, 그리고 또 다른 기능들은 이 모두의 상호작용을 통해서 끌어오게 될 것이다.

스마트 물건과 장소의 디자인에 있어서 여전히 형태는 기능에 따라 정해질지도 모른다. 하지만 이는 일부에만 국한된 이야기다. 그밖의 나머지 경우 기능은 코드에 따른다. 만약 여러분이 이처럼 코드가 만드는 기능을 바꿀 필요가 있다면, 물리적 구성요소들을 다시 만들거나 변형시키거나 대체할 필요가 전혀 없다. 여러분은 단지 접속하고, 가져오고, 이를 작동시키기만 하면 된다.

:: 장소의 정령에게 의견 듣기 Consult the Genius of the Place

참 재미있게도, 대상이나 공간이 지능을 지니고 있어서 민감하고 감각적으로 인식할 수 있다는 생각은 매우 유서 깊은 뿌리를 가지고 있다. 고대 로마인들은 각 특정 장소가 그 장소 특유의 독특한 정신―즉 **장소의 정령**(genius loci)―을 가지고 있다고 믿었다.[7] 따라서

---

[7] 우리나라의 전통적 사고 역시 마찬가지로 산신령을 생각해보면 쉽게 이해될 것이다.

장소를 주의 깊게 지켜보면 그 장소의 정령이 뱀과 같이 슬며시 그 모습을 드러낸다고 여겼다. 고대 로마인들은 이런 생각은 지니고 있었지만, 이에 필요한 기술은 가지고 있지 못했었다.

오늘날 우리에게 어떤 장소에 혼을 심어주는 것은 아주 단순한 소프트웨어 실행작업이 되었다. 몇 줄의 코드를 통하여 전자적으로 확장된 환경에 꼭 맞는 디지털 영혼을 만들어줄 수가 있다. 이 디지털 영혼은 입력장치와 센서, 디스플레이, 로봇 작동기 등을 통하여 그 존재를 느끼게 된다. 이 디지털 영혼은 거주자의 필요에 반응할 수 있고, 주변 환경의 변화에 적응할 수 있으며, 또한 네트워크 접속을 활용하여 범세계적 자원을 지금 하고 있는 국지적 작업에 끌어들일 수 있다. 그 속에 내장된 코드의 규칙에 따라 어떤 활동은 촉진되고, 또 다른 활동은 억제되거나 배제될 수도 있다. 이는 또한 윤리적이고 법적인 규범을 실행할 수도 있다.

코드는 인격이다. 코드는 법이다.

스마트 장소는 우리에게 어떤 도움을 줄 것인가?

물론 컴퓨터와 정보통신 장치가 항상 그래왔던 것처럼, 정보를 모으고 또 토해낼 것이다. 그러나 이보다 더 중요한 일로서, 스마트 장소는 매우 다양하고도 새로운 방식을 통하여 우리의 일상적 요구에 주의를 기울이고, 이를 예측하고, 또 이를 충족시켜주는 역할을 할 것이다. 그리고 스마트 장소는 전 지구상에 흩어져 있는 서비스 공급자들이 제공해주는, 아직까지 상상조차 할 수 없는 광범위한 영역에 걸친 서비스 공급의 접속점이 될 것이다.

:: 컴퓨터를 입다 Wear Ware

가장 익숙한 예로 우리 신체의 건강 유지와 안락, 자아표현과 정체성, 그리고 원격 커뮤니케이션과 같은 우리들의 가장 직접적이고도 지속적인 요구사항들을 채워줄 수 있는 내장장치, 착용장치, 휴대장치들이 서로 긴밀한 네트워크를 형성할 것이다.[1]

우리의 의복과 액세서리도 비트로 채워질 것이다. 최신 탁상용 PC의 디스크보다 우리가 신고 다니는 구두에 더 많은 코드 정보가 입력될지도 모른다. 이러한 이야기가 벅 로저스[1] 이야기 같아서 도대체 믿기지 않는다면, 여러분의 주머니와 핸드백, 서류 가방을 다 쏟아내서 바닥에 펼쳐진 물건들 중에 어떤 방식으로든지 정보를 기록·저장·표시·처리하고 있는 물체의 개수를 세어본 후, 이를 대체할 수 있는 더 자그마하고, 더 가벼우며, 더 스마트한 디지털 등가물을 상상해보라고 권하고 싶다. 시계와 휴대전화에서부터 시작된

---

[1] 1929년 <25세기의 벅 로저스(Buck Rogers in the Twenty Fifth Century)>라는 SF 신문 연재만화의 유명한 주인공이다. 이 만화는 영화로도 만들어졌다.

디지털 대체 과정은 앞으로도 계속될 것이다.

신발, 허리띠, 재킷, 모자, 지갑, 핸드백, 서류가방, 손목시계, 단추 등에는 필요한 인공 지능을 집어넣을 공간이 넉넉하다. 장갑이나 다른 옷가지들도 행동 센서로 기능할 수 있다. 작고 가벼운 CCD[2] 의상과 마이크로폰은 당신의 눈과 귀를 확장시켜 줄 수 있다. 소형 디스플레이는 주머니에 넣고 다니거나 손목에 차거나 안경에 부착할 수 있다. 정보는 여러분이 필요로 할 때, 조용히 속삭이듯 여러분의 귓속으로 들어갈 수 있으며, 스마트 안경을 통해서 겹쳐진 장면으로 보여줄 수도 있다.

여러분은 많은 양의 데이터를 지니고 다닐 수 있게 될 것이다. 단순한 신용카드나 ID 카드는 대량의 디지털 메모리와 내장 프로세싱 파워를 장착한 정교한 스마트 카드로 진화할 수 있다. 동전과 지폐는 디지털 현금―여러분의 신체 어딘가에 안전하게 저장되는 암호화된 비트 꾸러미―으로 대체될 수 있다. 배지, 명함, 운전면허증, 입장권, 여권, 비자, 현관열쇠 등과 같이 신분과 권위를 나타내는 표식들은 종이와 금속에서 자그마한 디지털 카드, 컨트롤러, 송수신기 배지로 변할 수 있다.

또한 각자가 처한 상황이나 생활양식에 맞는 개인 맞춤 서비스를 제공하는 조그마한 기계장치들이 무수히 생겨날 것이다. 여러분은 건강을 위해 보청기, 심장박동기, 의료모니터 장치, 프로그래밍과 원격조정이 가능한 약물투여기 등과 같은 인공 의료장치의 도움을 받을 수 있다. 만약 여러분이 오토바이나 스키를 타게 된다면, 위험시 공기가 부풀어지는 목 보호대와 같이 지능적이고 역동적인

---

2 CCD는 전하결합소자(charge-coupled device)로서, 한 반도체의 출력이 인접한 다른 반도체의 입력이 되도록 정렬되어 있는 메모리이다. CCD는 빛이나 전기에 의해 충전될 수 있으며 디지털 카메라, 비디오 카메라 및 광학 스캐너 등에서 이미지를 저장하는 데 주로 사용된다.

보호장치를 필요로 할 것이다. 다이버, 조종사, 소방관, 유독 물질 취급자와 같은 사람들은 보호용 의복이나 특수 생명보호 장치에 의존하게 될 것이다. 그냥 평범한 일상에서는 휴대전화, 호출기, PDA, 음성화상오락기 등이 필요할 것이다. 여러분의 보석류에도 프로그램을 할 수가 있을 것이다.

:: 신체 네트워크 Body Nets

스마트 카드, 디지털 지갑, 디지털 주소록과 같은 손바닥 크기의 포켓용 착용 장치들의 대부분은 항시적인 네트워크 접속을 필요로 하지 않을 것이다. 따라서 이들은 내장 메모리에 의존하다가 접속 시 가동 방식(plug-in-and-load-up mode)으로 작동하면 될 것이다. 손목 부착형 호출기와 같은 장치들은 간헐적인 접속이 필요할 것이다. 반면에 개인용 라디오와 텔레비전과 같은 장치들은 항시적인 송수신이 필요할 것이다.

이러한 전자장치들은 만약 필요하다면 옷 속에 보이지 않게 짜여진 전자회로를 통해 서로 연결되거나, 단추를 통해 접속될 수가 있다. 또 이 장치들은 여러분의 피부를 통해 전혀 해롭지 않게 디지털 정보를 전달할 수도 있다.[2] 또한 주위의 건축물들에 장착된 극소형 송수신기를 경유해서 간접적으로 서로 연결될 수도 있다.

이처럼 각 전자장치들이 서로서로 교신할 수 있다고 한다면, 이 장치들이 서로 협동하여 여러 다양한 목적에 부합하는 만능의 효율적 시스템으로서 가동될 수가 있다. 예를 들어 여러분이 손가락으로 스마트 카드를 움켜쥐기만 하면, 현재 카드에 담긴 디지털 현금의 양이 손목장치에 표시될 수 있는 것이다. 여러분의 몸 어디에 부착된 의료 모니터링 장치로부터 신호가 흘러나와서 몸의 다른 곳에 약물을 투여할 수도 있다. 또 여러분이 다른 사람과 손을 붙잡는 것만으로 여러분의 신체 네트워크(bodynet)로부터 다른 이의 신체 네트워크로 파일을 전송시킬 수 있다.

1990년대 말, 몸에 착용 가능한 전자장치와 신체 네트워크에 관한 연구소의 실험은 벤처 캐피탈의 대대적인 지원을 받았다. 또 문화적으로는 도나 해러웨이(Donna Haraway)의 유명한 저작에서 예증된 바와 같은 '확장·변형되는 신체'와 관련된 문화이론[3] 그리고 스텔락[3]과 같은 신체예술가들의 작품들과 서로 연관되어 있다. 대형 가전제품 생산회사들은 몸에 착용할 수 있는 디지털 상품들을 실험했다. 일례로 세이코(Seiko) 사는 손목시계형 무선통신기를 시장에 출시했다. 또 전망 있는 신설기업들이 여럿 등장하고 있다.[4] 《뉴욕타임스》의 패션 지면에는 디지털 사이보그 의상을 뒤집어 쓴 MIT 컴퓨터 전문가들이 등장했다. 그리고 고든 벨(Gordon Bell)은 다음과 같이 예언했다. "2047년쯤 되면 여러분의 신체 네트워크에 내장된 도우미가 가능해질 것이다. 즉 우리가 듣고 읽고 보는 모든 것을 갈무리해서 가져올 수 있는 일종의 수호천사가 다가오는 것이다. 이것은 1초당 1,000조 번(즉 1페타옵스, petaops)의 연산이 가능하며 10 테라바이트(terabytes)의 메모리를 갖춘 것으로서, 그 주인인 인간과 맞먹는 정보처리능력을 가질 것이다."[5]

라면 상자 크기의 컴퓨터 본체가 거의 사라지게 되고, 반바지 모양의 디지털 장치와 네트워크 접속기를 입을 수 있게 될 즈음에, 여러분은 디지털 혁명의 사이보그 단계가 정말로 도래했음을 확신하게 될 것이다.

---

[3] 스텔락(Stelarc)은 호주의 퍼포먼스 예술가로서, 신체의 개념을 확장하고, 몸이 인터넷과 웹, 컴퓨터 기술과 맺는 관계를 소개하고 있다.

:: 지능형 설비 Appliance Intelligence

위에서 살펴본 바와 같이 신체에 착용 가능한 규모보다는 좀더 규모가 큰 우리 주변의 물건들—예컨대 가구, 내구성 장비, 탁상용 장치들—도 서서히 전자지능으로 채워질 것이다.

우리는 앞으로 특정 상황에서 특정한 일을 수행하기 위해서, 상자, 차량, 각종 설비, 장난감 등에 전자지능을 더욱 더 많이 집어넣을 것이다. 예를 들어 공공장소에 은행업무를 위한 자동현금입출금기를, 가게나 슈퍼마켓에서는 판매활동을 처리하기 위한 POS 컴퓨터를, 교통터미널이나 건물 로비에는 전자 정보안내소를, 연구나 업무 활동을 수행하는 서재와 사무실에는 탁상용 장치와 프린터를, 회의실에는 화상회의 시스템을, 차량에는 내장형 네비게이션 시스템을, 어린이 보육시설에서는 음성인식 및 합성 시스템을, 부엌과 세탁실에는 프로그래밍 가능한 제어 시스템을 부착할 수 있다. 이밖에도 미처 상상하지 못한 더 많은 여러 사례가 있을 수 있다.

이러한 발전을 넓은 역사적 시각으로 조망해보도록 하자. 도시화 덕분에 우리는 휴대할 수 없는 소유물들을 축적할 수 있게 되었다. 우리는 가구, 그림, 양탄자, 전등, 피아노, 식기류, 그리고 이사할 때 이삿짐 차에 옮겨 싣는 그밖의 다른 여러 물건들을 지니면서 거주하게 된 것이다. 도시화 다음은 기계화가 주도권을 물려받았다. 산업혁명은 여러 친숙한 물건들 속에 기계장치를 집어넣어서 그 이전에는 누구도 상상할 수 없었던 전혀 새로운 기계화 제품을 창조했다. 또한 역학에 대한 관심과 기술자를 필요로 하는 세상을 만들어냈다. 전선망과 소형 전동모터가 널리 확산되면서 이 과정은 가속화되었으며, 전기기구들을 단지 플러그에 꼽기만 하면 되는 시대가 펼쳐졌다. 이로써 우리의 일상생활에 전자역학 시대가 개막되었다. 지금에 와서는 디지털 네트워킹과 소형 전자 프로세서가 별로 지능적이지 못한 기구들을 훨씬 똑똑한 로봇으로 변화시키고 있다.

책상에 앉아 손으로 집필하던 습관은 기계식 타자기, 전동 타자기를 거쳐서, 마침내 워드프로세서로 발전해왔다. 현금 서랍은 금전 자동등록기를 거쳐 POS 컴퓨터로 변해왔다. 스케치북은 필름카메라에서 디지털 카메라로 변모했다. 장인(匠人)의 연장은 증기력을, 그후 전력을 사용하는 공장기계에게 자리를 내줬으며, 지금은 산업용 로봇이 그 자리를 차지했다. 말(馬)이 필요 없어진 자동차의 등장은 오늘날 사람이 필요 없는 무인 항공기의 시발 단계였다.

:: 전자 팀워크 Electronic Teamwork

앞으로 미래의 컴퓨터 제어장치들은 과거의 초창기 시절의 것들과는 달리, 각 장치들간의 통신능력과 네트워크 접속을 가장 중시할 것이다. 각 장치들은 전자 팀의 일원이 될 것이다. 스포츠 팀에서처럼 개별 장치들은 전문 역할과 지위를 가지게 될 것이다.

이 장치들은 자신보다 더 작은 규모의 신체 네트워크 장치들과, 그리고 가까운 주변 물체 어딘가에서 비슷한 유형의 기구들과, 그리고 더 큰 규모의 시스템과 서로 교신하게 될 것이다. 이것이 의미하는 바는 앞으로는 더 이상 어떤 장치의 능력이 그 안에 내장되어 있는 하드웨어와 소프트웨어의 용량에 의해 제약되지는 않는다는 것이다. 만약 필요하면 멀리 떨어져 있는 정보원으로부터 필요한 정보를 가져올 수 있다. 또 역으로 멀리 떨어진 장치에 정보를 보내어서 여러 가지 부가적 기능을 제공해 줄 수도 있다. 또한 특별한 과업을 수행하기 위해, 원격 메모리와 프로세싱 파워를 잠시 빌려쓸 수도 있다.

예를 들어보자. 예전에는 아기 사진을 찍고, 이 필름을 현상소에 맡기고, 얼마 뒤에 현상된 사진을 찾아서, 어머니에게 우편으로 발송했을 것이다. 그러나 지금은 디지털 카메라로 아기의 이미지를 캡쳐하고, 카메라를 PC와 연결하여 그 이미지 픽셀을 디스크 저장소에 무선으로 전송하고, 그 즉시 저장된 사진 이미지를 인터넷을 통해서 일가친척 모두에게 보내준다. 사진의 출력 여부는 각자가 알아서 하도록 한다. 원하는 사람은 집에 있는 프린터로 사진을 출력할 것이다. 여러분은 원자(atom)가 아니라 비트(bit)를 전송한 것이다. 사진을 찍고 만드는 데 있어서 기계식 셔터, 필름 현상을 위한 감광액, 암실 등이 필요했던 그런 시절에 형성되었던 장소와는 다른 장소에서 여러분들은 필요한 사진 관련 작업들을 수행하고 있다.

이와 비슷한 예로, 예전에는 차를 주차할 때 기계식 주차미터기에 금속 동전을 집어넣었다 이 때문에 주머니에 잔돈을 충분히 가지고 다닐 필요가 있었다. 오늘날 몇몇 군데에서는 전자식 미터기에 스마트 카드를 긋는 것으로 주차비를 지불할 수 있다. 아마 미래의 주차미터기는 여러분의 차에 있는 레이더와 무선으로 교신해서 월말에 주차비용을 자동적으로 부과할 것이다. 여러분이 주차비에 전혀 신경 쓸 필요가 없다는 것이다.

그리 오래되지 않은 과거에 차가 고장이 나면, 견인트럭을 부르기 위해 가장 가까운 공중전화까지 터벅터벅 걸어가야만 했다. 요즈음이라면 같은 상황에서 디지털 휴대전화로 전화 걸 수 있다. 또한 GPS 경로추적 장치와 연결된 상당히 진보한 컴퓨터 정보통신 시스템이 점차 차량에 장착되고 있다. 이 시스템은 자동으로 차량의 문제점을 진단하여 필요한 서비스를 요청하고, 전산화된 서비스 기록을 참조하게 된다. 더 나아가 원격적으로 문제점을 수리하고 정비하는 것도 가능할 것이다.

회의실의 예를 들어보자. 전자화의 초창기 시절에는 발표를 하기 위해서 회의실로 들어가면, 우선 여러분의 휴대용 노트북 컴퓨터를 비디오 프로젝터와 연결하고, 시스템을 부팅하고, 모든 것이 서로 호환되기를 마음 속으로 빌어야만 했었다. 그러나 그리 멀지 않은 미래에 여러분의 휴대용 컴퓨터는 여러분이 어디에 있든지 간에 스스로 알아서 가까운 곳의 네트워크와 접속될 것이며, 비디오 프로젝터나 프린터와 같은 기구들은 단지 책상 위에 올려만 놓으면 작동될 것이다. 전등 스위치, 창문 커튼 조절기, 에어컨의 온도 조절기, 비디오 원격 조정기 등도 마찬가지로 스스로 저절로 알아서 작동될 것이다.

이렇다면 '로봇이 시중 드는 미래'에 대한 오랜 꿈이 마침내 실현되고 있다고 볼 수 있다. 그렇지만 지금 나타나는 형태는 각각 기능이 특화된 여러 다양한 지능형 기구들이 이곳저곳 공간상에 포진하여 서로간에 교신하면서 하나의 집합체를 형성하는 그런 형태이다. 후기산업시대에 카렐 차페크와 프리츠 랑[4]이 상상했던 것처럼 인간을 닮은 로봇이 금속음을 내가면서 다목적 기능을 수행하는 그런 형태는 아닌 것이다. 어쨌든 여러 주변 기구들과 소형 장치들이 기능적으로 진보하고 서로 결합되면서 인류의 오랜 꿈이 실현될 수 있게 되면서 통상적인 반응들이 나오고 있다. 기가 막히다, 손하나 까딱하지 않아도 되는 편안한 미래가 반드시 멋진 시나리오인 것만은 아니다 등등. 아울러 인류의 이런 꿈은 최신 기계에 투사된 '어머니로의 회귀 팬터지'[5]에 불과하다라는 약간은 식상한 비판도 제기되고 있다.

---

[4] 카렐 차페크(Karel Čapek)는 체코의 작가로서, 신비적인 분위기의 SF 소설을 많이 썼다. 한편 프리츠 랑(Fritz Lang)은 1926년, 테크놀로지 기술이 가져올 암울한 미래의 사회체제를 비판한 SF 영화의 고전 <메트로폴리스>를 만들었다.

[5] 모든 일을 어머니에게 의존하는 유아적인 사고방식이 기계에 투사되어, 기계가 어머니처럼 모든 것을 다 해줄 것이라고 믿는 것을 비판한 말이다.

그렇지만 과거에도 그랬던 것처럼 지식인들의 이같은 반응은 상당히 잘못된 방향으로 가고 있다. 왜냐하면 이제 기계에 인공지능이 장착되는 것이 보편화, 일반화되면 이를 사용하는 사람에게는 단지 철이나 플라스틱, 전자 모터와 비슷한 것으로 여겨지기 때문이다. 즉 제품 설계자가 필요에 따라 적절하게 선택하여 사용할 수 있는 목록에 쓸 만한 수단이 하나 더 추가된 것이다. 인간의 필요와 욕구를 충족시켜줄 다양한 물리적 제품을 만드는 데 있어서 인공지능은 다른 물체나 부품과 함께 결합되어 적절히 사용될 수 있다. 가장 현명하고 가장 성공적인 제품 설계는 그 성능을 뽐내지 않을 것이다. 예를 들어 여러분이 들고 다니는 휴대전화는 그 내부에서 놀랄 만큼 복잡한 동작을 수행하고 있으며, 이런 동작을 하기 위해 수십만 줄의 명령어를 실행하고 있다. 또한 휴대전화는 주변의 복잡한 무선 송수신 기기와 끊임없이 교신한다. 그러나 이 모든 과정이 눈에 다 보이지는 않는다. 여러분은 휴대전화가 이상 없이 확실하게 잘 돌아가는지 지켜보기만 하면 된다.

:: 신경 시스템을 갖춘 건물 Buildings with Nervous Systems

지금까지 살펴본 이러한 발전으로 인해 건축은 새로운 진화 단계로 접어들었다. 앞으로 건물은 원생동물 수준에서 인간에 보다 가까운 수준으로 변화될 것이다. 인간과 건물은 지속적으로 상호 작용할 것이다. 또 우리는 건물을 로봇—그 속에 들어가서 살 로봇—으로 여기게 될 것이다.

먼 과거에 건물은 단지 뼈와 가죽에 지나지 않았다. 산업혁명의 여파로, 건물에 냉난방 공기청정시스템(HVAC), 수도 공급과 쓰레기 처리시설, 전력 혹은 여타 에너지시스템, 기계적 순환시스템, 그리고 다양한 보안과 안전 시스템 등과 같은 정교한 기계적 생리 기능들이 설치되었다. 얼마 지나지 않아서 이같은 기능들은 그 설치 및 운영에 드는 비용이 부담스러울 정도까지 진화해 나갔다. 디지털 혁명의 물결이 일고 있는 오늘날, 인공신경시스템, 센서, 디스플레이, 컴퓨터 제어장치가 건물에 설치되고 있다. 건물의 구조는 거주자의 필요에 발빠르게 대응하는 역할을 담당하는 정교한 전자시스템의 골격이 되고 있다.

　　과거 전화선과 전기선을 배선할 때와 거의 마찬가지로, 디지털 정보통신기기에 필수적인 배선은 건축설계에 있어 매우 어려운 과제이다. 여러분은 접속단자와 전선 소켓, 그리고 벽, 바닥, 천장, 가구, 정리함 등을 두루두루 알맞게 조합하여 정보통신 배선망을 수직, 수평으로 잘 분포시켜야 한다. 또한 필요시 어디에서도 플러그인 접속이 용이하도록 모듈 잭 시스템[6]을 구비할 필요가 있다. 그러나 건물에 배선해야 하는 전선의 양이 엄청나게 늘어나는 경향이 있고, 빠른 속도의 기술 변화로 인해 점점 더 어디에서나 편리하고 융통성 있는 접속을 요구하고 있기 때문에, 이 문제가 그리 쉽게 해결되지는 않을 것 같다.

　　천장 등에 있는 무선 송수신기는 플러그에서 장치까지 케이블을 연결하지 않아도 되게 해준다. 그렇다고 해도 유연한 전선관리시스템을 잘 고안해야 할 필요성이 사라지는 것은 아니다. 무선 데이터 전송이 이루어진다고 해도, 여전히 컴퓨터와 기타 디지털 장치들은 전력 공급을 필요로 하기 때문이다. 무선 전송을 위한 전자기 스펙트럼은 희소 자원(주파수 대역이 한정되어 있기 때문─옮긴이)이지만, 전선의 수용력은 거의 무제한으로 확장될 수 있기 때문에, 각종 장치가 밀집된 공간에서는 케이블이 앞으로도 여전히 가장 효율적으로

---

[6] 자유롭게 탈착이 가능한 전선연결 시스템.

고속 접속을 가능하게 해주는 수단으로 남을 것 같다.

결론적으로 말해 건물에서 디지털 배관의 정확한 배치는 상대적으로 덜 중요한 기술분야이다. 정말 중요한 것은 디지털 배관의 공급에 관한 것이다. 즉 **어디서든지** 비트를 모으고 운반할 수 있는 능력이 가장 중요하다.

:: 그 속에서 살 수 있는 컴퓨터 Livables

조명기구나 냉난방 공기청정시스템 등이 건축 환경 속에서 자연스럽게 자리잡았던 것과 마찬가지로 센서, 디스플레이, 투사 화면(projection surfaces), 로봇 작동기 등과 같이 건물의 인공 신경 시스템을 서로 연결하는 새로운 전자조직들이 앞으로 자연스럽게 자리잡게 될 것이다. 이 방면에서 발전이 이루어지면서, 건축물과 컴퓨터 인터페이스의 구분이 실질적으로 사라질 것이다. 이제 주거와 컴퓨터 기능은 서로 분리되지 않고 함께 이루어지는 것이 될 것이다.

1990년대 초반 제록스사의 팔로알토 연구센터 마크 와이저(Mark Weiser)가 실시한 '컴퓨터 보편화 연구작업(ubiquitous computing project)'이 이러한 가능성을 처음으로 확신케 한 작업이라고 할 수 있다.[6] 와이저가 창조한 실내 공간 안에서 사무실 노동자들은 컴퓨터가 이들의 위치를 탐지할 수 있도록 무선 응답 핀을 착용하였다. 이 실내 공간에는 몸에 부착 가능하거나 손에 쥘 수 있는, 혹은 가구의 일부가 된 디스플레이 및 상호교신 장치들로 가득 차 있다. 이들 장치들은 모두가 서로 상호 연결되어 있어서, 전체적으로 하나인, 그렇지만 분산된 상호교신 인터페이스를 만들고 있다. 거주자들은 사실상 살아 있는 커서가 된 셈이다. 거주자가 필요로 하는 정보는 자동적으로 거주자를 따라서 이쪽에서 저쪽으로 따라다니며, 매순간 가장 거주자가 보기 편한 곳에 위치한 디스플레이 장치에서 정보를 비추어준다. 이러한 건물은 매순간마다 전화나 이메일을 어느 장소로 전달해야 되는지를 알고 있다.

비슷한 시기, 조지 피츠모리스(George Fitzmaurice)는 공간지각기능이 있는 손바닥 컴퓨터(palmtop)를 고안하였는데, 이를 통해 우리 몸에 부착 가능한 컴퓨터(wearables)와 우리 몸이 들어가 살 수 있는 컴퓨터(livables) 사이에 가능한 상호 관계가 아주 생생하게 밝혀지게 되었다.[7] 이 손에 쥘 수 있는 장치는 위치와 방향 센서를 가지고 있어서, 현재 위치나 인접한 물체에 관한 정보를 전달할 수 있다. 그래서 주변 환경 모두를 공간상에 조직된 정보 영역으로 바꿔놓을 수 있다. 예를 들어 정상적으로 작동하지 않는 기계에 손바닥 컴퓨터를 갖다대면 이 컴퓨터가 적절한 서비스 기술자를 식별하여 호출할 것이다. 진열실에 있는 제품에 갖다대면 상세한 기술 내역을 얻을 수 있을 것이다. 또한 박물관의 전시물에 갖다대면 카탈로그 사본을 얻을 수 있다.

설계자가 이와 같은 새로운 가능성을 알게 되면서, 특히 어떤 일은 어디에서 해야 한다는 오래된 기존관념에 스스로 문제를 제기하게 될 것이다. 즉 손에 들고 다닐 것인지, 몸에 부착할 것인지, 주변 환경에 고정할 것인지, 원격지에 둘 것인지 등과 같은 전통적인 기능 할당에 의문이 생길 것이다. 예컨대 여러분은 개인 기록을 어디에 저장하는가? 여러분의 신체에? 아니면 집에 있는 컴퓨터에? 그것도 아니면 원격 서버에? 책이나 레코드들은 어디에 보관하는가? 손에? 거실에? 아니면 여러분이 필요로 할 때마다 다운로드할 수 있는 디지털 버전으로? 여러분의 스케치는 어디에 그리는가? 손에 쥘 수 있는 화면에? 아니면 벽에 걸린 전자칠판에? 여러분의 집에 있는 전등이나 가전제품은 어떻게 조절하는가? 벽에 부착된 전통적인 스위치와 다이얼을 통해서? 아니면 비디오 스크린 위에 편리하게 놓여 있는 '매끄러운' 조정 패널—마치 요즘 비행기 안에서 볼 수 있는 복잡한 도구 배치를 대체한 '유리'로 된 조종실과 같은 —을 통해서? 아니면 TV 리모콘과 같은 손에 쥘 수 있는 무선 장치를 통해서?

:: 자원을 지능적으로 소비하다 Intelligent Resource Consumption

스마트 건물은 그 속에 사는 주민의 요구에 정확히 반응할 뿐 아니라, 이에 필요한 자원을 매우 지능적으로 소비하게 될 것이다.[8] 건물은 내부의 요구와 외부 기후 조건의 변동에 스스로 적응하도록 프로그래밍될 뿐만 아니라 이에 필요한 전기나 가스의 가격 변화에도 적응하게 프로그래밍될 것이다. 이로 인하여 전기나 가스 등의 공급업체들은 동태적 가격 전략을 채택함으로써 더욱 효과적으로 수요를 관리하게 될 것이다.

예를 들어 전기 공급을 생각해보자. 초창기 아이디어는, 어떤 전기 공급 지역 안의 소비자들에게 독점적으로 전력을 공급하는 대규모 중앙집중식 발전소를 세우는 것이었다. 소비량을 측정하는 데에는 단순한 미터기면 족했다. 즉 미터기를 읽는 사람이 집에 다녀간 후에, 한 달치 청구서를 받는 식이었다. 그후, 서로 다른 시간에 서로 다른 가격으로, 서로 다른 양의 전력을 공급하는 여러 발전소가 등장했고, 이들이 한데 모여 전력공급체계를 형성했다. 전기판매회사가 나타나 발전소로부터 전기를 사서, 소비자에게 전기를 되팔아 분배하는 사업을 시작하였다. 그런데 지금의 추세는, 상대적으로 소규모인 다수의 공급자들—이따금씩 자기 필요량보다 여분의 태양열에너지나 풍력에너지를 만들어내어 이를 외부로 보내곤 하는 건물들도 여기에 포함될 수가 있다[9]—로 구성된 매우 분산된 전력 공급체계가 만들어지고 있다. 전기나 가스 회사들은 수요가 엄청난 폭으로 변동하는 것을 그간 아주 오랫동안 보아왔다. 따라서 공급 가격을 변동시킴으로써-예를 들어 피크타임 가격과 그렇지 않은 때의 가격에 차이를 둠으로써-수요를 적절히 관리하고자 노력하는 것이 자신들에게 이익이 된다는 것을 알게 되었다. 시장은 이제 그렇게 단순하진 않게 되었다.

이제 이러한 조건 속에서는, 효율성과 형평성을 위하여 가격이 가능한 한 순간순간 갱신되어야 한다. 그리고 스마트 건물은 이같은 가격변화에 건물의 수요를 조정함으로써 적절히 대응할 수 있도록 프로그래밍되어야 한다. 즉 전력가격이 높을 때 가능한 한 전력을 적게 소비하고, 전력가격이 가장 낮을 때 전력소비형 작업을 집중적으로 수행하도록 해야 하는 것이다. 보통 이러한 건물들에는 아무 때나 어떤 강도로 해도 별로 불편하지 않은 기능들-예컨대 가정용 식기세척기를 가동시킨다든지, 더운 낮 시간이 지난 후 빈 사무실 건물을 식힌다든지 하는 일들-이 있기 때문에 이것이 가능하다. 따라서 스마트 건물은 가장 최적의 시간대와 가격대에 전력 구매를 할 수 있게 된다. 또한 다수의 전기공급체계와 연결해서 각각의 전력 가격에 따라 구매처를 변경할 수 있는 능력 역시 가지게 될 것이다.

보편적으로 스마트 장치와 지능형 환경은 자신이 작동되는 데 필요한 물품과 조건을 지능적으로 찾아다닐 수 있도록 프로그램될 것이다. 이로 인하여 앞으로 시장은 더욱 정교하게 작동될 것이며, 희소 자원을 더욱 효율적으로 사용하도록 이끌 것이다. 물 공급시스템에서는 다른 용도의 물 수요가 최저치일 때, 정원에 자동적으로 물이 뿌려질 것이다. 스마트 자동차는 경로를 선택할 때 여러 도로비용을 순간순간 비교할 것이다.[10] 컴퓨터 시스템은 거대한 파일들을 인터넷에서 한산한 시간대에 다운받을 것이다. 메타-컴퓨팅(meta-computing) 개념에 대한 기술적, 사회적 문제점들만 해결된다면―즉 방대한 양의 전산작업을 수행하는 데 발생하는 부하를 분담하여 처리하기 위해서, 네트워크상에서 쉬고 있는 프로세서를 자동으로 빌려올 수만 있다면―우리는 인터넷을 기계의 사용주기를 순간순간 측정할 능력을 갖춘 광대한 컴퓨터 용량공급체계라고 간주할 수도 있을 것이다.[11] 도처에 내장되어 있는 전자지능이 생산자와 소비자 사이에 필요한 인터페이스를 구축하고 있으며, 이로 인해 이제 우리는 가장 평범한 것들이 조직되고 작동하는 방식에 대해서 새롭게 생각하게 된다.

어쩌면 디지털 정보 그 자체가 순간순간의 가격매김과 지능적 검색에 가장 잘 부합하는 상품일 수도 있다. 정보의 가치는 종종 시간에 따라서 하락한다. 즉 어제의 신문은 오늘의 신문만큼 가치가 없으며, 시기를 놓친 주식가격 정보는 쓸모가 없으며, 필요할 때 도착하지 않은 응급치료 정보는 효과가 없으며, 희소가치가 있는 정보도 복제되거나 네트워크를 통해서 배포되면 금방 그 가치를 잃게 된다. 네트워크에서 전달되는 디지털 정보는 그 적시성과 특정 상황에서의 적절성에 따라 가격이 순간순간 역동적으로 변화하면서 매겨진다는 사실은, 정보를 통제하거나 정보를 판매하는 데 있어서 '지적 재산권'의 붕괴로 인하여 발생하는 문제점들을 해결할 수 있는 한가지 가능성을 제시해준다. 정말로 중요한 내용이 있는 정보에는 높은 가격이 매겨지고, 나머지 모든 것은 싼값이나 심지어 무료로도 개방되는 것이다.

:: 적응 행위 Adaptive Behavior

위에서 살펴본 지능형 자원소비시스템을 완전히 자동적으로 작동시킬지, 아니면 정보를 분명하게 표시해주고 사람이 이를 지켜보도록 할지는 아마 대체로 여러분이 자동변속기를 택할지 수동변속기를 택할지 고민하는 것과 마찬가지로 여러분의 취향의 문제가 될 것이다. 운전 자체를 즐길지, 아니면 다른 일에 더 관심을 쏟기를 원하는지에 따라 변속기 선택이 달려 있는 것처럼 말이다.

그렇지만 한 가지는 확실해 보인다. 우리들 대부분은 솔직히 말해 가장 단순한 기계, 이를테면 VCR, 전자레인지, 자동응답 전화기, 카메라 같은 기계들을 프로그램하기를 원하지 않는다는 것이다. 우리는 이런 기계들보다는 집, 사무실, 교실 등을 프로그램하기를 원한다.

확실히, 우리가 이런 단순한 기계들을 프로그램하는 것을 선호하지 않는 이유는, 이것들의 악명 높게 불편한 인터페이스와 도저히 이해할 수 없는 사용설명서에 부분적으로 그 책임이 있다. 그러나 보다 근본적인 이유는 다른 데 있다. 무엇보다도 우리 주변의 생활용품들이나 주변 환경에 일일이 분명한 지시를 할 필요가 없어야만 한다. 이것들이 **정말로** 스마트하다면 우리가 무엇을 원하는지, 우리를 보기만 해도 알 수 있어야 하기 때문이다. 최고의 웨이터나 개인 비서들처럼 우리 자신이 미처 그 필요성을 깨닫기도 전에, 우리에게 무엇이 필요한지를 예측할 수 있어야 한다. 만약 그렇지 않다면, 이 복잡한 기계장치들은 종종 그 쓸모보다는 골칫거리가 될 것이다.

그렇다면 세탁기는 얼마나 스마트할 필요가 있는가? 아마도 스마트 세탁기는 자동적으로 옷의 얼룩을 분석하고, 세제를 섞고, 헹굼과 탈수 주기를 설정하고, 인터넷을 통해 필요한 소모품을 재주문해야 할 것이다. 또한 당신이 깨끗한 세탁물이 언제 준비되길 원하는지를 학습하고, 전력요금 변동의 일반적 패턴들을 기록하여서, 그에 따라 언제 세탁기를 돌릴 것인지를 결정해야만 할 것이다.

그럼 벽은 얼마나 스마트할 필요가 있겠는가? 스마트 석고보드는 당신이 드나드는 것을 관찰하여 자동적으로 당신 행동의 예측 모형을 만들어줌으로써, 여기에 맞춰서 주택의 환경을 제어하는 까다로운 일들을 그 건물이 알아서 저절로 행할 수 있도록 도울 것이다. 심지어 당신의 십대 딸이 필요로 하는 주택 환경과, 늙은 할머니가 필요로 하는 주택 환경을 구분할 수 있을 것이며, 누가 지금 실제 집에 있는지를 파악할 수도 있을 것이다.[12] 만약 이 정도 수준까지 이른다면, 벽은 에너지비용을 최소화하면서도 당신이 필요로 하는 냉난방 공기청정시스템과 조명에 대한 요구를 충족시켜줄 것이다. 당신이 이 집에 오래 살면 살수록, 벽은 당신을 더 잘 이해하고, 더 좋은 서비스를 제공할 것이다.

스마트 장치나 스마트 장소에 효율적인 기계 학습 메커니즘을 장착할 수 있다면, 이 모든 것이 실현 가능하다. 콜로라도 볼더(Boulder)에 있는 마이클 모저(Michael Mozer)의 '적응하는 집'[13]이 그 가능성에 대한 확실한 증거 중 하나이다. 모저의 집(사실은 이전의 학교 건물을 개선한 것이다)은 실내 기온과 조명의 밝기, 각 방의 소리와 움직임, 문과 창문의 개폐, 바깥의 날씨 상황, 보일러 온도, 더운물 사용량 등을 모니터할 수 있는 정교한 일련의 센서들을 갖추고 있다. 이 집의 난방, 통풍, 조명 시스템은 컴퓨터에 의해 제어된다. 신경 네트워크 시스템은 거주자의 움직임과 행동양식을 추적하여, 드나듦과 방의 사용 여부를 예측하고, 거주자의 편리와 에너지 절약을 적절히 조화시킬 수 있는 작동법칙을 모색한다.

:: **건축의 재인식** Reconceiving Construction

건물이 이처럼 새로운 아이디어와 선구적 실험이 제시하는 방향으로 진화한다면, 건축자재, 건축공정, 최종 건축물도 변화할 것이다. 철과 콘크리트는 여전히 중요할 것이지만, 실리콘과 소프트웨어도 건축에서 중요한 부분을 차지할 것이다.

가까운 미래에 건물은 멀티프로세서, 여러 곳에 분포되어 있는 메모리, 수많은 제어장치, 그리고 이들을 서로 연결하는 네트워크를 갖춘 거대한 컴퓨터의 모습과 더욱 가까워질 것이다. 건물은 지속적으로 건물 내부와 외부 환경에서 정보를 흡수할 것이다. 또 거주자가 착용하거나 가지고 다니는 자그마한 장치, 혹은 벽이나 천장의 스크린과 스피커, 혹은 주변의 표면 위에 있는 투사기 등을 통하여 전달되는 복잡하고 역동적인 정보체계를 구축하고 유지할 것이다. 이 모든 것을 관리하는 소프트웨어가 설계의 중요한 고려 사안이 될 것이다. 여러분의 주택의 운영체계(operating system)가 지붕만큼이나 핵심적인 요소가 될 것이며, 여러분의 탁상용 PC의 운영체계보다 훨씬 더 중요해질 것이 확실하다.

결과적으로 건물 건축비용 중에서 전기로 가동되고 소프트웨어가 프로그래밍된, 공장에서 사전에 제작되는 고급 부품이나 하위 시스템이 차지하는 비중이 점차 증대할 것이다. 이에 대응하여 구조와 미장과 같이 건축 현장에서 드는 비용이 차지하는 비중은 줄어들게 것이다. 닳거나 망가질 수 있는 분리형 부품이나 복잡한 기계장치, 이동형 부품이 건물에서 차지하는 비중은 갈수록 줄어들 것이며, 이와 대조적으로 필수 기능을 제공해주는 소프트웨어나 견고한 전기회로에 대한 의존도가 높아질 것이다. 이 새롭고도 정교한 건축물의 구성요소들은 수리, 대체, 기능 개선 등의 편의를 위하여 모듈방식이나 탈부착식을 취할 것이다. 즉 PC 내부의 보드처럼 어떤 장소에도 쉽게 부착할 수 있고, 필요하면 어디에서나 쉽게 플러그인할 수 있게 될 것이다. 건물이 점점 더 전선과 전자장치들로 채워질 때, 건물은 말없는 벽이 아니라 대규모 회로판에 가까워질 것이다.

건물의 불필요한 부분은 소형화를 통해 제거될 것이다. 방 하나를 밝히는 데 하나의 전등장치에 의존하는 대신에, 몇 개가 고장난다고 해도 조명에는 별문제가 안될 수천 개의 독립적인 픽셀을 설치하게 될 것이다. 그리고 공기 통풍을 위해서는 대형 환풍기 대신 엄지손톱 만한 크기의 수백 개 모터가 들어 있는 벽이 사용될 것이다.

이같은 건물의 하드웨어와 소프트웨어 구성요소들은 제각각 서로 다른 시간 간격으로 소모되거나 고장날 것이므로 이에 대비해서 보수, 유지, 리노베이션 전략을 세워야 할 것이다. 단순하고 튼튼하고 오래 가는 구성요소들이 내구적인 고정틀(섀시)을 형성하게 되고, 교체용 전기장치들을 여기에다 플러그인하게 될 것이다. 소프트웨어는 네트워크 접속을 통해서 지속적이고 자동적으로 업그레이드될 것이다. 건물 관리자는 원격 모니터링을 적극적으로 활용하여 건물의 문제점을 발견하고 분석하며 필요한 서비스 절차를 진행할 것이다.

이러한 모든 변화로 인해서 건축 현장에는 새로운 직업들이 출현하게 될 것이다. 네트워킹 전문가, 하드웨어 기술자, 소프트웨어 해커들이 철제공, 콘크리트공, 목수, 시멘트공, 도색공, 배관공, 주물공, 전기공에 점차 합세하게 될 것이다.

:: 중추망에 연결된 관절 The Knee Bone Connected to the 1-bahn

다양한 크기와 규모의 스마트 장소들은 마치 차이니스 상자처럼 한 스마트 장소가 다른 스마트 장소 안에 둥지를 틀고 있는 형태라 고 생각할 수 있다. 스마트 장소들은 연속된 계층을 이루고 있으며, 각 계층들 사이에 있는 인터페이스를 통해 끊임없이 정보를 교환한다.

가까운 장래에 여러분의 두뇌가 연속적인 전자세포에 의해 둘러싸인 핵과 같이 된다고 생각해보라. 일련의 스마트 장소 중에서 가장 깊숙한 곳에는 당신의 신체 네트워크가 존재한다. 여기에는 당신의 작은 동작이나 미묘한 몸의 상태를 감지하는 센서나 제어기가 장착되어 있다. 또한 몸의 감각기관 바로 옆에는 디스플레이, 스피커, 촉각장치들이 부착되어 탄소와 실리콘(탄소는 우리의 육체를, 실리콘은 인공지능장치를 의미—옮긴이)의 경계를 가로질러 정보를 이리저리 전달하게 된다.

여러분의 신체 네트워크는 종종 스마트 집, 스마트 호텔 방, 스마트 사무실, 스마트 가게, 스마트 자동차, 스마트 비행기 기내, 혹은 그외 여타 스마트 환경 속에 위치하고 있는 자신을 발견한다. 이런 스마트 환경은 무선 송·수신기나 케이블용 잭과 같이 신체 네트워크 장치가 접속할 수 있는 지점들을 많이 가지고 있다. 또한 이런 스마트 환경은 인근의 정보를 수집하고 처리하는 동시에 범세계적 네트워크로부터 정보를 끌어들일 수 있는 정보설비들을 갖추고 있다. (손에 쥐는 리모콘에 의해 제어되는 텔레비전 수신기와 무선 전화기는 이러한 정보설비시스템의 저급한 선조격인 셈이다.) 디스플레이는 더욱 확대되고, 스피커 소리는 더욱 커져서, 개인뿐 아니라 집단들도 보고 들을 수 있게 될 것이다.

그 다음 계층의 스마트 장소는 가족, 회사, 대학사회, 전문가 협회 등과 같은 사회집단들의 전자영역이다. 이 전자영역은 회사나 대학 캠퍼스의 LAN의 경우처럼 물리적 영역과 일치할 때도 있지만, 물리적 영역보다 더 넓은 지역으로 확장될 수도 있다. 여기에 접근하는 것은 물리적으로 통제되거나 패스워드, 방화벽, 필터 등에 의해 규제될지도 모른다.

마지막으로, 가장 큰 규모로 육상 이동통신 시스템, 정지궤도 통신위성, LEO 범지구 인공위성 시스템 등이 있다. 이것은 육지와 바다의 광대한 면적을 포괄하고 있는데, '우주선 지구'의 전 표면을 하나의 거대한 스마트 장소로 전환시키고 있다. 즉 하나의 세계 시장, 하나의 세계적 분배체계, 하나의 세계적 아고라로 말이다.

:: 21세기의 스마트 도시 Smart Cities of the Twenty-first Century

이렇게 서로 둥지를 튼 스마트 장소들이 번성하게 되면, 점차 새로운 형태의 도시조직이 형성될 것이며, 결국에는 우리 도시를 근본적으로 새롭게 변모시킬 것이다.

어떤 탁월한 접근법에 따르면, 한 도시가 포괄하는 스마트 장소들과, 이들 스마트 장소들이 지원하는 행위들, 그 결과 나타나는 도시조직은 그 도시의 네트워크의 역량에 따라 그 특성이 달라진다고 한다.[14] 예를 들어 고대 로마의 기술자들은 정교한 상하수도 네트워크를 갖춤으로써, 로마를 (상대적으로) **위생적인** 장소들이 밀집되어 있는 체계로 만드는 데 성공했다. 산업혁명이 가스와 전기 네트워크를 가져왔을 때, 도시는 어디나 **훤한** 장소들의 집합체가 되었으며, 도시의 활동이 시간에 구애받지 않도록 확장시킬 수 있었다. 낮 동안만 활동해야 하는 고대의 활동 주기의 속박으로부터 벗어나게 된 것이다. 뜨거운 물이나 증기를 사용하는 보일러와 파이프는 난방이 되는 **따뜻한** 장소들을 만들어냈으며, 추운 날씨의 도시생활을 보다 편리하게 만들었다. 한편 피닉스(Phoenix) 같은 도시는 전력공급망에 플러그인된 에어컨디셔너 덕분에 **시원한** 장소들이 서로 멀리 떨어져서 분포하는 그런 도시로 발전할 수 있었다. 이 도시의 사람들은 시원한 장소와 시원한 자동차 사이를 왔다갔다한다. 그리고 알렉산더 그레이엄 벨(Alexander Graham Bell)은 서로 **접속된** 장소의 세상을 만드는 길을 열었다.

문명의 발달은 그 속에 내재된 불만을 낳으며, 각 변혁의 시기마다 부정적 측면이 나타나곤 했다. 더욱이 문명 발달의 단기적 결과는 일반적으로 특권층과 그렇지 못한 사람들 사이의 격차를 증가시키곤 했다. 상하수도 공급, 전깃불, 효과적인 난방과 에어컨디셔너, 전화 등을 맨 먼저 얻은 사람은 언제나 부자와 권력자였다.[15] 그러나 이같은 생활환경 개선의 장기적 결과, 우리의 삶의 질이 향상되어왔으며, 아무리 완고한 기술회의론자라 할지라도 시계바늘을 되돌리기를 원치는 않을 것이다.

디지털 네트워크는 이러한 과정을 지속시킬 것이다. 우리는 21세기의 도시를 서로 연계되고, 서로 영향을 주고받으며, 실리콘과 소프트웨어가 그 속에 가득 스며든 **스마트하고, 매력적이고, 민감한** 장소들이라고 특징지을 수 있다. 우리는 의복, 방, 건물, 캠퍼스, 동네, 대도시지역, 범지구적 하부구조 등 모든 규모에서 이와 마주치게 될 것이다.

디지털 통신 하부구조가 점점 더 확대되고 이 속에 구현된 스마트 장소의 수가 증가함에 따라 사람들 사이에 밀접하고도 빈번한 상호연계가 새롭게 형성될 수 있게 되었다. 그리고 이로 인하여 경제·사회 활동의 공간적 분포의 변화가 이미 나타나고 있고, 우리의 삶과 도시의 형태 역시 변화하고 있다. 이러한 변화가 나타나는 것은 사람들과 조직들간에 분산되고 탈집중된 거래가 가능해지고, 새롭고 유연하고 효율적인 생산, 저장, 분배 시스템이 촉진됨에 따른 것이다.

한편 노동, 서비스, 상품 등에 있어서 판매자가 더 많은 수의 잠재적 구매자들에게 접근할 수 있도록 하는 거대한 가상 시장이 창조되고 있다. 또한 동시에 구매자 역시 더 많은 선택 기회와 더 상세하고 정확한, 그리고 더 최근의 유용한 정보를 얻을 수 있게 된다. 유통시스템이 재구성됨에 따라 소비의 장소 역시 변화하고 있다. 그리고 정보통신을 통해서 가능해진 지속적인 상호교류 덕분에, 서로 멀리 떨어져 있어도 공통의 이해, 공통의 언어·문화·관습을 지닌 공동체가 형성되고 유지될 수 있게 되었다.

:: 장소의 대체? The Displacement of Place?

새로운 변화의 결과로 우리는 새로운 선택-매우 매력적인 선택이 될 경우가 많음-을 할 수 있게 되었다. 또한 새로운 변화의 결과로 인하여 지금까지 우리에게 익숙했던 '장소에 기반한' 기업과 제도들이 새로운 경쟁자와 치열한 경쟁을 해야 할 처지에 놓이게 된 것도 분명하다. 우리는 사무실로 계속 통근할 것인가, 아니면 집에서 재택근무를 시작할 것인가? 동네 서점에 갈 것인가, 아니면 온라인 카탈로그에서 주문할 것인가? 혼자 보고 싶은 비디오를 집에서 다운로드받을 것인가? 아니면 나가서 극장에 갈 것인가? 비록 멀리 떨어져 있지만 전자적으로 연결되는 친구나 동료들과 친하게 사귈 것인가? 아니면 가까이 있는 이웃들─이들과 실제로는 공통점이 별로 없는 경우가 많지만─과 친하게 사귈 것인가?

그렇지만 오랜 기간에 걸쳐 형성되어온 기존의 정주 유형과 사회적 배열은 변화의 강력한 압력에도 불구하고 상당히 저항할 것이다. 이들 대부분은 천천히, 산만하게, 불균등하게, 불완전하게 변화할 것이다. 그리고 인간의 본질은 거의 조금도 변화하지 않을 것이다. 따라서 향후 전개될 경쟁의 결과가 아주 깜짝 놀랄 만한 것, 뜻밖의 것, 환상의 땅(Tomorrowland)[1] 처럼 되지는 않을 것이다. 새로이 편성된 세계 체제 속에는 수많은 지역적 특수성, 모순, 편차, 특이성 등이 있을 것이다. 범세계화의 힘과 지역화된 저항이 서로 날카롭게 대립할 것이다. 새로운 입지적 자유와 특정 지역에 매몰된 투자가 서로 균형을 이룰 것이다. 지형, 기후, 자원의 지역적 차이는 여전히 중요한 요인일 것임이 분명하다. 전례없는 기술적 기회들도 오랫동안 지속되어온 역사적 유산에 의해 제약될 것이다. 기술의 발전은 사회·정치적 이해관계, 경제적 전략, 문화적 가치 등과 서로 복잡하면서도 때론 매우 놀라운 방식으로 상호 영향을 주고받을 것이며, 그 결과 매우 다양한 형태의 장소와 동네가 만들어질 것이다.

:: 재구성된 가정 Reconfigured Homes

특히, 전자적 상호교류에 의하여 입지의 중요성이 약화된다는 논

---

[1] 미국 디즈니랜드에 있으며 우주여행 등 각종 환상적 놀이시설을 갖추어놓은 곳이다.

리가 극단으로 치우치지는 않을 것이다. 우리 모두가 뿌리 없이, 휴대용 컴퓨터를 짊어진 휴대폰 유목민으로 떠돌아다니게 되는 것은 아니다. 그것과는 상당히 거리가 멀 것이다.

대부분의 사람은 정도의 차이는 있어도 상주(常住)할 자기자신의 공간을 여전히 필요로 할 것이며, 자기와 특히 소중한 관계를 맺고 있는 소수 집단들과 함께 어울려 사는 것을 택할 것이다. 이런 소중한 관계는 어떠한 한 쌍이건, 한 사람이 여러 배우자를 데리고 살건, 또 핵가족이건, 대가족이건, 핵가족이 새롭게 개조된 형태이건, 혹은 특수한 핵가족 형태이건 관계없이 온갖 형태의 가정 안에서 이루어질 것이다. 가정은 매우 다양한 형태로 새롭게 구성되겠지만, 여전히 따뜻한 애정이 남아 있는 곳이 될 것이다. 또한 가정은 점점 더 많은 종류의 다양한 일들을 수행하는 곳이 될 것이다. 가정이 새로운 기능과 서비스를 포괄하게 됨에 따라 건축적 측면에서도 가정에 대한 많은 새로운 관심과 혁신이 이루어질 것이다.

산업혁명이 가정과 일터의 분리를 강요한 데 반하여, 디지털 혁명은 가정과 일터를 다시 결합하게 한다. 가정에서 전자접속을 통해 할 수 있는 일의 양이 늘어날 것이며, 이에 대응하여 가정에서 이러한 일을 하는 데 필요한 공간의 수요가 나타날 것이다.[1] 또한 가정에서 사랑하는 사람들과 더 많은 시간을 보내기를 원하는 사람들, 혹은 나이나 병 때문에 어쩔 수 없이 그렇게 할 수밖에 없는 사람들을 위하여 전자서비스를 배달하는 것이-온라인 식료품 쇼핑에서부터 전자적 의료 모니터링에 이르기까지-필수적인 수단으로 제공될 것이다.

물론 이것이 우리들 대다수가 종일 내내 집에 머무르는 재택근무자(telecommuter)가 된다는 것을 의미하는 것은 아니다. 또한 전통적인 일터-특히 도심에 위치한 사무실-가 쉽게 사라질 것이라는 것을 의미하지도 않는다.[2] 지난 수십 년 동안 재택근무의 가능성에 대한 관심이 지속되었음에도 불구하고, 재택근무가 어느 수준만큼 통근을 대체할 수 있을 것인가에 대한 확실한 증거는 거의 없다.[3] 하지만 앞으로 유연한 작업 스케줄과 유연한 공간적 패턴이 증가한다는 것을 분명히 볼 수 있을 것이다. 그리고 많은 사람들이 그들이 일하는 시간을 다음 세 곳 중에서-즉 전통적 형태의 작업장소, 이동하는 도중에 있는 동안 임시적으로 특별히 사용하는 작업환경, 그리고 전자적으로 설비된 가정 내의 작업장소 중에서-적당한 비율로 분할하여 사용할 것이다.

이러한 모든 것들은 특정한 어떤 곳에 소속되기를 원하는 인간의 원초적 욕구와 일치하는 것이다. 전자적인 상호 접속이 증가하였다고 해서, 이러한 욕구가 사라질 것이라고, 혹은 지구상의 모든 장소가 갑자기 모두 똑같게 될 것이라고 믿을 만한 어떠한 근거도 없다. 미래의 우리가 어디로 가더라도 특별한 장소가 없는 그런 세상에서 살게 되지는 않을 것이다. 실제로는 그 반대의 세상에서 살게 될 것이다. 우리가 여행할 때 특별히 의미 있게 다가오는 장소가 있다면 그곳에 더 가까이 머무를 수 있도록 해주는 것이 바로 디지털 정보통신기술이 가져다줄 수 있는 혜택이며, 우리는 그 혜택을 점점 더 누리게 될 것이다.

미래에도 우리가 '가정'이라고 부르는 어떤 장소가 여전히 존재할 것이다. 그리고 가정과 멀리 떨어져 있을 때에는, 여전히 그곳에 전화할 것이다.

:: 계획과 용도지구제를 새롭게 생각하기 Rethinking Planning and Zoning

이같이 정보통신시설을 완비한 21세기의 가정은 넓은 범위에 걸친 기능들을 수행하기 위하여 추가적인 공간을 더 많이 필요로 할

것이다. 또한 가정 공간의 내부 분할과 조직을 전혀 새롭게 사고해야 할 것이다.[4]

특히, 가정을 활동의 중심지로 보는 사고와 피난처로 보는 사고 사이에 잠재적인 갈등이 나타난다. 그리고 이 갈등을 해결하기 위해서는 사려 깊은 계획이 요구된다. 또한 네트워크로 연결된 마이크와 비디오 카메라를 갖추어서 프라이버시를 지키려는 욕구를 수용하기 위해서도 역시 사려 깊은 계획이 요구된다. 남는 침실을 컴퓨터장비를 갖춘 연구실로 전환하는 식의 임시변통 해결책은 잠시 동안만은 필요를 만족시켜줄 수 있어도 장기적 해결책은 되지 못한다.

우리는 결국 새로운 주택형태를 발명해야만 할 것이다. 리틀 이태리(Little Italy)[2]의 이발소―이발소 뒤에서 이발사 가족들이 살고 있다―와 같은 형태의 현대적 등가물들이 여러 방식으로 발명되어야 할 것이다. 일본 교토의 장인 거리에 있는 마치야[3] [5]나 싱가포르 페라나칸(Peranakan)[4]들의 오래된 가겟집들의 예를 보면 어느 정도 실마리가 보인다. 이러한 상점들을 보면 아래층에서는 장사를 하고 위층에서는 상인의 가족이 거주하고 있다. 작업공간과 가족생활의 안식처 사이의 구별은 층을 달리함으로써 별 무리 없이 매끄럽게 유지되고 있는 것이다. 미국이나 유럽에 있는 예술가의 다락방은 거주와 작업을 같은 장소에서 함으로써 얻을 수 있는 잠재적 이익을 잘 보여주고 있는데, 이것도 또 하나의 유용한 모델이 될 수 있다.

---

[2] 뉴욕에 있는 이탈리아 사람들이 모여 사는 거리명.

[3] 마치야(町屋, 商家, まちや)는 일본 교토에 남아 있는 전통적인 목조 상가로 상가와 주거가 결합되어 있다. 이에 대한 자세한 설명과 사진자료는 http://www.jnto.go.jp/regions/kinki/kyoto/machiya.html 참조.

[4] 이들의 조상이 오래 전에 동남아시아 국가로 건너와 이곳에 정착하면서 새로 태어난 화교들을 일반적으로 페라나칸이라고 일컫는다.

이상과 같은 전략을 추구함으로써, 우리는 규모의 경제를 새로운 방식으로 활용할 수 있다. 전통적인 대형 아파트 건물에 보통 헬스클럽이나 수위가 있는 것과 마찬가지로, 주거/직장의 복합체는 가정 내 사무실에서는 없었던 접대원, 회의실, 기타 전문설비 등을 제공해줄 수 있다.

우리는 또한 토지이용 용도구분(land use zoning)에 관한 전통적 접근방식을 새롭게 재검토할 필요가 있다. 전통적 접근방식에서는 작업장이 소음과 교통혼잡과 공해를 유발하므로 주거지역과 엄격하게 분리되어야만 한다고 가정하고 있다. 하지만 정보통신에 기반한 작업은 이같이 바람직하지 못한 결과를 거의 유발하지 않는다. 따라서 주거와 작업공간이 마치 매우 섬세한 나뭇결 형태로[5] 서로 혼합될 가능성을 제공해준다. 이때는 토지이용 지도보다는 건물의 층별 계획이 더 중요해진다.

다시 말해, 산업도시의 표준화된 토지이용 계획 전략들은 이제 거꾸로 되어야 한다. 도시만한 넓이의 규모에서, 일터와 가정은 서로 분리된 용도지역으로 떨어져 있어야만 할 필요가 더 이상 없다. 실제로는 상호 혼합이 촉진되어야만 한다. 그러나 주거/직장 통합체(live/work dwelling) 그 자체 안에서는 작업공간과 주거공간이 분리되어야 할 필요성이 다시 제기된다.

:: 정보통신 주거의 사회학 The Sociology of Wired Dwellings

노동력의 구성비율이 변화됨에 따라, 세계 여러 곳에서 사회경제

---

[5] 원문에는 'finer-grained'로 되어 있음. 'grained'란 나뭇결과 같은 모양을 의미함. 'finer-grained'란 아주 섬세하고 가는 나뭇결 모양으로 주거와 작업공간이 서로 섞여 있는 것을 의미함.

적 먹이사슬의 맨 꼭대기에는 고도의 서비스를 제공받는 주거/직장 통합체의 수요가 촉진될 것 같다. 특히 앞으로 여성에 대한 사회와 직장에서의 차별이 극복되고 보다 많은 여성들이 핵심적 지위에 높이 올라서게 될 것이라고 낙관적으로 가정한다면, 전문인으로서의 역할과 가정주부로서의 역할을 전통적인 방식처럼 공간적으로, 시간적으로 구분하기가 더욱 어려워질 것이다. 이들이―여성이나 남성 모두―어린이나 노약자를 돌보는 경우, 혹은 세계의 다른 시간대에 살고 있는 사람들과 함께 접촉하면서 일해야 하는 경우에 있어서 근무시간 및 근무조건에 관한 유연성이 점점 더 필요해질 것이다. 그리고 베이비붐 세대[6]들이 은퇴할 시기가 되면 이들이 일터에서 쫓겨나는 일방적 퇴직 조치 없이, 컨설턴트나 계약근무자 등과 같은 파트타임 직업으로 계속 일하는 것이 용이하도록 주위 환경을 바꾸자는 요구가 높아질 것이다.

한편 사회경제적 먹이사슬의 밑바닥에서는 가장 직접적으로 혜택을 받을 위치에 있는 집단이 고용자 집단이다. 주거/직장 통합가정에서는 작업공간을 유지관리하는 책임과 그 비용이 고용자로부터 피고용자로 넘겨진다. 그리고 노동조합 조직가나 정부 감독자가 작업장에 대한 보호를 강화하기가 훨씬 어려워진다. 극단적으로는 가정의 작업공간이 노동착취적 소규모 가정형 공장(home sweatshops)이 될 가능성이 있다.[6]

좋은 형태이건 나쁜 형태이건 간에, 가정은 우리 생활에서 그 어느 때보다도 더 중요해진 역할을 수행하게 될 것이다. 그리고 사회학자들이 1차적 사회관계라고 일컫는 관계의 사람들―즉, 절친한 친구, 애인, 부모, 자식, 형제, 혹은 저녁 식탁이나 목욕탕이나 침대

---

[6] 제2차세계대전 이후 급격히 출산율이 높아졌을 때 태어난 세대들. 즉 1945~1965년 사이의 출생자들.

를 함께 사용하는 사람들, 모성애로 돌보아주는 사람들—은 일반적
으로 가정에 근거하여 얼굴을 맞대고 살기를 좋아할 것이다.[7] 신
속하고 효율적인 교통수단과 더욱 발전된 통신수단이 결합하게 된
다면 서로 멀리 떨어져 있어도 기존에 형성된 일차적 관계를 유지
할 수 있는 능력이 커질 것이 분명하다. 즉 멀리 흩어져 있는 가족
구성원들이 서로 밀접한 관계를 유지할 수 있을 것이며, 서로 멀리
떨어져 사는 연인들간의 연애가 성공할 가능성도 커질 것이고, 여
행자는 더 이상 격리감을 느끼지 않을 것이다. 결국 정보통신 발달
의 결과는 새로운 형태의 상호교류가—대면 접촉(face-to-face)이 대체
되는 것이 아니라, 오히려 대면 접촉이 다른 형태로 널리 확장됨—
이루어지게 해주는 것이다.

:: 지역적 매력의 법칙 Local Attractions Rule

주거/직장 통합체가 어떤 곳이든 가리지 않고 흩어질 수 있다는
것은 정보통신의 발달로 인하여 이것이 직장이나 서비스에 근접하
여 입지할 필요성이 줄어들게 되면서 상상이 가능해진 이야기이다.
기존의 관념을 거부하는 도시학자였던 멜빈 웨버(Melvin Webber)는
1960년대에 다음과 같은 유명한 구절을 통하여 이런 가능성을 지
적했다. "역사상 최초로 산꼭대기에 입지하고도 사업이나 여타 활
동을 하는 데 불편함이 없게, 실시간(real-time)에 거래업자나 동료들
과 친밀하면서도 실질적인 관계를 맺는 것이 가능해질 것이다. 범
지구적 통신 네트워크에 접속된 모든 사람들은 오늘날 어떤 한 대
도시지역에 함께 사는 사람들에 거의 버금가는 수준으로 서로 긴밀
히 연결될 것이다."[8] 이처럼 도시가 교외로 끝없이, 무차별적으로
확산되어 용해될 것이라는 썰렁한 생각을 마음속으로 상상해내기

는 쉽다.

하지만 왜 굳이 여러분이 특별히 산꼭대기를 선택해야만 하는가? 혹 산꼭대기의 경치가 아름답기 때문일지도 모른다. 그렇지만 당신이 은둔자나 반사회적 경향이 있는 정신질병자가 아니라면, 굳이 산꼭대기보다는 산기슭에 사는 것이 더 낫지 않을까 싶다. 입지적 자유가 입지적 무차별성을 의미하는 것이 아니라는 것은 조금만 깊게 생각해보면 금방 알 수 있다.

보다 정확히 이야기해서, 특정 거주지의 장점(혹은 단점)은 그 지역의 물리적, 경제적, 문화적 매력의 혼합물이며, 이와 함께 관련 목적지와 필요한 서비스에 접근하는 데 드는 비용—시간비용을 포함—이 고려된 것이다.[9] 하나를 얻으면 그 대신 다른 하나는 포기해야 한다. 즉 어떤 사람들은 직장에 쉽게 접근하는 이점을 누리는 대가로 대신 별로 살기 좋지 않은 주거지를 묵묵히 받아들인다. 반대로 다른 사람들은 매력적인 주거지를 선택한 대가로 더 긴 통근시간과 통근비용을 감수할 것이다. 효율적인 교통 및 통신 덕분에 바로 옆에 인접해야 할 필요성이 줄어들고, 서로 멀리 떨어져 있어도 더욱 효과적으로 관계를 유지할 수 있게 된다는 것은 바로 지역의 매력이나 단점이 접근성보다 상대적으로 더 중요하게 된다는 것을 의미한다. 만약 여러분이 어느 곳에서나 입지할 수 있게 된다면, 여러분은 괜찮은 곳, 문화적으로 자극적인 곳, 그리고 여러분이 보다 효과적으로 일할 수 있는 그런 곳으로 선택해갈 것이다.

따라서 쾌적한 기후, 멋진 경치, 매력적인 여가 기회 등에서 다른 지역보다 하나라도 더 우위에 있는 지역이 휴일의 행락객들뿐만 아니라 새로운 상주거주자 계층들—전자접속을 통하여 어디든 상관없이 일할 수 있고, 그런 최고의 장소에서 생활하기에 충분한 경제적 여유가 있는 계층—을 유치하게 될 것이라고 예측할 수 있다. 전 세계에서 아스펜, 텔러라이드, 말리부, 루가노, 타히티[7] 등과 유사한 지역들은 금융, 소프트웨어 설계, 오락산업의 구성작가 등과 같은 분야에 종사하는 최고 소득 재택근무자들을 유인하게 될 것이다.[10]

독특한 건축적 환경과 문화적 전통을 보유한 도시나 마을은 입지적 자유의 새시대에 위와 유사한 방식으로 혜택을 받을 준비를 갖추고 있는 셈이다. 예를 들어 오랜 역사를 지닌 무척 아름다운 도시인 베니스(Venice)는 공장과 사무 건물을 지을 여유 공간이 없고[가장 가까운 여유 공간은 메스터(Mestre)에 있는 호수 너머에나 있다], 그렇다고 관광산업이 이를 보완할 만큼의 충분한 경제적 기회를 제공해주지 못하고 있기 때문에 도시의 인구가 계속 줄고 있다. 그렇지만 베니스가 지금 지니고 있는 특성과 다른 곳에서는 모방 불가능한 매력을 계속 유지하면서 현대적 정보통신 하부구조를 아주 운치 있게―그간 산업혁명의 수요에 도시가 적응해왔던 것보다 훨씬 더 운치 있게―통합시킬 수 있다면, 입지가 자유로운 재택근무자들을 유인할 기회를 가질 수 있을 것이며, 이곳의 유명한 동네들도 21세기의 새로운 형태로 개조되어 재활성화될 수 있을 것이다. 오랜 역사를 지니고 있고 아끼고 보존할 가치가 충분한 곳이지만 경제적으로는 낙후되었던 도시나 마을들―바스(Bath)[8]에서 사바나[9]에 이르기까지―이 이와 비슷한 잠재력을 가지게 될 것이다.

이처럼 모든 것들이 크게 쇄신될 때, 부동산의 원리가 되는 지침은 '정보통신 네트워크는 상대적으로 부유한 사람들이 살기 원하는 지역의 가치를 엄청나게 높여주게 된다'로 바뀔 것이다. 정보통신

---

7 이들 모두 세계적으로 유명한 관광휴양지임. 아스펜(Aspens)과 텔러라이드(Tellurides)는 미국 콜로라도주에, 말리부(Malibus)는 미국 캘리포니아에 있는 휴양도시며, 루가노(Luganos)는 스위스에, 타히티(Tahitis)는 남태평양에 있는 관광지임.

8 영국에 있는 오랜 전통을 지닌 관광 휴양도시.

9 미국의 대서양 연안의 역사적 항구도시.

네트워크는 과거에 이들 지역이 그렇게 될 수 없게 방해했던 제약들을 제거시켜줄 것이다. 그렇지만 어떠한 고유한 매력도 지니고 있지 못한 지역에 대해서는 정보통신 네트워크가 할 수 있는 것이 별로 없다. 또한 낙후되고 서비스도 별로 제공받지 못하는 지역에 어쩔 수 없이 발이 묶여 살고 있는, 그렇다고 다른 곳으로 이사할 능력도 없는 가난한 사람들에게도 정보통신 네트워크는 별다른 도움이 안될 것이다.

:: 다시 중심으로 모임 Renucleation

지역의 경관적, 사회적, 문화적 매력은 공간상에서 매우 불균등하게 분포하기 때문에, 미래에도 여전히 사람들을 집중시키는 핵과 같은 거주지가 존재할 것이다. 전통적으로 서로 인접하게 하던 요인들이 정보통신의 발달에 따라 해체되면서, 도시는 새로운 모습으로 재배열되는 것이 주된 흐름이 될 것이다. 그렇지만 이런 재배열이 모든 공간에 아무렇게나 흩어진다거나, 급속도의 분산화를 가져올 것 같지는 않다. 미래에도 여전히 어떤 특정 지역들이 그 비교이점에 따라 각각의 전문적 기능을 담당하는 '공간적 분업'이 지속될 것이다. 일을 수행할 장소는 여전히 필요할 것이다. 경제활동이 집적된 특성에 따라 동네, 도시, 지역, 국가 등을 묘사하는 것이 미래에도 여전히 가능할 것이다.

지역의 입지적 매력 및 이와 관련된 지역의 활동형태는 곧 사회적 구성물이다. 즉 특정한 입지에 사람, 제도, 부, 물리적 하부구조, 건물 등이 집중되고 있는 이유는, 그곳의 과거 역사와 깊이 연관되어 있는, 다시 말해 매우 역사적인 과정의 산물이라고 할 수 있다. 이런 과정이 필연적인 것은 아니라고 분명히 말할 수 있다. 그러나 이런 과정의 실효성이나 영속성이 줄어들었다고 말할 수도 없다. 월스트리트, 시티오프런던(City of London), 할리우드, 볼리우드(Bollywood),[10] 실리콘밸리 등과 같은 장소들은 그곳에서 그러한 일들을 계속하기를 원하는 사람들에게, 그리고 그곳에 들어가서 일하기를 열망하는 사람들에게 앞으로도 계속해서 매력적인 장소로 남아 있을 것이다.

실제로, 근접에 대한 의존성이 줄어드는 결과로 인하여 오히려 위와 같은 입지들에 특정 활동이 더 강력하게 집중하는 결과가 나타날 수 있다. 세계 경제를 통제하면서 그로부터 많은 직접적인 이익을 얻는 엘리트들은 활기 넘치고 매력적인 입지에 서로 함께 모여 있기를 원할 것이다. 기업의 지리적 분산화와 대조되는 소유권, 통제, 이익 전유의 집중화는 동전의 양면으로 판명될 것이다.

:: 24시간 전자 동네 Twenty-four-Hour Electronic Neighborhoods

만약 용도지구제(zoning)나 다른 정책들이 이를 가능케 해준다고 본다면, 지역적 매력과 세계적 연계를 효과적으로 결합시킨 24시간 동네로 새로운 스타일의 주거/직장 통합체가 서로 함께 모이는 결과가 나타날 수 있을 것이다. 24시간 동네는 외따로 고립되어 독립적으로 있으면서 온라인 접속은 가능한 시골 별장과는 다른 형태이다. 24시간 동네는 21세기 도시조직에서 매우 흥미로운 단위가 될 것이다. 그리고 이것은 매우 다양한 형태를 가질 수 있다.

현재 도시 교외의 베드타운 지역은 아침 출근과 저녁 퇴근 시간

---

[10] 미국의 할리우드에 비유하여 인도의 봄베이(Bombay)에 있는 영화산업을 통칭하는 용어.

사이에 거의 절반은 비어 있다. 하지만 아마 앞으로는 더 이상 교외지역이 낮 동안 그렇게 비어 있지 않을 것이다. 또한 미래의 교외지역 거주자들은 자기가 거주하는 동네의 학교, 어린이와 노인을 돌보는 시설, 비즈니스 센터, 세탁소, 스포츠 시설, 헬스클럽, 커피숍, 음식점 등과 같은 지역적인 서비스가 새롭게 재생되는 데 관심을 돌릴 것이다.[11] 한편 21세기에 도시 중심부 지역이 하루 종일 상주하는 사람들과 이들이 요구하는 서비스를 함께 유치하는 데 성공한다면 앞으로도 계속 활기찬 지역으로 남게 될 것 같다. 그렇게 된다면 근무시간 이후에는 도심지역이 빈곳으로 남게 되는 일도 사라질 것이다. 그렇게 되는 경우 사무실, 창고, 경공업을 위한 공간으로 사용되던 지역을 주거 용도로 전환하는 과정이 함께 진행될 것이다. 한편 현재 좋은 경관과 문화적 매력을 지닌 여가 중심 지역들은 이곳에 상주할 재택근무자들을 유인하게 될 것이다.

상당히 역설적인 추세 변화도 나타날 것이다. 오랜 역사를 지닌 대학의 공간 패턴—즉, 실험실이나 강의실 같은 공용시설 주위로 주거 및 작업공간이 집중되었던 패턴—이 시대착오적인 것이 아니라, 오히려 미래의 모델이라는 사실을 인식하게 될 것이다. 대학과 같은 기구들이 누군가가 예측한 것처럼 원거리교육 기업으로 분해되어 흩어져버리지는 않을 것이다. 오히려 그 대신, 대학간에 서로를 차별화하고 최고의 인재를 유치하는 경쟁에서 이기기 위하여, 넓은 바깥 세계와 효율적으로 전자접속됨과 동시에 쾌적한 환경에서 긴밀하게 서로 접촉할 수 있는 대면 공동체를 지니고 있다는 점을 아울러 내세울 것이다. 이같은 실리콘 타워는 지금과 같은 대학 캠퍼스보다 더 집중되면서 동시에 더 상호 연계될 것이다.

:: 새롭게 배치되는 2차적 관계 Redistributed Secondary Relationships

지금까지 살펴본 것처럼, 주거와 직장의 배열이 재편됨으로써, 우리의 **2차적** 사회관계도 재분포, 재입지되는 사회적 결과를 낳을 것이다. 2차적 사회관계란 우리가 정기적으로 접촉하는 사람들로서 그들의 얼굴이나 이름을 잘 알고 있지만, 1차적 사회관계처럼 아주 밀접하게 관련되지는 않은 사람들과 맺는 관계를 말한다. 2차적 사회관계에는 친구들, 일상적으로 아는 사람, 직장 동료, 동업자 등과 맺는 관계들이 포함된다. 사회학자들이 지적하듯이, 2차적 사회관계에서 우리는 그 사람의 모든 측면과 지속적으로 교류하는 것이 아니라, 그 사람과 어떤 특정한 한 가지 역할에 국한된 관계만을 맺게 된다.

전(前)산업시대의 도시생활은 이러한 2차적 사회관계의 구조 속에 크게 의존하였고, 당연히 2차적 사회관계는 한 동네 안에 국지적으로 집중되어 있었다. 산업시대의 도시생활에서는 2차적 사회관계가 여전히 중요하였지만 도시구조를 따라 보다 멀리 흩어지게 되었다. 즉 점점 더 이동성을 갖추게 된 도시 거주자들은 직장에서 혹은 일상적으로 중요한 조직이나 체계와 접촉하는 지점에서 2차적 사회관계를 형성하게 되었다. 더욱이 많은 비평가들이 지적하는 바와 같이 도시에서 자기를 남들에게 널리 알릴 수 있는 거의 유일한 가능성은 사회문화적 경계를 넘어서 뜻하지 않게 우리에게 도움이 될 2차적 사회관계를 형성할 기회를 얻을 수 있는지 여부에 전적으로 달려 있다.[12] 만약 여러분이 이러한 기회를 얻지 못한다면, 여러분은 어느 한 이익집단 속이나 혹은 어느 한 제도 속에서만 살아가는 것이지 현실의 도시에서 산다고는 할 수 없을 것이다.

그런데 디지털 전자 시대로 접어들어서 24시간 동네가 등장하면 이같은 패턴은 다시 변화할 것이고, 그 파급 결과는 상당히 복잡할 것이다. 전자시스템이 은행 창구 직원, 소매상 점원 등과 같은 직업의 사람들을 대체하면서, 일부 유형의 2차적 사회관계는 소멸될 것이다. 그러나 지역에 근거한 생활이 다시 활성화되면서 다른 유형의 2차적 관계는 동네 수준에서 다시 부활할 것이다. 즉 여러분이 알게 되는 사람들은 대부분 가까운 이웃에 거주하는 사람들일 것이다. 그리고 또 다른 유형의 2차적 관계는 전자적 상호작용과 가끔 직접 만남이 결합되면서, 여전히 멀리 떨어져서 형성되고 유지될 것이다. 그때 우리는 2차적 관계를 통한 사회적 통합이 작은 규모의 공간에서나 큰 규모의 공간 수준에서 모두 함께 나타난다는 것을, 그리고 이 점에서 산업사회의 특징과 차이가 난다는 것을 알게 될 것이다. 그리고 바로 실체적 장소와 전자적 장소가 어떻게 혼합되고, 어떻게 경계지어지느냐에 따라서 미래의 기회와 한계가 결정될 것이다.

:: 부활한 지역 생활과 이중 도시의 망령

Ralized Local Life vs. the Specter of the Dual City

정보통신이 발달함으로써 가능해진 변화로 인하여 각종 활동들이 이제 다시 가정에서 이루어지게 되고, 24시간-보행권 규모의 마을을 형성하게 되면 지역에서 2차적 사회관계가 형성될 가능성 역시 높아지게 된다. 또한 활기찬 지역 공동체 생활을 위한 환경, 그리고 상실된 것처럼 보였던 사회적·문화적 자본 형성을 위한 환경이 조성될 가능성 역시 높아진다.[13]

가장 낙관적인 견해에 따르면, 이같은 새로운 패턴으로 인하여 과거의 소도시나 도시 이웃관계에서 가장 좋았던 특성들이 새롭게 재창조될 수 있으리라 예상한다. 과거에 가장 좋았던 특성들이란 곧 제인 제이콥스가 그녀의 유명한 저서 『미국 대도시의 삶과 죽음

(The Death and Life of Great American Cities)』에서 찬미했던 것이며, 신도시주의자(New Urbanist)들이 신전통적 특징이라고 그토록 결연히 추구해왔던 것이며, 리처드 로저[11] 같은 지속가능성을 지향하는 모더니스트들이 추구하고 있는 특성이기도 하다.[14] 그리고 이런 특성은 뉴욕의 실리콘 앨리[12] 지구나 샌프란시스코의 마켓 스트리트(Market Street) 남쪽 지구에서 성장하고 있는 멀티미디어 다락방 공동체에서 볼 수 있는 것과 같은 그런 전문화된 경제적·문화적 활동의 핵심 거점을 창출하는 데도 때로 기여할 수 있는 것 같다.[15]

"아마 이는 세계화를 지지하는 사람들과 지역 문화와 지역 정체성을 수호하려는 사람들 간에 점점 격해지는 불쾌한 논쟁을 종식시킬 수 있는 최선의 해결책일 수도 있다. 즉 이런 곳에서는 행정적·정치적 단위들이 지역적이면서 동시에 세계적으로 작동할 수 있다. 하지만 각 지역들이 새로운 환경과 요구에 적응하게 될 때, 각 지역의 성공의 정도도 달라지게 되고, 결국 승자가 있는 만큼 패자도 있게 마련이다. 대부분의 기존 주택들은 작업공간과 통합하기에 적합하지 않은 것으로 판명될 것이다. 저소득 지역사회에는 신규 정보통신 하부구조 투자가 별로 이루어지지 않을 것이며, 또한 분명히 이곳에는 정보통신을 효율적으로 활용할 수 있는 교육받고 의욕 있는 사람들이 별로 많지 않을 것이다. 많은 교외지역들은 24시간 생활에 적응하기가 어렵다고 판명될 것이다. 그리고 많은 도심 지역들은 상주 거주자들을 유치하기에 필요한 활력이 부족하다고 판명될 것이다. 이러한 장소들은 디지털 혁명의 어두운 측면에 직면할 것이다.

특히, 이러한 도시패턴의 재편으로 인하여 초래될 수 있는 명백

하고도 심각한 위험이 하나 있다. 이 위험은 바로 부자들은 자기들끼리만 함께 모이는 경향이 더욱 강화되는 반면, 가난한 사람들은 좋은 직업이나 서비스가 제공되지 못하는 그런 곳에 버려진다는 점이다.[16] 예컨대 오늘날 고소득에다가 출세 지향적인 실리콘밸리의 전문직들은 폐쇄된 그들만의 주거지역에서 대학교 안에 있는 직장까지 냉난방이 잘되는 자동차를 타고 통근할 수 있다. 이들의 주거지역이나 직장에는 그 입구에 감시인들이 지키고 있다. 이들은 통근 길에서 이스트 팔로알토(East Palo Alto) 지역 같은 변두리 우범지역을 통과할 것이지만 그런 곳을 전혀 주목하지 않을 것이며, 혹 이들이 그곳을 주목할 경우엔 아마 자동차 문을 잠글 것이다.

향후 도시의 내부 공간은 부유하지만 남과 교류하기 싫어하고 폐쇄된 부자들의 거주지역과, 빈곤하고 투자가 안되고 방치되는 '블랙 홀'이 서로 섞여 있는 형태로 고착되어갈 것이다. 특히, 제어되지 않는 시장 논리대로만 간다면, 저소득층 거주지역은 디지털 정보통신 하부구조나 이를 효율적으로 활용할 수 있는 기술을 결코 얻을 수가 없을 것이다. 마뉴엘 카스텔(Manuel Castells)이 생생하게 경고한 것처럼 결국에는 **이중 도시**(dual city)에 도달할 것이다. 이중 도시란 "한쪽에는 고부가가치를 생산하는 집단과 기능이 있고, 다른 한쪽에는 가치 절하된 사회적 집단과 쇠락한 공간이 있어서, 이 둘 사이에 서로 공간적·사회적으로 양극화된" 도시체계를 의미한다.[17] 점점 더 분리되는 이 두 집단 사이의 경계를 넘어서 접촉할 수 있는 기회가 줄어들면서 도시의 공공 생활도 위축될 것이다. 그리고 결국 우리는 고립된 전자 요새 속에서 정신병적인 생존자들이 담을 쌓고 있는 지역이, 쇠락하고 버려진 도시지역 주위를 둘러싸고 있는, 따라서 곧 폭발할 것 같은 그런 두 집단 사이의 결합을 보게 될 것이다.[18]

미래의 도시가 이같은 이중 도시가 되지 않도록 하기 위해서 계획가나 정치가들이 우리를 선도하면서 해야 할 일은 바로 납득될 수 있는 수준의 사회적 형평성을 추구하는 정책을 만드는 일이다. 이들의 임무를 보완하여 건축가나 도시설계가가 해야 할 작업은 각 사회 집단들이 서로 멀리 떨어져 혹은 방어벽을 쳐서 서로 고립되어 있도록 하지 말고, 서로 교류하고 함께 어울릴 수 있는 기회— 예컨대 폐쇄된 호화주택에 있는 PC 대신 피자가게 탁자 위에 있는 휴대용 컴퓨터—를 제공할 수 있는 도시구조를 창조하는 작업이다.

:: 그리고 우리가 건설해야 할 것은……? And We Shall Build...?

결국 가장 중요한 것은 기본적으로 사회적, 정치적 선택에 달려 있다. 다차원적 측면을 지닌, 그래서 때론 서로 모순적인 결과를 가져오기도 하는 디지털 기술의 능력을 **무엇을 위하여** 사용할 것인가? 디지털 기술의 능력을 소규모 동네를 다시 활성화시키고, 상호 연계와 사회적 교류를 강화시키는 데 기여하도록—아마 가능할 것 같다—사용할 것인가? 아니면 이 능력을 부유한 엘리트들이 도시의 골치 아픈 문제들로부터 도망쳐서—운 나쁜 사람들은 그들의 운명에 맡기도록 그냥 방치한 채—특권적인 자신들만의 고립되고 폐쇄된 영토를 만드는 수단으로 사용할 것인가? 비록 우리가 택할 수 있는 선택에 아무런 제약이 없는 것은 아니지만, 그렇다고 그 결과가 기술적으로 사전에 결정된 것도 아니다. 또한 기존의 지리적 패턴이나 역사적 유산에 의해 절대적으로 주어진 것도 역시 아니다.[19]

자신들의 가정과 동네를 만들기 위하여, 사람들은 과거에 전력이나 전화를 가지고 했던 것처럼 여러 다양한 방식으로 디지털 기술을 활용하고 변형시키는 방법을 찾아나갈 것이다.[20] 기존의 도시구조가 디지털 혁명에 점차 적용하면서, 그리고 새로운 수요에 반응하여 새로운 부동산 개발이 진행되면서, 우리는 낙관적 시나리오와 비관적 시나리오가 동시에 펼쳐지는 장면을 보게 될 것 같다. 서로 상이한 사회적·지리적 맥락에서, 서로 상이한 공공정책의 틀 속에서, 그리고 다양한 기업가적 노력 및 설계의 노력 결과에 따라 두 가지 시나리오 중 어느 한쪽의 시나리오가 전개될 것이다.

가장 중요한 점은 여러분들의 참여가 능동적인 설계와 정책 개입의 기회를 만들 것이라는 점이다. 과거의 도시 변혁기 때 재능 있는 이상주의자들이 해왔던 것처럼, 여러분들도 미래의 변혁의 길에 기여할 수 있는 것들이 많이 있다.

6 온라인 만남

우리는 앞으로 어디서 만나게 될 것인가?

전자적으로 매개되는 세상에서 만남의 장소, 공공 광장, 그리고 시장은 어떤 형태로 나타날 것인가? 21세기에는 과연 무엇이 기존의 우물가, 시원한 분수 옆, 그리스의 아고라, 로마의 포럼, 마을의 공원, 도시의 광장, 도심의 거리, 쇼핑몰 등과 같은 지금까지의 만남의 장소들에 상당하는 장소가 될 것인가?

:: 온라인 만남의 장소 Online Meeting Places

기존의 만남의 장소의 상당 부분은 가상공간으로 이동할 것이다. 친구들, 가족들, 동료들, 학생들, 그리고 실천 공동체나 관심 공동체의 구성원들은 접속 가능한 온라인 장소를 만들어주는 소프트웨어를 이용해서 점점 더 많은 교류를 행할 것이다.

전자메일 시스템, 메일링 리스트, 뉴스그룹, 채팅방, 웹 페이지, 검색엔진과 디렉토리, 음성회의, 화상회의, 더 나아가서는 사용자가 아바타를 통해 참여하는 온라인 가상세계, 소프트웨어가 매개하는 환경 등등, 이러한 교류를 위하여 아직 상상조차 할 수 없는 것들의 활용이 증대될 것이다. 이러한 가상의 만남의 장소 중 일부는 특정하게 한정된 집단만의 사적 영역이 될 것이며, 또 어떤 곳은 보통사람의 시선에서 격리되어 있거나 아예 비밀의 장소가 되기도 할 것이다. 하지만 또 다른 장소는 진정한 공공 공간—적어도 원칙적으로 모두에게 개방되어 있는 공간—이 될 것이다.

물리적인 만남의 장소가 성공적으로 제 몫을 다하기 위해서는 사람들이 밀집한 지역의 중심에 위치해야 하는 반면, 가상의 장소는 그럴 필요가 없다. 예컨대 전통적인 경매장은 판매자와 구매자가 특정 시간에 가격을 홍정하고 거래하기에 편한 장소에 위치한다. 이때 경매 참여는 접근성 때문에 제한적이다. 그러나 오늘날 eBay.com과 같은 온라인 경매 사이트는 이 사이트가 아니었다면 만날 기회조차 없었을 멀리 떨어져 있는 각지의 구매자와 판매자를 연결해주고 있다. 즉 맨해튼 사람만큼 메인주의 마을이나 텍사스주의 시골 사람도 경매에 쉽게 접근할 수 있도록 지속적이면서도 비동시적으로 운영되고 있다.

실행 기술이 발달하여 그 제약이 점차 완화됨에 따라, 가상의 만남의 장소를 만드는 이들은 다양한 형태의 포맷들을 실험해왔다. 이러한 과정에서 몇 가지 근본적인 문제가 제기되었다. 동시적 커뮤니케이션을 필요로 할 때는 언제이며, 비동시적 커뮤니케이션이라도 상관없이 필요한 때는 과연 언제인가?[1] 목소리를 사용해야 할 때는 언제이며, 또 텍스트에 의존해야 할 때는 언제인가? 익명이 적절할 때와 실명이 요구될 때는 각각 어떤 때인가? 간단한 조작만으로 충분할 때와 좀더 정교한 아바타 혹은 비디오로 자신을 표현하는 것이 필요할 때는 어느 때인가? 상호교류가 희곡의 텍스트처럼 1차원적인 순서대로 이루어져야 할 때는 언제이며, 주인공이 신문연재 만화의 프레임처럼 2차원적 면을 점유해야 할 때는 언제이며, 3차원 환경 속에서 아바타가 움직여야 할 때는 과연 언제인가?

이때 가상 장소의 디자인은 어떠한 이미지와 선례를 따라야 하는가? 2차원, 3차원 가상 환경은 물리적 세계의 장소를 닮아야만 하는가? 아니면 물질성, 중력, 날씨가 없기 때문에, 완전히 다른 무엇으로 드러나야 하는가?[1]

그리고 아마 가장 중요한 것으로, 과연 누가 여기에 드는 비용을 지불하며, 누가 여기를 통제하며, 누가 여기에 접속할 것인가? 가상

---

[1] 동시적 커뮤니케이션과 비동시적 커뮤니케이션에 대한 자세한 내용은 이 책 9장 참조.

의 만남의 장소도 도시의 거리와 같이 누구나 보편적으로 접근 가능한 공공의 자산이 될 것인가? 쇼핑몰이나 디즈니랜드와 같이 상업적으로 운영되는 사이비 공공장소가 될 것인가? 혹은 우단 차양과 날카로운 눈을 가진 경호원에 해당하는 전자 대응물을 갖춘 사적인 사교모임이 될 것인가?

:: 오프라인 모임 대 온라인 모임 On the Line versus Online

그러나 경험상, 온라인상에서 의사를 표현하는 것은, 로마의 포럼, 하이드 파크의 연설자 코너, 천안문 광장, 베니스 해안의 산책로 같은 곳에 여러분의 육체가 직접 가는 것과 똑같지는 않다. 직접 몸이 가는 것은 장점과 위험을 동시에 가지고 있다.

가장 분명한 것은, 온라인 만남의 장소는 여러분을 신체적인 위험에 노출시키지 않는다는 점이다. 당신의 견해에 대해 거칠게 반대하는 사람에게 두들겨 맞을 위험이 없다. 노상강도나 곤봉을 든 경찰도 없다. 당신은 공격적인 걸인 혹은 정신병자와 대면하지 않아도 된다. 이것은 때때로 긍정적인 교류의 장을 창출할 수도 있고, 이런 사이버스페이스가 없었으면 꿈도 못꾸었을 일을 만들기도 한다. 예를 들어 캘리포니아 산타모니카의 'PEN'이라는 시민 네트워크-개인 집과 사무실은 물론 공공장소의 전화박스 같은 데서도 접속이 가능하다-는 노숙자들과 이들보다는 행운아인 시민들이 서로 자유롭게 대화하기에 적합한 안전한 장소를 제공하고 있다. ≪뉴욕 책 리뷰(New York Review of Books)≫ 혹은 ≪보스톤 피닉스(Boston Phoenix)≫에 있는 개인광고란을 뒤지는 것 대신, 모험을 좋아하는 외로운 영혼들은 jailbabes.com-'전국의 감옥이나 교정시설에 감금되어 있는' 여성들을 위해서 펜팔이나 독신자를 소개해주는 서비스 사이트—을 통해서 기회를 잡을 수 있다. 조금 더 극적인 예로, 상호 적대적인 국가의 시민들은 물리적 공간에서는 만날 수 없지만, 사이버스페이스에서 중립적인 만남의 장을 종종 발견할 수 있다.

더욱이 당신은 연령, 성, 인종과 같은 평상시의 일반적인 표식을 드러내지 않아도 된다. 당신의 아이디와 아바타 캐릭터 뒤에 숨을 수 있으며, 쉽게 가면을 만들어서 그 역할을 수행할 수 있다. 그래서 온라인상의 많은 아지트들은 가면 무도회나, 참회 화요일(Mardi Gras)의 축제[2] 같다. 즉 온라인상의 만남은 자아 표현과 대안적 정체성을 실험하고, 잠깐 다른 사람이 될 수 있는 사회적으로 유용한 기회를 제공한다.

그러나 이러한 해방의 여유는 바람직하지 못한 용도로 사용될 수도 있다. 익명성, 저질적인 보복의 가능성 등이 폭언과 과장을 부추길 수 있다. 가상의 연설대에서는 허풍쟁이가 끊임없이 실없는 소리를 해댈 수도 있다. 그리고 가면은 사기꾼과 약탈자를 감춰줄 수 있다.

그래서 온라인 만남의 장소를 물리적 만남의 장소에 대한 직접적인 대체물로 간주하는 것은 너무 지나치게 단순한 생각이다. 그 대신 우리는 그것을 건축가와 도시 설계가의 연주 목록에 유용하게 새로 첨가되는 신곡으로 간주해야 한다—온라인 만남의 장소는 특정 목적에는 적합하지만, 다른 목적에는 부적합하다는 장점과 약점을 동시에 가지고 있기 때문이다.

---

[2] 40일간 광야에서 고난을 받으면서 기도한 예수 그리스도를 위하여 40일간 금욕과 단식, 참회 등을 해야 하므로 그전에 고기도 먹고, 놀고, 마시는 데에서 유래한다. 대개 사순절 직전 3일이나 일주일간 즐기게 되며 유럽에서는 이때 가장행렬 축제가 열린다.

온라인 만남의 장소가 어떤 규범과 형태를 가지든지 간에—아마 무척이나 다양해질 것이다—이로 인해, **간접적인** 사회관계가 확장될 것이다.[2] 온라인 만남의 장소를 통해 엮어진 간접적인 사회관계는 대부분 3차적인 사회관계—여러분과 친분이 있는 특정인과의 관계가 아니라, 회사나 관료사회 속에서 맺는 관계—의 특징을 보일 것이다. (예를 들어 온라인 서점에서 책 한 권을 구입할 때, 그곳의 어떤 사람을 개인적으로 알 필요 없이, 익명의 직원과 경제적으로만 연결되면 된다.)

다르게 말한다면 당신은 더 많은 사람과 일종의 접촉을 유지할 수 있을 것이며, 교제의 지역적 범위도 이전보다 훨씬 넓어질 것이다. 마이클 데르투조[3]의 계산에 따르면, 촌락의 시절로 거슬러 올라가보면, 이때는 걸어다니면서 대략 이삼백 명의 사람들과 마주칠 수 있었다고 한다. 자동차를 타고 다니면 이보다 약 천 배의 사람들을 더 만난다. 지금 컴퓨터 네트워크에 접속하면 여기에 천 배를 다시 곱한 수의 사람, 즉 대략 여러 곳에 사는 2억 명의 사람들을 만날 수 있다.[3] 여러분이 그 정확한 숫자에 대해 이의를 제기할 수 있으나, 그 규모는 10의 지수 규모로 증가하는 것이 확실하다.

이러한 맥락에서, 지금 여러분은 작은 도시나 마을의 주민들이 전통적으로 그래왔던 것처럼 상호 이해나 상거래 생활의 토대가 되는 신뢰를 구축하기 위해서 반복적인 대면 접촉에 의존할 수가 없다. 또 우리에게 익숙한 건축적 암시의 혜택을 보지도 못한다. 이를테면 견고함, 영속성, 신뢰성을 넌지시 암시하는 지방 은행지점의 위엄 있는 석조 건물 외관은 온라인 홈뱅킹 혹은 금융관리시스템의

---

[3] Michael Dertouzos. MIT 컴퓨터 과학 연구소의 책임자이다.

인터페이스로 대체된다. 인터넷 상인이 빠른 두각을 나타냄에 따라서 신용 있는 브랜드명과 중개자의 역할이 점점 중요해진다. 상품과 서비스를 팔아야 하는 조직이 정보고속도로에서 브랜드 가치를 유지하는 것은 넓은 맥락에서 본다면 도심의 주요 거리에서 눈에 띄는 점포를 유지하는 것과 기본적으로 그 목적이 동일한 것이다.[4]

그래서 디지털 정보통신은 운송망, 우편시스템, 전보, 전화 등으로 인한 초창기 결과들을 더욱 강화하고 확장시킨다. 이것은 전통적인 정치적 경계를 넘어서서, 광범위한 지리적 규모에서 경제적·사회적 통합 메커니즘으로 작용한다. 또한 이것은 3차적 사회관계를 확대시키며, 브랜드와 중개업의 제휴 메커니즘을 확대시킨다. 그리고 마뉴엘 카스텔이 제시했듯이, 디지털 정보통신은 "코스모폴리탄 엘리트를 사회적으로 응집시키는 강력한 매개물이 될 것이며, 이메일 주소의 세련된 형태에서부터 유행하는 메시지의 신속한 유포 등과 같은 범세계적 문화가 의미하는 것에 물적 기반을 제공할 것이다."[5]

19세기 지역공동체 개념에 뿌리를 두었던 소로[4]는 1854년도에 "우리는 메인에서 텍사스에 이르는 전보시설을 건설하느라고 무척 서두르고 있다. 하지만 메인과 텍사스 간에는 서로 커뮤니케이션할 것이 없을 것 같다"라고 쓴 바 있다.[6] 이처럼 까다로웠던 소로가 지금과 같은 이러한 모든 변화를 보았다면 무척 놀랐을 것이다. 지금 현재 메인과 텍사스 간에는 정말로 많은 양의 커뮤니케이션이 이루어지고 있다.

---

[4] Henry David Thoreau. 19세기 활동했던 미국의 사상가이자 저술가.

그렇지만 역설적으로, 이 세계화 과정은 잘 드러나지 않는 새로운 경계를 만드는 결과를 낳기도 했다. 왜 그런지 알기 위해서, 데르투조의 숫자 계산을 분석해보자. 만약 당신이 적당한 나이까지 산다면, 깨어 있는 시간은 약 50만 시간 정도가 될 것이다. 당신의 교류의 세계가 마을 정도의 수준이라면, 마을의 구성원들은 각자 평균적으로 당신의 시간을 약 2~3천 시간은 잡아먹을 것이다. 만약 이것이 자동차 정도의 수준이라면, 만남에 드는 소요시간은 2시간 정도로 줄어들 것이다. 교류의 세계가 세계적인 컴퓨터 네트워크의 수준이라면, 단 10초 이하로 줄어든다. 이때는 주의를 집중한다는 것 자체가 희소한 자원이 될 것이 분명하다. 또 우리가 전자적으로 매개되는 범지구적 사회가 작동되는 이 엄청난 규모에 압도되지 않으려면, 어디에 주의를 집중해야 할지를 관리하는 메커니즘이 매우 중요해질 것이다.

주의집중 관리 메커니즘으로는 메일링 리스트, 뉴스그룹, 개인맞춤 뉴스서비스, 다양한 종류의 정보여과기, 소프트웨어 대행자, 기타 온라인상의 관계를 유지·관리하는 장치 등이 중요한 역할을 하고 있다. 대체로 이런 장치들은 차이점을 드러내는 것보다는 서로 비슷한 생각을 가진 사람들을 연결시켜주는 데 더 효과적인 수단이 된다. 광고업자나 정치적 행동가, 혹은 무언가 메시지를 내보내는 사람들은 물론 이 수단을 환영한다. 청중이나 시장을 효과적으로 구분할 수 있기 때문이다.[7] 따라서 사회문화적 경계와 각 유형별 정체성을 강화시키는 경향이 있다―예를 들어 특수한 학문 영역의 전문가들로서, 종교적 종파의 일원으로서, 성 정체성을 공유하는 사람들로서, 정치적 주장의 선동자들로서, 특수한 질병의 피해자들로서, 코커 스패니얼(cocker spaniel: 귀가 처지고 털이 긴 애완용 개―옮긴이)의 소유자들로서, 리눅스 해커들로서, 비행기 여행을 자주 하는 사람들로서, 뷰익(Buick: 미국의 자동차 모델—옮긴이) 판매사원으로서, 시가 애연가로서, 트레키스(trekkies: TV시리즈 <스타트렉>의 광적인 팬들을 지칭—옮긴이)로서, 바비 인형 수집가들로서, 혹은 다른 어떤 것들로 말이다.[8]

그런데 두 단어의 라틴어 어원이 같다고 해서 커뮤니케이션(communication)을 공동체(커뮤니티, community)와 단순히 동일시하거나, 사이버스페이스를 일종의 하늘에 있는 넓은 녹색 마을처럼 생각하는 것은 너무 지나치게 경솔한 생각이다. 온라인 교류의 결과는 다양하고, 복잡하고, 때때로 사회적·문화적으로 모순된 결과를 낳기도 한다. 온라인 만남의 장은 기존의 정체성 범주와 경계를 무너뜨리는 경우도 있지만, 동시에 다른 범주와 경계를 강화시킬 수도 있으며, 새로운 범주를 만들기도 한다. 또한 온라인 만남의 장은 각 개인들을 경계가 뚜렷하고 서로 분리된 공적 조직의 구성원으로서보다는, 다중적이며 공간적으로 확산된 다양한 공동체들의 상호교차점으로 자리잡도록 하는 상황을 만들고 있는 것이 분명하다.

:: 가상세계가 물리적 세계를 보완 The Virtual Complements the Physical

물론, 온라인 교류에 시간을 소모하게 되면 그 이외의 다른 일을 하는 데 시간을 쏟을 수가 없다. 이러한 관측을 통해 사이버스페이스의 서핑이 보다 사회적으로 바람직한 교류, 즉 가족, 이웃, 친구, 혹은 공공장소에서 도시의 낯선 사람들과 대면 접촉을 갖는 것을 대체한다는 비약적인 결론에 이르기가 쉽다. 그래서 네트워크 중독자나 약에 취한 듯한 스크린 응시자들, 컴퓨터를 혹사하는 컴퓨터쟁이들처럼 된다는 것이다.[9] 이런 논리적 비약에 따르면, 우리는 집에 속옷차림으로 웅크리고 앉아서 다른 사람들에게 이메일 메시지를 보내는 사람으로 그려지고 있다. 이러한 신-뒤르켐주의적 시나리오 아래에서는 이전 어느 때보다 아노미의 법칙이 판친다.[10]

그러나 이러한 추론은 우리의 사회적 교류능력이 고정되어 있으며, 그로 인해 제로섬게임이 펼쳐진다는 문제투성이 가정에 의존한 것이다. 이같은 가정에 따르면 당신이 특정 사회적 기회에 관심을 쏟는다면, 여기에 비례하여 다른 것에 대한 관심이 줄어야 한다고 본다. 그러나 전자정보통신은 우리의 사회적 교류능력을 전반적으로 향상시킬 뿐 아니라 게임의 구조를 복잡한 방식으로 변화시킨다는 증거가 도출되고 있다. 결과는 A에 몰두하니까 B는 줄어든다는 식의 단선적인 것과는 거리가 멀다.

예컨대 이른바 '가상 공동체(virtual community)'는 가끔씩 대면 접촉의 가능성이 있을 때 가장 활발하게 이루어지며, 실제로 온라인상의 교류는 우리에게 보다 친근한 물리적인 만남에 대한 욕구 및 물리적 만남의 장소에 대한 수요를 자극한다. 초창기 온라인 공동체인 'Well'에 대한 생생한 보고에서 하워드 라인골드(Howard Rheingold)는 다음과 같이 말한다. "나는 처음부터 WELL을 진정한 공동체라고 느꼈다. 왜냐하면 그것은 나의 일상적 물리 세계에 근거하기 때문이다. 샌프란시스코 만 지역으로 운전해 올 수 없는 거리에 떨어져 살고 있는 WELL구성원들(WELLites)은 WELL에서 이루어지고 있는 서로 얼굴을 알고 있는 사람들의 소규모 네트워크에 참여하는 데 제약을 받게 된다. 지금까지 나는 실제의 WELL 결혼식들, WELL 생일들에 참여해왔고, 심지어 한번의 WELL 장례식에도 참여했다."[11] 뉴욕의 'Echo' 설립자인 스테이시 혼(Stacy Horn)도 비슷한 주장을 펼치고 있다. "만약 여러분과 온라인상에서 대화하는 누군가가 너무나 재미있다면, 그들을 만나고 싶을 것이다. 여러분이 원하는 것은 그들이 어떻게 생겼는가를 알아보기 위해서라기보다는 그들과 몸소 직접 만나고 싶다는 것이다. 나는 사람들과 단지 영화에 대해 이야기하기만을 원치는 않는다. 나는 그들과 함께 영화를 보러가기를 원하는 것이다."[12]

조금 더 넓은 맥락에서, 1980~1990년대 정보통신 분야의 성장은, 다소 역설적으로 보일지 몰라도, 호텔 회의시설과 컨벤션센터에 대한 수요의 증가를 수반했다. 물론 이 중 일정 정도는 단지 전반적인 경제 확장에 기인한 것이다. 그러나 대부분의 원인은 기업들, 전문조직들, 이익집단들이 지리적으로 분산되어 있기 때문에 나타나는 특징적인 행태라고 해야 할 것이다. 이들 조직은 전자정보통신을 통해서 조직을 형성하고 유지한다. 그렇지만 또한 이들은 구성원들간의 관계를 다시 가꾸고 신용이나 신뢰관계를 재구축하기 위해 1년에 한 번씩은 연례적으로 직접 얼굴을 맞대러 모일 필요가 있다는 것을 안다. 또 역으로, 이런 장소에서의 대면 접촉은 이후에 다시 정보통신을 통한 만남을 고무하는 것이다. 이 둘은 뗄레야 뗄 수 없이 상호 결합되어 있다.

정보통신과 교통수요 통계의 비교도 위와 비슷한 시사점을 준다. 일반적으로 이 두 통계는 평행하게 나타난다. 만약 당신이 장거리 전화를 자주 한다면, 직접 만나기 위해서 기꺼이 비행기를 타고 갈 수도 있다는 것이 그리 놀랄 만한 일이 아니다. 당신은 누굴 직접 만나 머리를 조아림으로써 당신이 정말로 필요로 할 때 많은 대역폭을 얻을 수 있다.

:: 접속과 사회성 Connectivity and Sociability

가상의 만남의 장소와 실제 만남의 장소 사이의 이같은 상호작용은 온라인에 접속 가능한 곳이 많은지, 그렇지 않은지에 따라서 상당히 다른 양상을 보인다. 접속지점의 위치 또한 중요하다.

예컨대 MIT가 선구적인 아테네(Athena) 컴퓨터 네트워크를 개발했을 때, 워크스테이션이 매우 드물고 비쌌기 때문에 안전과 보관이 용이하도록 '아테네 클러스터(Athena Clusters)'로 불리는 곳에 모아놓았다. 이곳은 곧 학생들 사이에 사회화의 중요한 중심지가 되었다. 이는 이곳이 드나들기에 특별히 매력적인 장소여서도 아니었고(오히려 반대면 반대지!), 학생들이 달리 갈 곳이 없어서도 아니었다. 바로 희소한 자원에 접근할 수 있는 지점이었기 때문이다. 아테네 클러스터는 마치 옛날에 마을의 우물과 같은 그런 역할을 했다. 이후 접속 가능한 곳이 보다 많아지면서 이에 따라 이 장소의 사회적인 역할은 쇠퇴되었다.

이와 유사하게, 인터넷과 월드와이드웹은 급속하게 성장했지만 가정과 회사에서의 접속이 보편적이지 못했을 때, 쾌적한 환경에서 워크스테이션과 간단한 다과를 제공해준 인터넷 카페는 금세 굉장한 인기를 누렸다. 인터넷 카페에서는 지나가는 경치를 바라보거나 사람 만날 건수를 찾는 동안, 공공장소에서 시간을 보낼 수 있는 핑곗거리로 컴퓨터 작업을 할 수 있다는 부수적인 이점을 제공해준다. 이는 보다 전통적인 카페에서 신문을 읽는 것과 마찬가지라고 할 수 있다. 접속이 점점 일반화되면서, 이러한 시설들은 더욱 빨라진 접속과 기계, 소수만 보유하고 있는 값비싼 특수 장치들, 특수 지식 등을 제공하는 방식으로 고객들을 유지하고자 했다. 또한 이러한 시설은 컴퓨터에 익숙하고 주머니가 가벼운 젊은 여행자들―이들은 이메일 접속을 유지하기 위한 값싼 수단으로 이곳을 활용한다―을 끌어들이고 있다.

고속 정보통신 하부구조의 발전이 뒤처져 있고, 소수만이 개인 접속 도구와 장치를 살 수 있는 개발도상국가 혹은 선진국의 빈곤지역에서는, 이같은 공공 접속지점의 매력이 보다 오랫동안 유지될

것 같다. 특히, 인터넷이 연결된 소규모 지방 도서관들의 네트워크
—브라질의 도시인 쿠리티바(Curitiba)의 유명한 '지식의 등대'와 비
슷한 형태—는 가치 있는 서비스를 전달해줄 뿐만 아니라 긍정적인
사회적 교류를 촉진시키는 역할을 하기 때문에 더욱 장래성 있는
시설로 여겨진다.[14]

접속의 기회가 풍부한 곳에서도 접속지점의 위치는 사회적으로
여전히 중요할 것이다. 예컨대 어떤 대학이 학생들 기숙사 방에 인
터넷망을 깔아준다면, 학생들이 컴퓨터 작업을 하면서 방에 머무는
시간이 길어질 것이다. 학생들의 일상적 사회교류는 줄어들 것이며,
룸메이트 사이에 갈등이 일어날 확률이 높아진다. 그러나 대학에서
탁상용 컴퓨터보다는 휴대용 컴퓨터 쪽으로 방향을 돌려서, 공공
공간과 도서관 열람실에 수많은 접속지점과 전기소켓을 만들어주
고 어디서나 접속과 동시에 작업할 수 있도록 동적 네트워크 어드
레싱(dynamic network addressing) 계획을 제공한다면, 이로 인해서 서
로 다른 집단들간의 이동과 만남의 기회 및 비공식적인 모임들이
늘어날 것이다.[15]

:: 전자조정의 역할 The Role of Electronic Coordination

대면 접촉의 장소로서 우리에게 가장 친숙한 형태의 장소들조차
도 이제 새롭게 변화하고 있고, 정보통신이 보완해주는 기능에 의
존하기 시작한다. 이것은 대체로 공간 규모와 시간 리듬이 변화하
면서 나타나는 문제이다.

과거에는 분명한 사전 약속 없이도 만남이 종종 이루어질 수 있
었다. 지역사회의 규모가 작았고 일상생활의 리듬이 규칙적이었기
때문에, 그저 평상시대로 우물에 모습을 나타내거나 광장에서 산책

하거나 시내 중심가를 어슬렁거리기만 해도 만나고 싶은 사람들과 확실히 만날 수 있었다. 그러나 로스앤젤레스처럼 크고 복잡하고 확대되어 있는 도시에서는 이렇게 무작정 만날 수 있는 확률이 매우 낮다. 따라서 만날 시간과 장소를 잡기 위해 전화를 걸거나 이메일을 미리 보낼 필요가 있다. 그리고 우연히 마주칠 가능성이 극히 적다는 것이 바로 지리적으로는 분산되지만, 전자적으로 매개되는 가상 공동체의 중요한 특징인 것이다. 이런 맥락에서 볼 때 전자연계와 관련 소프트웨어가 과거의 메커니즘을 대체하여 시간을 조정하고 모임 약속을 잡는 데 있어 점점 더 중요한 역할을 하게 될 것이다. 다시 말하자면, 우리는 빠르고 편하고 값싼 전자정보통신을 활용하여, 상대적으로 드물고 귀중한 대면 교류의 기회를 최대한 이용할 수 있다는 것이다.

여러분 자신의 경험 속에서 위와 같은 주장은 이미 검증되었을 것이다. 여러분이 주고받은 전자우편 내용 중 가장 많은 비중을 차지하고 있는 내용은 무엇인가? 그것이 직접 만남의 장소와 시간을 정하는 것이라고 나는 장담할 수 있다.

일반적으로 정보통신 서비스와 가상 모임의 장 덕분에 한 사람의 활동과 접촉 반경은 엄청나게 넓어지게 되며, 그중 일정 정도는 실제 대면 모임으로 전환된다. 우리는 멜빈 웨버가 쓴 유명한 구절—그러나 도시를 사랑하는 사람을 화나게 하는 구절—인 이른바 '가까움이 필요 없는 공동체'(이 구절은 선견지명이 있었으나 지나치게 과장되었다)의 문턱에도 아직까지 와 있지 못하다.[16] 그 대신 우리는 두 개의 공동체가 느슨하게 결합된 형태로 등장하는 것을 지켜보고 있다. 이 속에서 물리적 만남의 장소와 가상 만남의 장소가 상호 의존하고 있고, 약속 조정은 전자적으로 이루어지고 있다. 여기서 가까움의 중요성은 과거만큼 크진 않더라도 앞으로 오랫동안 지속될 것 같다.

만남의 장소는 종종 경쟁의 영역이었다. 이 영역에 대한 배타적 특권을 유지하려는 사람들과, 여기에 더 폭 넓고 평등하게 접근하려는 사람들 사이에, 또 이 영역에 대한 여러 권리와 자유를 방어하려는 사람들과, 이들 수구세력이 보기에 공격적이거나 위험한 일을 하려고 해서 여기서 추방당할 처지에 놓인 사람들 사이에, 현상유지를 바라는 사람들과 이를 뒤엎으려는 사람들 사이에 투쟁이 일어났던 곳이었다. 전자적으로 매개된 만남의 장소 역시 예외가 아닐 것이다. 실제로 여기에도 전에 없는 극단적 입장들이 나타나면서 논쟁이나 투쟁이 점점 격화되기 시작하고 있다.

예컨대 인터넷의 한 가지 가능한 미래 모습은 사람들 사이의 제약 없는 상호 접촉과 규제 없는 자유발언이 이루어지는 광대한 범세계적인 영역이 되는 것이다. 이곳에서는 자신들만의 협소한 규범과 기준을 강요하면서 이해관계를 따지는 국지적 관할권이 무의미해질 것이다. 이런 경향과는 정반대로, 방화벽, 암호, 가상 개인 네트워크 기술 등은 개인적 필요성에 대한 정당화가 가능한 사람들뿐만 아니라, 폭력단, 세금 포탈범, 어린이 포르노 제작자, 마약상인, 마약밀매단의 배후, 폭탄 테러범, 그리고 기타 연방수사기구가 주목하고 있는 모든 대상들에게 난공불락의 전자왕국을 건설해줄 가능성도 제공하고 있다.[17] 여러분이 처한 입장과 바라보는 시각에 따라서, 디지털 네트워크는 사회의 다른 구성원들에게 너무 많은 접근성을 부여하고 있다고 볼 수도 있고, 반대로 너무 적은 접근성을 부여한다고 볼 수도 있다.

보다 미묘한 측면을 살펴보자. 대면만남의 약속을 잡거나 조정하기 위해 정보통신의 활용이 늘어나면, 도시에서 우연히 마주칠 수 있는 기회가 더욱 줄어들 수도 있다. 옛날에는 **누군가를** 만나길 원했을 때, **그 어떤 사람이라도** 찾을 수 있는 장소-예를 들어 광장, 시내 중심가, 동네 술집, 혹은 쇼핑몰-에 갔다.[18] 지금은 정확한 약속 시간과 장소를 정하기 위해 미리 전화나 이메일을 하며, **만나기로 했던 바로 그 사람만 만나고는** 모임을 끝낸다. 이것은 분명히 효과적이지만, 공공 생활이 사라지고 사회가 더욱 파편화될 것이라는 두려움을 던져주기도 한다.

극단적으로 볼 때, 대면 만남을 전자적으로 관리하게 되면 일부 사회구성원들이 문자 그대로 다른 사람들에게는 보이지 않을 수도 있다. 만약 여러분이 다른 인종, 다른 계급, 다른 성(性)과 조우하길 원치 않는다면, 전자교류가 여러분의 뜻을 확실히 수행해줄 수 있다. 여러분은 모든 사람들이 여러분과 비슷하다고 생각하게 될 수도 있다. 이러한 결과가 아주 새로운 것은 아니지만-그리스 시대의 아고라 역시 전체 주민들 중 다수를 배제하고 막았으니까[5]-이런 결과를 초래할 수 있는 수단들은 과거 어느 때보다 훨씬 더 강력해졌다.[19]

:: 사이버스페이스의 여론 E-Vox Populi

사업이나 사회적 목적의 만남보다는 특히 정치적 목적의 만남의 경우에, 대면 만남의 장소가 파편화되고 특수화되고 분산화되는 경향이 더욱 두드러지게 나타난다. 정치조직의 규모와 전략이 변화하기 때문이다.

전통적으로 정치권력은 왕과 신하들, 상원, 의회, 내각, 지방의회

---

[5] 직접민주주의의 상징처럼 여겨지는 아고라도 노예나 외국인, 여성들은 배제되었다.

등과 같이 물리적 **집회**를 통해서 권력을 행사하고, 가시화되고, 건축적으로도 찬양되었다. 역으로, 기존 정치권력을 전복하길 바랐다면, 도시의 공공장소에 '민중들'을 소집하여, 바리케이트를 치고, 시청과 같은 상징적인 장소로 행진을 하곤 했다. 만약 권력자가 수완과 의지를 가지고 있었다면, 군중을 해산하고 집회를 금지하고 선동자를 추방하는 등의 보편적 대응수단들을 사용했을 것이다.

1989년 천안문 광장, 그리고 이보다는 조금 다행스러웠던, 같은 해 벤체슬라스(Wenceslas) 광장의 예[6]처럼 이러한 일은 여전히 발생하고 있다. 그렇지만 이제는 1848년 파리에서처럼 정부가 더 이상 공간적으로 모여 있을 필요가 없게 되었다. 또한 인터넷을 통한 정치적 동원이 가능할 뿐만 아니라 효과도 더 커지고 있다. 가시성(可視性, visibility)은 더 이상 군중의 물리적 참여에만 의존하지 않는다. 예컨대 1994년 치아파스(Chiapas)에서 사파티스타(Zapatista) 봉기가 일어났을 때, 그들은 멕시코 정부뿐만 아니라, 전세계 여론을 대상으로 삼았다. 그들은 전자파에 자신들의 메시지를 실어보냈으며, 인터넷을 통해서 전세계적으로 지지세력을 동원하였다.[20]

현대의 독재자가 라디오와 텔레비전 방송국을 폐쇄함으로써, 전자적 가시성을 막으려는 전략을 사용하는 것도 유사한 형태의 대응방식이라 할 수 있다. 1996년 슬로보단 밀로셰비치(Slobodan Milosevic)가 벨그라드(Belgrade)의 민주주의를 촉구하는 라디오 B92를 침묵시키자, 이 프로그램은 인터넷을 통하여 널리 확산되었으며, 결국 밀로셰비치를 퇴진시키는 결과를 낳았다.[21]

따라서 자유로운 정치적 결사체의 중요성과 이러한 결사체를 형

---

[6] 1989년 1월 체코슬로바키아에서 얀 팔라흐(1968년 소련군의 침공에 항의하기 위해 분신 자살한 학생) 사망 20주년 추도식에 헌화하기 위해 벤체슬라스 광장에 모인 체코의 반체제 단체인 '77헌장'의 구성원들을 경찰이 체포하려고 하면서 군중들의 대규모 시위가 일어난 사건.

성하고 유지하는 데 필요한 '모임의 힘(power of meeting)'에 관한 토크빌(Tocqueville)의 유명한 주장은 새로운 의미를 띠게 된다.[22] 현재, 꼭 필요한 모임의 장소는 물리적 공간에서뿐만 아니라 사이버스페이스에서도 발견될 수 있으며, 이로 인하여 정치적 조직과 행동에 있어서 신선하고도 매우 효율적인 길이 열리고 있다.[23]

:: 키비타스와 우르브스의 결별 Civitas and Urbs Decoupled

그 중심에 아고라 혹은 포럼을 가지고 있으며, 바깥으로는 성벽이 둘러싸고 있어서 그 경계를 아주 분명하게 보여주는 독립된 도시국가 시절에서부터 지금까지 오랜 역사가 흘러왔다. 그런데 도시국가의 이같은 공간배열형태는 은연중에 **우르브스**(urbs: 로마의 7개의 언덕과 같은 도시의 형태적 영역)의 개념 속에 내재해 있다. 이는 **키비타스**(civitas: 같은 신앙과 사회조직, 생산양식을 공유하기 때문에 서로 결합된 씨족이나 부족)의 개념과는 구분되는 것이다.[24]

지금 현재, 기존에 형성된 대규모 공적 생활 단위―도시, 대도시권, 심지어 국민국가조차도 마찬가지임―의 정확한 경계나 구역을 설정하는 데에 과거와는 달리 여러 가지 차원에서 문제가 제기되고 있다. 여기에는 이중적인 위협이 드러나고 있다. 우선, 범지구적 정보 흐름은 낡은 정치적 경계의 중요성을 축소시켰으며, 내부적인 사회통합을 이룩하고 재현하는 데 물리적 공공 공간의 역할을 감소시키고 있다. 이와 동시에, 전자적으로 프라이버시와 교류를 관리하는 기술 때문에 새로운 분열과 분파의 가능성이 나타나고 있다. 우리는 시민사회의 구조가 금방이라도 붕괴될 것이며, 개인들의 주권의 시대가 도래하리라는 통속적인 묵시론적 예언을 믿을 필요가 없다.[25] 그러나 분명히 **키비타스**와 **우르브스** 사이의 차이가 점점 커지고 있다는 것을, 그리고 커뮤니티란 "같은 장소, 같은 지역, 같은 나라에서 사는 사람들의 집합"이라고 했던 『옥스퍼드 사전』의 낡은 정의가 급속하게 무너져가고 있다는 것을 확실하게 인식해야만 한다.[26]

결과적으로 도시의 기능에 있어서 오랫동안 핵심이었던 시민권, 공공 공간, 구경거리(spectacle) 사이의 전통적 조화가 붕괴되어가고 있다.[27] 예를 들어 르네상스 시기 의례(儀禮) 도시(ceremonial city)의 거리와 광장은 특별한 기념일에 전체 주민이 모두 참여하는 민중적·종교적 행진과 공연을 위한 장소가 되었다. 그래서 알베르티는 도시란 바로 '시민이 되는 것을 배우는 장소'라고 말할 수 있었던 것이다. 그렇지만 그 당시 여러분들은 거기 그 장소에 있어야만 했다. 오늘날에는 이와 반대로 가지각색의 전자매개수단을 통해서, 다중의 분산 중첩된 여러 커뮤니티에서 시민이 되는 것을 배운다. 예컨대 가상의 공공장소를 돌아다니면서, 혹은 서로 멀리 떨어져 있지만 전자적으로 함께 결합된 모임에 참여하면서, 혹은 세계적 미디어의 무대가 되어버린 새해 전날 밤의 타임스 광장과 같은 물리적 공공장소에서 전송된 화면을 시청하면서 말이다.

:: **공공장소를 재창조하기** Reinventing Public Space

21세기에도 여전히 아고라는 필요할 것이다. 아마 지금보다도 더 필요할 것이다. 그러나 그때의 아고라는 반드시 물리적인 장소는 아닐 것이다. 아고라는 그 규모가 친근한 마을 수준에서부터 지구 전체에 이르기까지 무척 다양할 수 있다. 그리고 우리에게 친숙하게 **보이는** 아고라라고 할지라도, 앞으로는 과거에 커다란 공공장소로 기능했던 것과 같은 방식으로 운영되지는 않을 것이다.

그렇지만 이 새로운 상황 아래에서도 공공공간의 단순하면서도 오래된 원칙들은 여전히 중요하다. 공공생활이 해체되지 않으려면, 커뮤니티는 그 구성원들을 위한 집회와 교류의 장소를 제공하고 유지하고 그 비용을 지불할 수 있는 방법을 찾아야만 할 것이다. 집회와 교류의 장소가 가상의 장소건, 물리적 장소건 혹은 이 둘의 새롭고도 복잡한 조합이건 간에 말이다. 그리고 이러한 장소가 그 목적을 효과적으로 달성하려면, 접근의 자유와 표현의 자유 모두가 허용되어야만 할 것이다.

지역사회의 배열이 재편, 확산되고 또 서로 겹쳐질 21세기에 생산과 분배와 소비가 이루어질 곳은 어디일까? 기업과 일자리는 어디에 입지할 것인가? 분명히 새로운 입지는 과거에 경제활동이 입지해왔던 그런 유형의 장소가 아닐 것이다.

전자적으로 네트워크되고 매개된 세상에서 상품과 서비스는 새로운 방식으로 흐르게 될 것이며, 이러한 새로운 세상에서 전통적인 부의 창출자들-토지, 노동, 자본-은 빠르게 흘러다니는 정보와 결합되거나, 때로는 정보에 그 지위를 빼앗기게 된다. 생산, 마케팅, 분배가 훨씬 더 유연한 형태로 이루어질 것이고, 결국에는 상업 및 산업 입지에 관한 많은 전통적 제약들이 제거될 것이며, 새로운 공간패턴이 형성될 것이다.

개인의 일상생활에는 이러한 변화의 영향이 다음 사항들을-즉 내가 어디에서 일자리를 찾을 수 있는지, 어디에 사는 것이 값싼지 혹은 비싼지, 어디에서 필요한 자원, 시설, 서비스를 가장 편리하고 효율적으로 얻을 수 있는지 등을-결정하는 데에 경제적 압력으로 작용할 것이다.

건축가, 계획가, 개발가들은 각종 시설들의 형태 및 입지 요인이 변화하고, 지역사회에 고용과 서비스를 공급할 기회가 변화하는 것을 볼 수 있을 것이다. 그리고 도시의 지도자들은 이러한 '오래된 시합의 새로운 규칙' 아래에서 어떻게 도시의 하부구조와 사회적 서비스에 대한 지속적 투자를 유지할 수 있는지에 대한 질문에 대답해야 할 것이다.

:: 무형의 상품을 교환하기 | Exchanging Intangible Products

이러한 영향들이 처음에는 어떻게 느껴질 것인가?

대규모 네트워크, 온라인 거래, 전자상거래 시스템들은 보험증서와 같은 무형의 상품을 사고 파는 경우에 가장 명백한 경쟁 이점을 가지고 있다. 이들은 인쇄된 비행기표 같은 전통적 교환 매체를 대체하면서 널리 확산되고 있다.

예를 들어 공인된 전자화폐 이전을 통해 온라인으로 생명 보험을 구입하는 것은 장사꾼에게 금화 몇 개를 주고 융단을 사는 것과는 같지 않다. 왜냐하면 어떠한 물질도 이전될 필요가 없으며, 전체 거래가 눈 깜짝할 사이에 온라인상에서 효율적으로 수행되기 때문이다. 결과적으로 실제 발생되는 것은 거래 완료에 따른 새로운 대차대조표, 관계, 의무 등을 반영하여 어딘가 임의의 곳에 위치한 서버에 존재하는 데이터베이스가 갱신된 것이다. 당신이 여기에 참여하기 위해 특정한 장소에 있을 필요가 없다. 당신은 단지 접속하기만 하면 된다. 이것은 관련된 사람들 모두에게 빠르고 값싸고 편리한 것이다.

이같은 무형 상품들의 시장에서는 필요한 것을 찾는 과정도 역시 다르다. 소비자의 관점에서 볼 때, 특정 시간에 특정 도시로 가는 가장 값싼 비행기 표를 구하는 데에 온라인 쇼핑을 능가할 곳은 현재 아무데도 없다. 가장 괜찮고 이용 가능한 대출 이자율을 찾는 데에도 마찬가지다. 그렇지만 경이적일 만큼 엄청난 양의 세계적 교류가 무형으로, 그리고 초고속으로 이루어지고 있는 가장 생생한 새로운 사례는 바로 국제통화시장이다. 과거에 화폐는 단지 '귀한 물리적 상품'이었다. 금은 희귀하고 단단하기 때문에 화폐로 사용되었다. 초기 호주 식민지에서는 럼주가 모든 사람에게 귀중하고 희소한 것이었기 때문에 화폐로 사용되었다. 고대 스파르타에서는 복잡한 상업적 거래를 억제하고 대신 남성적이고 호전적인 곳에 관심을 더 집중시키기 위하여 무거운 쇠막대기를 화폐로 사용하였다. 이러한 화폐라는 상품을 대신하는 것이 지폐, 부기장 기재, 은행계

좌 등이었다. 하지만 금과 같은 물리적 상품과, 지폐나 은행계좌 같은 그 대리물과의 직접적 관계는 점차 약화되었고, 1971년 리처드 닉슨이 달러의 금 태환성을 종식시켰을 때 마침내 관계가 단절되었다. 이때부터 본격적으로 환율의 변동시대가 시작되었다.

한편, 세계 여기저기의 화폐교환소가 전보, 전화, 텔렉스로 연결되기 시작하였고, 상대적으로 고속의 (그러나 여전히 소량의) 국제통화시장이 형성되기 시작하였다. 그 뒤를 이어 컴퓨터와 네트워크가 활용되었고, 1990년대 초에는 은행가 왈터 리스턴(Walter Wriston)이 다음과 같이 사실적으로 말할 수 있게 되었다. "새로운 세계금융시장은 지도 위에서 찾을 수 있는 지리적인 입지가 아니다. 오히려 세계 전체에 걸쳐서 서로 연결되어 있는 20만 개의 거래소 전자모니터가 바로 세계금융시장이다."[1] 24시간, 일주일 내내 이곳에서는 전세계를 빠르게 회전하며 사고 파는 거래가 이루어지고 있다.

주식거래도 비슷한 경로를 따르고 있다.[2] 정보통신이 발달하기 전에 주식거래는 국지적으로 얼굴을 맞대고 이루어지는 일이었다. 미국에서 1850년 당시에는 250개의 주식거래소가 있었다. 1900년대에 들어와 전보와 티커테이프¹가 도입되면서 뉴욕 증권거래소는 가장 유력한 미국의 주식거래 중심지로 등장하게 되었다. 그리고 2000년대에 접어들면서 나스닥과 같은 새로운 형태의 주식거래는 특정 도시의 건물에서가 아니라 어디에나 존재하는 디지털 전자시스템의 형태로 이루어지게 되었고, E★Trade나 DLJdirect와 같은 온라인 중개인들이 전세계 어디서나 이용할 수 있는 인터넷 기반 서비스를 제공하게 되었다. 그리고 파리의 팔레 드 라 부르즈(Palais de la Bourse) 같이 거대하고 오래된 증권거래소 건물들은 문자 그대로

---

¹ 티커테이프(tickertape)란 기계에 의해 증권시세정보가 기입되어 있는 가늘고 긴 종이쪽지이다. 연말 증권시장이 폐장될 때 증권관계자들이 티커테이프를 공중으로 던지면서 축하하는 모습을 볼 수 있다.

박물관이 되었다. 뉴욕 증권거래소의 거래장은 마감시간까지만 활동으로 번잡스럽지만, 사이버스페이스는 24시간 내내 운영되는 새로운 형태의 자본의 중심지로서 슬며시 월스트리트를 대체하고 있다.

전반적으로 볼 때, 시장(市場)은 급격히 탈물질화하고 있다. 길드 제도에 근거한 중세 도시에서 '시장'이란 "시장으로, 시장으로, 살찐 돼지 팔러 가세, 집으로 집으로 돌아오세, 지그어-지그-지그"[2] 라는 동요의 가사처럼 실제로 물건이 교환되는, 인식 가능한 물리적인 장소를 의미했다. 애덤 스미스(Adam Smith) 시대에 와서 시장이라는 용어는 점차 건축가들의 그림보다는 경제학자들의 방정식에 의해 더 잘 묘사될 수 있는 추상적이며, 공간적으로 모호한, 정보와 교환의 체계라는 의미로 사용되기 시작하였다. (시장말고 어디에서 보이지 않는 손이 작동할 수 있겠는가?) 그리고 1987년 8월 뉴욕 증권시장이 크게 동요하면서 폭락했을 때, 붕괴한 것은 건물이 아니었다. 갑작스럽고 급격한 경제관계의 변화는 정보통신 네트워크와 컴퓨터 소프트웨어를 통하여 전세계에 빠른 속도로 전파되었다.[3]

:: **정보 제품을 배달하기** Delivering Information Products

그렇지만 컴퓨터 시대에 화폐나 날로 복잡해지는 금융수단과 같이 추상적인 것들만 다룰 수 있는 것은 아니다. 충분한 대역폭을 이용할 수 있는 곳에서는 우리에게 익숙한 유형의 정보 제품들이 그것의 전통적인 물질적 배양기로부터 분리될 수 있고, 또 컴퓨터

---

[2] 어린 아기를 어를 때 부르는 영국의 전래 동요로 원문은 다음과 같다. "to market, to market to buy a fat pig—home again, home again, jig-a-jig-jig."

네트워크를 통하여 넓은 지역으로 값싸게 배달될 수 있다.

예를 들어, 여러분은 어떤 기술전문 잡지를 인쇄하고 보관하고 우편 배달하는 대신, 같은 내용을 웹사이트에 올릴 수 있다. 만약 더 빠른 서버와 네트워크 속도가 갖추어진다면, 여러분은 사진첩이나 오디오 녹화물 같은 것들도 똑같이 웹사이트에 올릴 수 있다. 실제로 1999년에 레코드 제작회사들이 음악을 온라인으로 배달하기 시작하였다. ≪뉴욕타임스≫는 "데스크탑 컴퓨터나 디지털 듣기 장치가 미래의 레코드 가게가 될 것이다"라고 선언했다.[4] 만약 더 큰 용량이 가능하다면, 집이나 회사로 직접 배달되는 주문형 디지털 비디오가 비디오테이프나 비디오 대여 가게를 대체할 수 있을 것이다. 당연히 이런 모든 변화들로 인하여 거대한 국제적 뉴스/오락 왕국들 사이에 전자보급수단-전화선, 케이블네트워크, 무선 채널, 통신위성 등-의 통제를 둘러싸고 격심한 경쟁이 나타날 것이다.

더욱 극적인 것은 컴퓨터 소프트웨어가 이제 더 이상 플로피 디스크나 CD 혹은 테이프 속에 담겨서 보급될 필요가 없다는 것이다. 컴퓨터 소프트웨어는 컴퓨터 네트워크를 통하여 쉽게 다운로드받을 수 있다. 이로 인해 소프트웨어 산업은 다양한 형태로 분산될 수 있게 되었다. 어떤 기업들은 네트워크로 연결된 제조공장을 값싼 노동력을 구할 수 있는 곳에 입지시켜서 값싼 노동력을 활용한다. 이 기업은 멀리 떨어진 곳에 있는 고객과 소프트웨어 생산 계약을 하고, 이를 생산하기 위해 가까운 주변의 노동자와 고용계약을 하게 된다. 한편 다른 어떤 기업들은 고급기술을 보유한 전문직으로 구성된 집단들을 누구나 선호하는 매력적인 입지에 함께 집어넣고 거기서 전세계에 있는 고객들을 상대로 소프트웨어 연구 개발 프로젝트를 담당하게 할 것이다. 또 다른 기업들은 소비자용 소프트웨어 제품을 생산하고 지리적으로 널리 분산되어 있는 소비자들에게 보급할 것이다.

한편, 빠른 전자배달에 덧붙여 시간대 차이를 함께 활용한다면 효율적인 새로운 형태의 24시간 교대작업이 가능해질 것이다. 한 예를 들어 국제적인 건축 및 엔지니어링 설계기업은 약 8시간의 시간대 차이가 나는 도시들에다 사무실들을 설치하고는 캐드 파일을 이 사무실에서 저 사무실로 전자적으로 전달하면서 전세계로 계속 빙빙 돌리게 할 수 있다. 이같은 시스템은 때로는 특정 지역에 혜택이 가도록 조직될 수도 있다. 런던의 소호(Soho) 지역―영화 및 비디오의 가공생산 기술인력들의 온실―은 미국 캘리포니아의 할리우드와 반나절 떨어져 있는 곳에 위치한 행운의 입지라고 할 수 있다. 따라서 소호에서는 캘리포니아에서 그날 촬영이 끝난 필름들을 전자상으로 배달받아서, 런던의 정상적 근무시간 동안에 그것을 가공한 후, 캘리포니아에서 다음날 촬영이 시작되기 전에 되돌려보낼 수가 있다.

위와 같은 모든 경우에서, 순수한 정보는 그 자체로서 가치 있는 것이며, 결국 디지털 네트워크 배달이 경쟁에서 승리하리라는 것― 특히 적시성이 중요한 경우에―은 의심의 여지가 없다. 낡은 배달 수단이 기회를 잡는 것은 내연기관에 대항하는 말(馬)과 같이 불가능한 일이 될 것이다.

:: 새로워진 생산과정 Remaking Making

다른 형태의 상품들, 즉 물질적 요소가 계속 유지되는 형태의 제품들에도 디지털 네트워크가 활용된다면, 물리적 생산을 근본적으로 분산시킬 가능성이 열리게 된다. 이는 산업혁명 이후 집중화 경향이 당연시되었던 것과 비교하면 놀랄 만한 반전이다.

예를 들어 신문을 보자. 신문은 전통적으로 중앙 집중된 대규모 공장에서 인쇄되고, 정교한 수송 네트워크를 통해 배달되던 제품이다. 이같이 중앙 집중화된 대량생산체제하에서, 모든 사람들은 서로 하나도 다르지 않고 똑같은 신문을 받아보았다. 정보통신이 조금 발달하게 되자, 소비자에 근접해 있는 지역 인쇄공장으로 지면의 배치를 전송하는 것이 가능해졌고, 이때 몇 가지 지역적인 내용을 덧붙여서 신문의 지역판을 만드는 것이 가능해졌다. 오늘날에는 네트워크와 값싼 가정용 프린터가 널리 보급되어서, 소비가 이루어지는 바로 그 장소에서 인쇄되는 개인화된 신문을 읽는 것이 (우리 대부분이 아직 그렇듯이 스크린에 있는 것보다 종이에 인쇄된 신문을 좋아하는 사람들을 위하여) 점점 흥미를 끌고 있다. 과거에 신문은 인쇄되는 것이 더 중요했고, 그 다음에 배달되었으나, 지금은 배달되는 것이 더 중요하며, 그 다음에 인쇄된다.

지금 바로 여러분이 손에 들고 있는, 매우 전통적인 형태로 여겨지는 책도—앨두스 마누티우스[3]도 쉽게 알아볼 그런 문화유물 같은 책이라고 해도—사실은 디지털이 매개된 제품이다. 여러분은 책을 전통적 형태의 서점에서 집을 수도 있고 온라인 서점에서 구입할 수도 있다. 온라인 서점에서 구입하는 경우, 웹사이트를 뒤져서 온라인 카탈로그에서 책제목을 입력하고, 스크린에 떠 있는 주문양식에 주문 내용을 기재하고, 우편이나 택배를 통해서 책을 배달받을 것이다. 이같은 새로운 시스템에서 정보의 전자 교환이 사람들 간의 직접 접촉을 통한 구매행위를 대체하게 된다. 창고나 소매 공간은 결국 다른 형태의 장소로 바뀔 것이며, 창고에서 소비자까지 직접적이며 개인화된 배달체계가 중간 보관 지점까지의 제품 대량

---

[3] Aldus Manutius. 15세기 말과 16세기 초에 활동한 이탈리아의 학자이자 출판가로 베니스에 고대 그리스와 라틴 고전을 출판하는 앨디네 출판사(Aldine Press)를 설립함.

수송체계를 대체할 것이다.

여러분이 책을 전통적 형태의 서점에서 사는 경우에 있어서도, 아마도 책 소매상은 출판사로부터 책을 주문하기 위해 전자구매시스템을, 그리고 책의 배달경로를 살펴보기 위해 전자 재고관리 시스템을 사용했을 것이다. 또한 이번에는 반대로 거슬로 올라가 책의 공급경로를 추적해보자. 이를 위하여 작가, 작가의 조수, 편집자, 디자이너, 종이 공급자, 인쇄업자, 제본업자, 창고 노동자와 관리자, 선주, 출판가 등 지리적으로 분산된 여러 곳에서 책의 생산을 위해 서로 힘을 합치고 있는 이들의 관계를 살펴본다면, 이같이 분산된 생산과정을 조정하고 빠르게 하기 위해서 전자데이타교환(EDI, Electronic Data Interchange) 시스템을 활용하는 것이 점차 증가되고 확산된다는 것을 발견할 수 있을 것이다. 이와 같은 일은 여러분이 상상할 수 있는 어떠한 현대적 제품에도 똑같이 적용될 수 있다.[5]

냉혹하기 그지없는 산업 생산라인에서 고생하면서, 감독자가 멀리 떨어져 있지 않다는 것 때문에 근심 걱정하는 찰리 채플린(Charlie Chaplin)이나 루실리 볼(Lucille Ball)4 같은 낡은 이미지는 이제 잊어버려야 한다. 여전히 산업 생산라인은 존재하지만, 이제 이것은 전체 중 단지 작은 일부분에 불과하다. 이것의 배후에 서 있는 것은 세계적인 흐름과 접속을 원격적으로 조정하는 광대하고 분산되어 있는 그물망(web)이다.

---

4 미국에서 1950년대 무척 인기 있던 시추에이션 코미디 'I Love Lucy'의 여자 주인공 루시(Lucy) 역을 맡았던 미국 여배우.

:: 가치는 지식에서 나옴 Value from Knowledge

우리가 쉽게 눈으로 접할 수 있는 현대적 제품들이 지닌 가치의 근원을 조사하고, 그 근원의 상대적 중요성을 비교한다면 이야기가 훨씬 더 재미있어질 것 같다.[6] 예를 들어 인쇄물의 경우, 그 가치의 아주 적은 부분만을 원료가 차지하고 있고, 가치의 거의 대부분은 글쓰는 것과 디자인하는 것에서 나온다. 그런데 이렇게 글쓰고 디자인하는 작업은 거의 어느 곳에서라도 수행될 수 있는 것이며, 또한 쉽게 전송 가능한 디지털 파일로 만들어질 수 있는 것이다.

이러한 이야기는 통상적으로 정보의 운반체로 여길 수 없는 제품에도 마찬가지로 적용될 수 있다. 실리콘 칩의 경우 단지 작은 몇 퍼센트만이 원료비용(원료의 거의 대부분은 단순한 모래에 불과하다)이며, 나머지 가치의 대부분은 엄청나게 복잡한 설계와 이런 설계를 컴퓨터가 통제하는 기계가 수행할 수 있도록 지령을 내리는 이행과정에서 창출된다. 철골류와 같은 가장 전통적인 산업 생산품들도 그 가치의 점점 많은 부분들이 정보과정에서 창출되며, 이러한 정보과정들은 특정한 장소에 단단히 고정되어 있지 않다.

전반적으로 볼 때, 제품의 가치 중에서 지식이 기여하는 상대적 비중이 높아지고 있다. 그리고 이와 동시에, 멀리 떨어진 곳에서 이런 지식을 공급할 수 있는 가능성도 높아지고 있다.

:: 생산의 재입지 Relocating Production

제품의 설계, 주문, 배달 과정에서 나타나는 이같은 엄청난 변화가 상업 및 제조업의 입지, 교통체계의 조직, 그리고 궁극적으로 특정 장소의 고용기회에 미치는 영향은 대단히 크다.[7] 현대 산업의 특징이기도 한 대규모의 복잡한 물질적 과정을 갖는 체제들은 이제 놀랄 만큼 새로운 방식으로 조정·통제되고 있으며, 따라서 결국 새로운 공간적 패턴을 형성할 것이다.

비록 여전히 일부 생산설비들은 에너지나 원료의 원산지에 가까이 근접할 필요성이 있지만(산업혁명기의 도시와 같이), 현재 대부분의 생산설비들은 널리 분산되어 있는 기술자, 공급자, 협력자들을 서로 연계시킬 수 있는 빠르고 유연한 정보통신 및 교통 네트워크의 통합적 활용에 점점 더 의존하고 있다. 홍콩과 같은 몇몇 대규모 제조 중심지들은 이제 사실상 공장 지역이라기보다는, 지리적으로 분산된 가치 네트워크를 통제하고 명령하는 중심지로 변모하고 있다. 그리고 이러한 네트워크의 연계를 만드는 데 있어서 소프트웨어의 상호호환성이 공간적 근접성보다 훨씬 더 중요한 요소가 되고 있다.

반도체 산업이 적절하면서도 가장 극적인 사례이다. 우선, 자신의 조립공장에서 칩의 설계와 조립을 병행하는 가장 전통적인 조직구조의 회사가 있다. 그렇지만 설계 기능과 조립 설비가 서로 가까이 있어야 할 아무런 필요성도 없다. 다음으로 다른 회사의 설계를 가지고 칩을 생산만 하는 칩 생산 회사가 있다. 마지막으로 칩의 설계, 마케팅, 배급을 하지만 자신의 조립공장은 가지지 않는 회사가 있다. 이런 회사는 필요할 경우 생산설비—아마 어느 곳에 있어도 괜찮을 것이다—를 빌린다.

:: 물건을 산 후에 만듦 Make after Buying

정보통신은 생산자와 고객을 직접적으로, 그리고 즉각적으로 연결해줄 수 있기 때문에 지역 거래상이나 다른 중개인들의 역할을 감소시키거나 아예 없애버리게 되며, 재고비용도 상당히 절감시킬 수 있다.

한 예로, 1996년에 델(Dell) 컴퓨터 회사는 고객이 컴퓨터를 직접 구입할 수 있도록 한 웹사이트 www.dell.com을 출범시켰다. 고객은 전세계 어디에서나 쉽게 접속하여, 온라인으로 컴퓨터를 주문할 수 있다. 이 주문은 제조공장으로 보내지고, 그곳에서 특정 제품이 조립되어 수시간 내에 선적된다. 2~3년내에 델의 경쟁 회사들은 이를 모방하기 위해 서로 허둥지둥 다투게 되었다.

청바지와 같은 친근한 제품을 생각해보자. 과거에는 두 가지 선택이 있었다. 우선 값싼 표준 사이즈의 청바지를 살 수 있다. 이런 청바지는 한꺼번에 대량으로 생산되고, 도매상에 의해 창고에 저장되었다가 동네에 있는 소매가게로 다량의 뭉치 채로 실려 온 것이다. 이것이 바로 우리에게 친근한 산업 방식이다. 한편 이보다 더 과거 시대의 방식이 있다. 즉 구매자의 몸에 맞추어서 재단사가 직접 만든 엄청나게 값비싼 청바지를 살 수가 있다. 이것이 동네 장인(匠人)의 방식이며, 홍콩에서는 여전히 활발하게 이루어지는 전통이다. 그러나 1994년에 리바이스[5]는 생산 및 유통 시스템을 근본적으로 재편하였는데, 이는 컴퓨터화된 치수측정시스템을 가게에 도입하여 고객의 주문을 공장에 전자적으로 전송하고, 천을 레이저로 자르고 각 천조각에 바코드를 붙인 후, 이를 정규 조립 라인에서 봉제하고, 마지막으로 완제품을 직접 소비자 주소로 우편배달하는 시스템이다.[8]

이런 경우는 만들어놓은 것을 사는(buy-after-making) 방식이 아니라, 오히려 산 후에 만드는(make-after-buying) 방식으로 되돌아간 것을 의미한다. 하지만 이것은 단순한 과거로의 회귀가 아니라 새로

---

[5] Levi Strauss. 청바지 생산 및 유통에 관한 다국적기업.

운 탈산업사회의 변화이다.

:: 새로워진 직장[6] The Recombinant Workplace

　직장의 입지가 변화하면서, 직장의 성격도 바뀌고 있다. 우리에게 익숙한 형태의 직장은 분해되어 새로운 패턴으로 재조합된다.

　전보와 전화가 도입되던 정보통신 발달의 초창기 시대에도 이런 현상이 발생했었다. 이 당시를 이티엘 데 솔라 풀(Ithiel de Sola Pool)은 다음과 같이 관찰하였다. 전화 덕분에 "회사 사무실이 공장에서 멀리 떨어져나갔고, 고용된 관리자에게 전화 한 통만 해도 공장을 적절히 통제할 수 있게 되었다. 사장은 공장을 떠나 도심으로 가서 은행가, 공급업자, 고객들을 직접 대면할 수 있게 되었다." 결과적으로 도심은 "한정된 이웃들이 모여 있는 곳에서 상행위에 함께 종사하는 회사 사무실들이 빽빽이 밀집해 있는 곳으로" 변했다.[9]

　오늘날 생산의 장소에는, 네트워크화된 원격 모니터링과 제어수단이 갖추어져 있어서, 초기 산업화 스타일의 기계처럼 신경 쓰면서 관리해야 할 필요성이 훨씬 줄어들고 있다. 모니터링과 제어기능은 중앙 집중화된 통제실로 옮겨가며, 이런 통제실은 감독해야 할 설비들에 바로 가까이 근접할 필요가 없으며 또한 더 적은 직원만 있어도 된다.

　소매업에서도 전자적 상호연결체제가 도입되면서, 가게의 전통적 구성요소들인 판매공간, 저장공간, 배후의 사무공간 등이 서로 분리되어 떨어져 나가고 있다. 판매공간은 온라인 카탈로그와 이메

---

[6] 'recombinant'라는 단어의 의미는 기원이 다른 유전물질들의 결합을 통해 새로운 유전물질을 만들어낸다는 의미이다.

일 및 전화 응답을 담당하는 원격서비스 체제로 대체된다. 혹은 공항과 같이 이동량이 많은 장소에 설치된 조그마한 전시장-고객은 여기서 물건을 보고 주문함-으로 대체된다. 저장공간은 한군데로 집중화된 매우 큰 창고 및 물류유통의 중심지 근처에 위치한 배달센터가 그 기능을 대체한다. 그리고 광고, 주문 및 기타 행정기능은 집이나 근처의 원격업무 센터에서 일하는 재택근무자들이 수행하게 된다.

　사무실에서도 전자적 상호교류로 인하여 전통적으로 함께 가까이 밀접해 있었던 공간패턴, 즉 사무실의 칸막이된 공간과 같은 개인적 작업공간과, 회의실과 같은 집단적 작업공간, 비공식적인 사회적 공간, 서류철과 복사기 같은 사무용 기구들의 공간적 관계를 해체하고 있다. 서류철이 온라인화되고, 사무실 근무자가 개인용 컴퓨터와 프린터를 가지게 되면 더 이상 개인의 작업공간이 중앙에 위치한 사무용 기구들 가까이 있을 필요가 없어진다. 따라서 개인의 작업공간은 이들의 집이나, 혹은 외곽에 있는 다른 지점으로 이전될 수도 있으며, 또한 업무상 바깥에 나가서 근무하는 사람들에 붙어 따라다닐 수도 있다. 또한 특정 근무자에게 항시적으로 배정되는 것이 아니라 비워두었다가 필요한 사람이 필요에 따라 사용하는 '열린 공간(hot cubicle)'으로 전환될 수도 있다. 회의실과 비공식적인 사회적 공간은 가상 회의 장소와 그룹웨어를 통해 확장될 수 있다. 그럼에도 불구하고 직접적으로 대면해서 회의할 수 있는 공간의 필요성은 여전하다. 분명히 회의실은 사무·업무공간 중에서 큰 역할의 변화 없이 안정된 핵심 근거지가 될 것이다. 그렇지만 과거의 회의실보다는 훨씬 더 유연하고, 칸막이 공간이 아니라 클럽회관이나 호텔 같은 분위기를 가질 것이다. 사무공간의 개인적 구성요소들은 이전되고 흩어질 것이지만, 사무공간의 집단적 구성 요소들은 더욱더 특정한 장소(place-specific)에만 남게 될 것이다.

이러한 모든 변화들로 인하여 회사나 기업의 개념 그 자체도 도전받게 된다. 왜 기업이 현재의 방식으로 존재하는가에 대한 유명한 분석으로 인해 수없이 많이 인용된 바 있는 학자인 로널드 코스[7]는 1930년대에 다음과 같이 주장하였다. 기업은 상대적으로 효율적인 내부 정보 흐름을 창출한다. 이로 인해 거래비용을 최소화할 수 있고, 또 노동자가 그들의 역할을 효율적으로 수행하기 위해 필요한 정보비용을 최소화할 수 있다.[10] 전통적으로 이러한 효율성의 많은 부분들은 노동자들이 한 지붕 밑에 함께 모이게 함으로써 얻어질 수 있었다. 한 지붕 밑에서 노동자들은 서로서로 이야기할 수 있고 서류를 이리저리 전달할 수 있었다. 그러나 많은 경영평가자들이 민감하게 주시해왔던 것처럼, 네트워크와 스마트 공간은 다른 것들 중에서도 특히 지리적으로 멀리 떨어진 협력자들간의 거래비용을 크게 감소시켜준다. 따라서 기존의 전통과는 다른 단위, 즉 지리적으로 멀리 떨어진 협력자들로 구성된 단위가 점차 경쟁력을 가지게 되었다.[11] 이러한 사실이 점차 명백하게 드러나면서 기업들은 이러한 이점을 취하기 위해 할 수 있는 일이 무엇인지를 심각히 고민하게 되었으며, 따라서 앞으로 우리들은 정신 못차릴 정도로 점점 더 '가상 기업'이나 '확대 기업(extended enterprises)'의 이야기를 듣게 될 것이다.[12]

:: 기업을 이동하기 | Mobilizing Enterprises

기업활동의 협력자들, 즉 피고용자, 컨설턴트, 공급자, 제조자, 배급업자, 고객들 사이의 다양하면서도 새로운 형태의 전자접속을 통

---

[7] Ronald Coase. 영국에서 태어난 미국의 경제학자로 1991년 노벨 경제학상을 받음.

한 연계는 과거 물리적 근접성을 통해 이루어졌던 연계와는 달리, 변화하는 상황과 경쟁 압력에 신속히 반응하여 재배열될 수 있다.

다국적 기업이 기업의 활동들을 여러 곳에 여러 방식으로 분포시켜놓고, 그렇게 할 수 있는 그들의 능력을 십분 활용하여 이익을 얻는 데 비하여, 범세계적으로 이동하는 자본은 지금 현재 가장 매력적인 노동시장과 사업조건을 갖춘 입지를 끊임없이 찾아다니면서, 지속적으로 상황에 적응하여 활동을 재배열하고자 한다. 레스터 서로(Lester Thurow)는 이와 관련하여 다음과 같이 지적하였다. "세계 경제는 기업이 가장 낮은 비용의 입지로 이전하는 것을 가능케 하며, 또한 자극하고, 동시에 강요한다"[13] 더욱이 이제 자본은 사람보다 훨씬 빠른 속도로 이동할 수 있게 되었다. 따라서 다국적 자본은 지역사회로부터 철수하겠다는 위협을 효과적으로 사용할 수 있으며, 노동자와 정부를 다루는 데 훨씬 유리한 지위를 차지할 수 있다.[14]

비평가들은 그들이 좌익진영과 우익진영 어디에 속해 있건 간에 모두 이러한 현상을 분석하는 데 일치된 견해를 가지고 있다. 국가와 국가주의에 관한 권위 있는 연구에서 에릭 홉스바움(Eric Hobsbawm)은 다음과 같이 기술하였다. "홍콩이나 싱가포르 같은 도시국가가 되살아난다. 그리고 마치 과거 중세시대 한자동맹8의 강철제조장처럼, 주권을 지닌 국민국가의 내부에서 기술을 토대로 국경을 초월하는 '산업지대'가 크게 증가한다. 마찬가지로 역외 조세 피난처도 늘어나고 있다. 이 역외 조세 피난처의 유일한 기능은 정확히 말해 국민국가의 통제를 벗어나 경제 거래가 이루어지도록 하는 것인데, 만약 이런 역할이 없었다면 아무 가치 없는 섬들에 불과했을 것이다. 국가나 국가주의 이데올로기는 이제 이러한 형태의

---

8 한자동맹이란 중세시대 독일 자유도시들의 상인들이 구성한 조합이다.

발전에 전혀 부합하지 못하게 되었다."[15] 한편 반대편 진영에 있는 조지 길더(George Gilder)는 자못 흡족한 시각으로 바라보고 있다.9 "자본은 더 이상 기계나 장소, 국가, 관할권에 속박되지 않는다. ……기업은 수주일 안에 이전할 수 있다. 야망 있는 사람들은 이제 더 이상 관료에게 돈을 강탈당하거나 착취당하는 것을 참아야 할 필요가 없다. 이제 지리는 경제적으로 볼 때 하찮은 것이 되어 버렸다."[16]

세계 도처에 있는 지역사회들(communities)은 점점 더 이런 모든 영향들을 느끼고 있다. 이전에 다수의 지역사회는 그곳의 토착 경제 주체들-즉 직장을 제공하고 서로 사업 거래하며 일상생활의 필수품 대부분을 공급하는 토착 은행, 생산자, 소매상 등-이 그곳 주민들과 상대적으로 안정되고 장기적인 관계를 맺고 있었다. 즉 지역사회가 장소에 고착되었다고 할 수 있었다. 이러한 형태의 긴밀한 유착, 매우 인간적인 상거래와 공동체적 구조는 영화 <잇스 어 원더풀 라이프>10에서 감성적으로 찬양되었다. 대부분의 사람들이 지역 공동체의 특성과 수준에 관하여 장기적인 이해관계를 가졌으며, 공공 정신이 있었다. 그러나 이제 우리는 조지 베일리와 베드포드 폴스11의 건물 같은 것을 다시는 보지 못할 것이다. 그리고 전자

---

9 에릭 홉스바움이 좌익진영의 대표자라면, 조지 길더는 우익진영에 속해 있는 대표적 비평가라고 볼 수 있다.

10 프랭크 카프라 감독이 제작한 영화 제목. 프랭크 카프라 감독은 20세기 유명한 미국의 영화 감독으로 대표작인 <스미스씨 워싱턴에 가다>, <잇스 어 원더풀 라이프(It's a Wonderful Life)> 등을 제작함.

11 조지 베일리(Geroge Bailey)는 영화 <잇스 어 원더풀 라이프>에 나오는 주인공이며 베드포드 폴스(Bedford Falls)는 그의 고향이다. 주인공인 조지 베일리는 쇠락한 그의 고향을 떠나기를 무척이나 열망하나, 여러 가지 현실적 상황 때문에 결코 고향을 떠나지 못한다. 고향에서의 삶에 절망한 조지 베일러는 자살을 시도하는데 그때 천사를 만난다. 천사는 그가 고향에서 얼마나 가치 있는 삶을 살고 있었는지를 새삼 일깨워준다.

작업공간은 프랭크 카프라(Frank Capra) 감독이 느끼고 표현했던 그런 것을 가지지 못하고 있다.

여기서 조심스럽게 주목해야 하는 점은 경제적 세계화가 정말로 그렇게 새로운 현상은 아니라는 것이다. 우습게도 '세계화를 택할 것인가 아니면 죽을 것인가'라는 아주 과격한 수사학과, 맑스와 엥겔스의 『공산당 선언』에 담긴 내용 사이에는 매우 밀접한 유사성이 있다는 점을 많은 유식한 평론가들이 명쾌하게 지적해왔다. 이들의 지적은 정확하다. 따라서 조지 베일리도 다른 쪽 세계에서는 경제가 발전하고 있다는 사실을 잘 알고 있었을 것이고, 종종 그 영향을 받았을 것이다. 그러나 디지털 네트워킹으로 인해 증대되는 정보의 흐름은 기업들을 서로 묶이게 하고, 더 빠른 속도로 거래가 이루어지도록 한다. 이제 우리는 세계화 경제뿐만 아니라 매우 빠르게 반응하는 (그리고 그렇게 반응해야만 한다) 경제를 갖게 되었으며, 이것은 결과적으로 과거의 안정성을 위협하고 있다.

:: 도시의 새로운 게임 New Game in Town

이러한 모든 것들에 관련하여 우리는 무엇을 할 수 있는가? 우리가 어떻게 하면 지금 등장하고 있는 새로운 질서로부터 쇠락을 피하면서도 가능한 혜택을 얻을 수 있는가?

분명히, 우리는 도시 경제 활력의 새로운 원천을 창출해야만 한다. 도시는 번영하기 위해서 항상 활용 가능한 토지, 노동, 자본과 자연자원 및 교통연계를 경제적으로 효능 있고 지속가능하게 한데 묶어 결합하는 것을 필요로 했다. 이제 디지털 혁명의 물결 속에서 이같은 오래된 게임의 규칙과 수익성이 변화되고 있다.

예를 들어, 과거에는 많은 도시들이 그 지역의 자연자원을 채굴함

으로써 성공했다. 제분으로 유명한 도시인 뉴잉글랜드(New England)
는 풍부한 수력자원을 바탕으로 성장했다. 호주에서 밸러랫(Ballarat),
벤디고(Bendigo), 캘굴리(Kalgoorlie), 브로컨힐(Broken Hill) 등은 풍부한
광물이 매장된 지역이었기에 급성장했다. 미국 남서부 지역의 경우
석유가 로스앤젤레스(Los Angeles), 덴버(Denver), 휴스턴(Houston), 댈
러스(Dallas)의 성장을 이끌었다. 물론 훗날 이 도시들 대부분의 운
명이 시사하듯이, 자원이 소진되고, 가격이 폭락하고, 새로운 기술
이 유력한 경쟁자들을 양산했을 때 도시의 생존전략은 갈팡질팡했
다.

다른 도시들은 전략적 입지를 활용하여 무역 중심지가 되었다.
베니스와 싱가포르는 주요 국제 무역 경로에 걸터앉아 있는 입지를
지니고 있다는 사실을 재빨리 잘 활용했다. 시카고는 철로의 중요
한 중심지로서 성장했다. 암스테르담은 현재 도시의 경제적 활력의
대부분을 주요 항공교통의 중심지라는 역할로부터 얻고 있다.

디지털 시대에 점점 많은 수의 도시들이 지금까지와는 다른 방
식으로, 즉 그들이 지니고 있는 유별난 **인적 자원**을 활용함으로써
성공할 수 있다는 것을 보여줄 것이다. (캘리포니아에 있는 팔로알토
는 하나의 놀랄 만한 예이다. 그리고 인도의 방갈로르는 또 다른 측면에서
놀랄 만한 예이다.) 원칙적으로 어느 곳에든 입지할 수 있는 경제활
동들을 끌어들이고 계속 보유할 수 있게 하는 것은 훌륭한 인적 자
원이다.[17] 장기적 안목을 가지고 이 시합에서 이기기 위해서는, 재
능 있는 인재들을 계속 머무르게 할 수 있는 지역적 매력—특히 쾌
적하고 자극적인 지역환경, 고급의 교육 및 의료서비스, 급격하게
재편되는 행동패턴들을 수용할 수 있을 만큼 충분히 유연한 교통
하부구조와 건물 재고 등—을 그 지역이 갖추어야만 한다.[18]

그러나 지리적 공동체와 경제적 공동체가 더 이상 동일한 공간영
역과 동일한 시간영역에 속해 있지 않은 상황에서 이러한 모든 것은

사회적 투자를 지속시킬 수 있는 효과적인 전략에 달려 있다.[19] 세계적 이해관계를 가진 기업들에게 어떻게 하면 특정한 지역적 맥락에서 하부구조의 건설과 유지를 책임지고, 환경의 질을 보존하며, 훌륭한 교육과 의료를 제공하도록 동기부여할 수 있겠는가? 단기적 관점을 지닌 것으로 악명 높은 이들 거대한 경제주체들에게 진정한 차이를 만들기에 충분할 정도로 시야를 확대하라고 설득할 수 있겠는가? 어떻게 하면 기업들이 그들이 속한 지역 공동체―다양한 형태로 여기저기 분산되어 있는―의 시민으로서 헌신하게 될 것인가?

21세기의 도시의 지도자들에게는 이러한 질문들이 바로 삶이냐 죽음이냐를 가름하는 정책적 질문들이 될 것이다.[20] 만약 이 질문에 틀린 응답을 하게 된다면 21세기의 도시는 슘페터주의자들의 용어로 이른바 쓰레기로 전락하게 될 것이다. 반대로 이 질문에 올바른 응답을 한다면, 어떤 낙관주의적 논평가가 제창한 바와 같이 21세기의 도시는 아마 "경제 성장의 거대한 파도를 맞이할 준비를 갖춘 것이다."[21]

고대 로마에는 지방보다 더 훌륭한 군사 방어시설과 더 많은 구경거리들이 있었다. 현재 뉴욕 맨해튼에는 시골의 목장도시보다 더 좋은 의료기관, 레스토랑, 미장원이 있다. 누구나 알다시피 도시지역의 주요 매력 중의 하나는 고급 서비스를 이용할 수 있다는 점이다. 그렇지만 다가오는 컴퓨터-네트워크 세상에서는 이게 절반쯤만 맞는 이야기가 될 것 같다. 어떤 서비스들은 여전히 가까운 데 있는 서비스 공급자들로부터 제공받겠지만 다른 서비스들은 먼 거리에서도 효율적으로 제공받을 수 있을 것이다. 그 결과 새로운 형태의 서비스 체계가 도시에 자리잡을 것이며, 과거의 서비스 체계를 빠르게 대체할 것이다.

:: 서비스 체계의 유형 A Typology of Service Systems

서비스 체계는 가장 본원적으로 거슬러 올라가면, 첫째, 서비스 **공급자**, 둘째, 서비스 **소비자**, 셋째, 이 둘을 효율적으로 **연결**시키는 수단, 이 세 가지로 구성된다고 할 수 있다. 공급자와 소비자를 연결시키는 방식은 매우 다양한 형태가 가능하며, 이 연결형태에 따라 서비스 체계의 기본 유형을 정의할 수 있다. 그리고 디지털 정보통신의 영향을 받아서 각 유형들이 변화한다.

정보통신의 발달 이전에, 특권계층들은 하인이나 노예들을 그들 가까이 대기시켜놓고, 요구하는 바를 말로써 주문했다. 집사, 시녀, 요리사, 운전사, 사냥터지기, 대신, 청소담당자, 개인교사, 필경사, 유모, 법률가, 기타 등등. 여러 종류의 서비스 공급자들은 그들의 역할에 따라 분류되어 이름이 지어졌다. 이런 형태의 서비스 제공은 물리적으로 아주 근접해야만 가능했다. 종소리나 사이렌 같은 원시적 형태의 의사소통수단이 등장해서 직접 말로 하는 의사소통을 한 단계 향상시킨 후에도 여전히 물리적 근접은 필요했다. 이는 건축에도 반영되어서 예컨대 하인의 방, 문지기의 초소, 서비스 계단, 외부 사무실 등의 건축 시설이 필요했다.

대규모의 근대 도시가 성장함에 따라, 중앙 집중화된 서비스 거점체계―특히 복잡하고 전문적인 서비스에서―가 대안적인 서비스 체계로서 발달하였다. 이는 규모의 경제에 부합하는 것으로서, 상대적으로 저렴한 가격으로 많은 사람들에게 서비스를 제공했지만 서비스 소비자들이 서비스 공급자에게 와야만 했다. 의료, 교육, 그리고 많은 상업 서비스들이 이러한 패턴을 따랐다. 그리고 그 결과로 현대식 병원이나 학교 등과 같은 건물형태들이 출현하였다.

이같은 집중화를 통하여 규모의 경제를 얻는 것과, 공간적으로 분산되어 소비자 가까이 남아 있는 것 사이에 불편한 모순이 생기게 된다. 이러한 모순을 해결하는 방법 중의 하나는 지점(支店)을 여러 곳에 분포시키는 체계였다. 예를 들어 19세기와 20세기 초에 걸쳐서 대형 은행조직들은 도심의 핵심지역에 본점을 위치시키고, 땅 값이 싼 교외지역에 프로세싱 작업을 집중 수행하는 후방사무실(back office)을 입지시키며, 각 동네마다 고객에게 직접 서비스를 제공하는 수많은 지점들을 입지시키는 서비스 체계를 만들었다. 소매업체들도 비슷한 형태를 따랐다. 전반적인 결과로 도심의 거리, 상가 골목, 쇼핑몰 등은 각종 지점들과 체인점들의 집적지가 되었다. 그리고 거의 모든 세계적인 거대도시의 도심에 있는 사무용 건물에는 국가적, 국제적 조직의 지점들이 입지하였다.

여기저기 분산되어 있는 사람들에게 서비스를 공급하는 또 다른 해결전략은 서비스 공급자가 이동수단을 갖추는 방법이다. 이러한 서비스의 공급형태는 여기저기 순회하는 의사, 교사, 행상인, 담당구역을 순찰하는 경찰 등 고대의 전통에서부터 그 뿌리를 가지고 있다. 이 서비스 체계의 단점은 이동해야 하는 서비스 공급자가 그들이 다룰 도구들을 함께 운반해야만 한다는 것과, 이러한 방식으로는 규모의 경제를 달성하기가 어렵다는 점이다.

마지막으로, 위에서 살펴본 이 두 가지 기본 형태의 장점을 최대화하고, 단점을 최소화하려는 노력의 일환으로 수많은 다양한 형태의 잡종 방식들이 개발되었다. 예를 들어 대형의 중앙 집중화된 의료시설이 동네 진료소, 이동 의료진, 가정간호사 등과 함께 결합된 체계를 구성할 수 있다. 어떤 소매상은 도심에 위치한 상품전시장과 여기저기 찾아다니는 영업사원을 함께 활용할 수도 있다.

:: 도움 요청하기 | Summoning Assistance

19세기, 초창기 수준의 정보통신기술이 개발되자마자, 이 기술은 곧바로 중심부에 입지한 서비스 공급자들—물론 이동성을 갖춘 공급자들—을 그 서비스가 필요한 곳으로 호출하는 일에 활용되었다. 정보통신기술은 서비스 응답 시간을 빠르게 했고, 따라서 중심부에 집중된 서비스를 훨씬 더 효율적으로 만들었다.

한 예로, 1852년에 보스턴에서는 소방서와 연결된 전보호출시스템을 구축하기 시작했고, 다른 도시들도 곧 이 뒤를 따랐다.[1] 사람 손으로 움직이던 소방기구가 말의 힘을 빌린 소방기계로, 그 다음엔 자동차를 이용한 소방차로 대체되는 것과 발맞추어, 정보통신을 활용한 호출시스템은 소방서가 점점 더 넓은 지역, 점점 더 많은 인구를 위해 서비스하는 것을 가능하게 만들었다.

정보통신과 교통 기술의 잇따른 물결은 아이디어를 확장시키고 정교하게 만들었다. 1880년대에 경찰서에 전화가 설치된 것을 시작으로, 경찰은 결국 전화, 무전기, 순찰차를 한데 결합하여 사용하게 되었고 그 결과 서비스 영역이 넓어졌다. 1928년에 호주에서는 왕

립 항공의료서비스(the Royal Flying Doctor Service)가 도입되어서, 페달을 밟아 동력을 얻는 모스 부호식 라디오 송수신기로 호출하면 경비행기를 타고 의료진이 날아가는 형태로, 광대한 면적의 땅에 소수의 인구가 산재하여 분포하는 호주의 오지지역에 의료서비스를 공급하기 시작하였다. 그리고 이동전화와 무선호출기의 시대에 들어와서는 모든 종류의 서비스 공급자들이―하수도 청소부에서부터 뇌수술 외과의사에 이르기까지―항시 대기상태가 가능해졌다.

:: 감식하기 Keeping Tabs

위와 같은 모든 서비스 체계에서는, 여전히 사람들이 경찰, 의사, 소방수, 배관공, 요리사, 오락진행자 등에게 서비스를 요청하는 행동을 해야만 한다. 그러나 원격호출설비에 센서를 부착한다면 필요한 서비스의 수요를 관측하고 연락하는 작업이 자동화될 수 있다.

이미 현재 건물에 화재나 연기 감지기를 설치하는 것이 일상화되어 있으며, 이러한 설비는 주변에 경보를 울릴 뿐만 아니라, 자동적으로 소방관에게 현장으로 와달라는 긴급요청 전화연락을 취하는 것이 대부분이다. 도난경보기는 문이 열렸는지, 창문이 깨졌는지, 혹은 내부 공간에 어떤 움직임이 있는지를 감지할 수 있는데, 화재감지기와 거의 같은 방식으로 작동해서 자동적으로 주변에 경보를 울리고 경찰관에게 긴급연락을 취할 수 있다. 내장 센서를 장착한 상시 전자모니터링을 통해서, 다리나 댐과 같은 구조물의 유지관리작업이 혁명적으로 변화되기 시작하였다. 산업 분야에서도 공장이나 기계에 내장된 센서가 오작동이 발생하면 이를 감지하여 신호를 내는 것이 오래 전부터 일상화되었다. 전세계가 네트워크화된 세상에서 이러한 아이디어는 자동차나 모든 종류의 가정용품에 점차 확대 적용될 것이다.

예를 들어 자동차나 트럭의 타이어를 생각해보자. 타이어 압력을 수동적으로 점검하고 적정한 압력의 공기를 주입하는 일은 전통적으로 운전자나 정비사의 몫이었다. 만약 이 일을 태만히 하면 타이어가 제 기능을 못하고 지나치게 닳게 될 것이다. 스마트 차량은 일정한 압력을 유지할 수 있도록 압력계측기, 컴퓨터, 통제 가능한 펌프와 밸브 등을 활용하여 이런 단순 서비스 업무를 스스로 수행할 수 있다. 그러나 더욱 스마트한 경우도 있다. 현재 알래스카나 브리티시 콜롬비아에서 사용하는 통나무 운반트럭은 트럭에 내장된 컴퓨터가 인공위성을 통하여 지리정보시스템 및 날씨정보시스템과 연결되어서, 현재의 상황에 맞게 타이어 압력을 순간순간 조정할 수 있다. 너무 지나친가? 만약 이같은 활용을 통해 이익을 본다면, 결코 지나친 게 아니다.[2]

구조물이나 기계를 위하여 작동되는 것은 물론 인간의 신체를 위해서도 작동될 수 있다. 이미 의료서비스 담당자들에게 환자의 상태가 전송되는 정교한 의료 모니터링 기구를 쉽게 볼 수 있다. 이전에는 단지 병원 침대에서만 이용 가능했으나, 점차 이것은 눈에 거슬리지 않으면서 몸에 휴대할 수 있는 형태로, 혹은 그것을 필요로 하는 가정에서 항시적인 관찰이 가능한 시스템으로 발전할 수 있을 것이다.

자동화된 모니터링이 적합하지 않은 상황이거나, 혹은 어떤 이유로 인해 만족한 결과를 얻지 못할 때에는 전자적으로 매개되는 원격 모니터링이 그 다음으로 좋은 것이 될 것이다. (산업혁명으로 인해 수많은 기계 감시자들이 등장한 것처럼, 디지털 혁명은 수많은 화면 감시자들을 등장시킬 것이다.) 원격 모니터링 작업은 시간대가 편리하고, 기술이 이용 가능하고 가격이 적당하다면 어디에서나 수행될 수 있을 것이다. 마닐라의 의료 보조원이 팜 스프링(Palm Springs)에 있는 은퇴자 마을에 의료 모니터링 서비스를 수행하면서, 필요시 가까이 있는 의료 전문가를 급파할 수도 있을 것이다. 유사하게 원격 눈과 귀가 방범 카메라 화면을 관찰하다가 필요시 가까이 있는 경찰이나 방범서비스를 부를 수도 있다.

:: 감시와 격리 Surveillance and Seclusion

물론 이러한 모든 것은 전자적으로 매개된 일상적 사회관계의 또 다른 겹에 부과되는 것이다. 앞서 언급한 전자 모니터링이 작동하는 곳에는 우리들의 1차적, 2차적, 3차적 사회관계 위에 흔히 **4차적** 사회관계−익명의 감시자와 피감시자 사이에 존재하는 관계−라고 일컬어지는 관계가 덧붙여질 것이다. 그리고 사려 깊고 신중한 자유주의자들이 일찍이 지적한 바처럼, 결국 우리 스스로 거대한 전자 원형감옥 속에 감금되는 것으로 귀결될 수도 있다.[3]

보다 미묘한 것은 우리의 사생활을 보호하는 것과, 더 좋은 서비스를 얻기 위해 사생활의 일부를 포기하는 것이 점차 대체 관계에 직면하게 될 것이라는 점이다. 예를 들어, 만약 온라인 서점이나 CD가게가 당신의 구매 흔적을 보관하고 있다면, 이 가게는 다른 고객의 구매형태와 당신의 구매형태를 자동적으로 비교할 수 있고, 이러한 비교 결과를 이용하여 당신과 비슷한 관심을 가진 다른 고객이 무엇을 구매했는지를 당신에게 말해 줄 수 있다. 이것은 매우 효율적이고 협력적인 여과(filtering) 과정을 통한 추천 메커니즘이며, 따라서 서적판매서비스의 가치를 상당히 높일 것이다. 그러나 당신의 구매 자료파일이 우편 판매 상인에게 팔린 것을 알면, 당신은 여기서 탈퇴하기를 원할 수도 있다.[4] 혹은 파일자료 주위를 이리저리 쑤시고 다니면서 냄새를 맡으려는 기자들을 발견하고는 **단단**

허 화가 날 수도 있다.

당신이 훌륭한 호텔에 가는 경우는 어떨까? 만약 호텔이 당신의 요구와 선호가 담긴 상세 파일자료에 전자적으로 접근할 수 있다면, 당신이 좋아하는 공간과 메뉴를 미리 준비할 수 있을 것이다. 그러나 이것이 쓸모있는 일일까? 당신은 그런 혜택을 얻기 위해 남들에게 당신 자신을 그렇게 많이 노출하기를 원할 것인가? 만약 당신이 병원에 가는 경우는 어떨까? 당신의 상태가 매우 위독한 경우라면 그때는 상황이 달라지지 않을까? 만약 당신에 관하여 너무 많은 것을 노출시킨다는 것이 당신의 진료 수준에 상당한 질적 차이를 낮게 할 때, 그래도 당신은 자신을 노출시키고자 할 것인가?

4차적 관계가 덧붙여짐에 따라 중요한 정책적 사안으로 부각되는 것이 바로 적절하면서도 정황에 맞는 균형을 취하는가 하는 점이다. 다양한 사람들이 인생의 상이한 시기에, 사회와의 상이한 관계 속에서, 상이한 방식으로 그 독립과 의존의 균형을 취해왔다. 사람들은 익명성과 신분확인성(indentifiability)이 다양하게 조합되기를 바라며, 또 요구한다. 사람들은 때로는 격리와 은둔을 원하며, 또 어느 때는 자신들을 공공에 노출시켜 스스로 잘 드러나기를 원한다. 전통적으로 이러한 균형상태를 바꾸고자 할 때, 즉 은둔에서 노출로, 혹은 반대로 노출에서 은둔으로 변화하고자 할 때, 사람들은 한 장소에서 다른 장소로 이동하곤 했다. 전자 원격모니터링 및 호출기술이 발달하면, 은둔과 노출을 선택할 수 있는 범위가 넓어지며, 그 선택에 따른 비용과 위험 정도도 달라진다. 그리고 올바른 균형에 도달하기 위한 건축적 메커니즘 혹은 법적 메커니즘이 어떻게 되어야 하는지를 다시 한번 우리로 하여금 생각하게 한다.

가장 비관적인 시나리오는 이러한 균형 메커니즘이 결국 실패하여 권력자는 원하는 정보를 권력자의 의지대로 항상 얻을 수 있으며, 우리에게는 어떤 프라이버시도 남겨지지 않는 상황이다. 보다 낙관적인 시나리오는, 마치 전자적으로 그 상태를 측정하고 제어할 수 있는 일용품[1]과도 같이 우리가 아이덴티티를 다룰 수 있는 효율적인 방법을 발견하는 것이다. 우리는 정황에 따라 은둔으로 갈 수도, 노출로 갈 수도 있다.

:: 장거리 배달 Delivery at a Distance

원격 모니터링과 원격 호출은 서비스 체계—특히 의료와 긴급 서비스—를 상당히 변화시킨다. 하지만 **가장 큰** 변화는 원격 배달로 인하여 나타난다. 만약 네트워크를 통해서 서비스가 멀리 배달될 수 있다면, 이때 서비스 배달지역은 곧 네트워크가 도달하는 어느 곳이든지—지구 전체도 가능함—확대될 수 있다. 원격 배달 덕분에 거대한 서비스 시장이 창출된다. 또 원격 배달 덕분에 분배의 형평성이 더 증진될 수 있다. 원격 배달은 특히 외딴 곳이나 낙후지역에 사는 주민들, 그리고 이동할 수 없는 노약자들에게 좋은 소식이다. 더욱이 이 네트워크 연결라인을 작동할 서비스 담당자들이 꼭 사람이어야 할 필요가 없으며, 24시간 잠 안자고 가동되는 소프트웨어가 그 역할을 대신할 수도 있다.

가장 초보적인 사례는 오디오나 비디오 오락물, 뉴스, 교육 서비스 등과 같은 것들로서, 서비스 배달이란 것이 곧 정보 흐름의 전송과 상영을 의미하는 경우이다. 이것이 라디오나 텔레비전 방송과 같이 동시성을 가질 수도 있고, 웹 뉴스서버와 같이 비동시성을 가질 수도 있다.[2] 이 중 어떤 방식이건 간에 네트워크는 단지 한 방향

---

[1] 우리가 전기오븐 스위치로 음식을 데우는 정도를 조절하거나, 난방기기의 스위치를 통해 집안의 온도를 조절하는 것처럼.

[2] 동시성과 비동시성에 대해서는 이 책의 9장에서 자세히 설명함.

으로만 흐르며, 따라서 그 논리는 상수도 공급체계와 전혀 다를 게 없다.

고객이 구매행위를 할 때, 그 선택을 돕기 위해 각종 정보를 제공하기도 하고 조언도 하고자 하는 서비스 사업자에게는 쌍방향 정보통신을 갖춘 원격 배달 서비스가 훌륭한 대안이 될 것이다. 구매된 상품이나 서비스가 매우 전통적인 방법으로 배달되는 경우에 있어서도 이같은 방식이 선택될 수가 있다.

여행이 바로 위의 방식의 전형적인 예이다. 과거에는 직접 기차역, 항구사무소, 동네 여행사 등에 가야만 관련 정보를 얻고 조언을 듣고 표를 살 수가 있었다. 그런데 전화가 등장하자, 똑같은 서비스를 전화를 걸어서 더 쉽게 얻을 수 있었다. 항공사나 다른 운송회사들은 회사 업무의 대부분을 고객상담 부서(call center)에 의존하였고, 여행사들은 대부분의 업무시간을 전화를 붙잡고 보냈다. 보다 최근에는 상호작용하는 웹사이트가 제3의 대안을 제공하고 있다. 여러분은 웹사이트를 활용하여 여행 정보에 관한 종합적 온라인 데이터베이스를 참조할 수 있고, 원하는 비행기편과 요금을 찾기 위해 자세한 검색을 할 수 있으며, 또 온라인 거래를 통하여 표의 예약이나 구입을 그 자리에서 할 수도 있다. 이로 인하여 여행사들은 살아남기 위해서는 표 판매로 얻는 수수료를 과거보다 훨씬 더 싸게 할 수밖에 없었다. 또한 여행사들은 자신들이 제공할 수 있는 정보 및 조언의 품질을 가지고 경쟁하도록 강요받고 있다.[5]

여러 소매업 영역들에서도 같은 방식이 진행되고 있다. 아마존닷컴(Amazon.com)과 같은 온라인 도서 및 CD 판매점은 24시간/일주일 내내 고객에게 서비스의 편의를 제공할 뿐만 아니라, 기존의 전통적 형태의 서점과 경쟁하기 위하여 상세한 정보와 조언을 점점 더 많이 제공하고 있다. 이곳의 도서목록은 광범위하면서도 자세해서 책 내용의 요약, 서평, 관련 문헌 등을 포함하고 있으며 매우 다양한 방식으로 검색할 수 있다. 더욱이 이곳에서는 고객들이 이곳에서 더 오랫동안 계속해서 구매하면 더 효율적으로 작동하는 협력적 여과(filtering) 과정을 통한 추천 서비스를 제공함으로써 고객들에게 친근감을 준다. 따라서 선배격인 우편주문이나 전화주문보다 훨씬 더 강력하다.

은행과 금융 서비스 담당자들도 급격한 변화의 영향을 받고 있다. 예금, 출금, 잔고 조회 등의 업무는 이제 다량의 저가격 상품 거래가 되어버렸고, 과거와 같이 은행창구에 있는 은행원들이 처리하기보다는 점차 자동현금입출금기계나 전자 홈뱅킹 시스템을 통하여 원격적으로, 그리고 자동적으로 처리되고 있다. 우편을 통하기보다는 온라인을 통해서 청구서가 지불된다.[6] 그리고 점점 더 많은 수의 투자자들이 중개인에게 전화하기보다는 값싼 온라인 거래 사이트를 활용하고 있다.

이같은 새로운 경쟁환경 속에서, 금융 담당자들은 자신이 제공해줄 수 있는 온라인 정보, 분석, 조언의 품질을 통해 스스로를 차별화하려고 한다. 따라서 전자 홈뱅킹 시스템은 개인의 자산관리 소프트웨어와 통합된다. 퇴직자 연기금 관리자는 가장 최근의 상황, 교육적 자료, 수익 계산표, 기타 의사결정 지원 도구, 온라인 거래 장치 등을 통합적으로 갖춘 정교한 웹사이트를 만들고 있다. 온라인 증권거래 사이트나 뮤추얼펀드 사이트는 개별 고객을 위한 포트폴리오 탐색, 실시간 주식시세, 이동평균 도표, 분기별 예측치, 경제 관련 연중 행사와 일정이 기록된 달력, 분석가들의 보고서, 중개인의 직접 상담을 대신하는 개별적 추천 종목 등의 내용을 제공하고 있다.

이러한 온라인 서비스가 과거의 우편 지원 혹은 전화 지원 서비스와 전혀 다를 바가 없으며, 전문 지식을 갖춘 사람과의 직접적인 대면 접촉을 결코 대체할 수가 없다는 생각을 가진 냉소적인 사람들은 결코 이런 변화를 포착하고 이해할 수 없다. 온라인 서비스가 과거의 서비스와 다른 결정적인 차이점은 전자 배달이 가진 탁월한 능력, 즉 장소를 가리지 않고 어디에서나 가능하다는 점과 매우 빠른 속도, 그리고 전자지능과 효율적으로 통합될 가능성에 있다. 네트워크 덕분에 근본적으로 혁신적인 서비스는 물론 우리에게 매우 친숙한 서비스에서도 매우 광대한 시장이 열리고 있으며, 기업가들은 이에 민감히 반응하고 있다. 그리고 전자적으로 매개된 새로운 유형의 서비스 경제가 급속히 확산되고 있다. 전통적 서비스 사업들도 '닷 컴(dot-coms)'을 시작함으로써 그들 사업을 아마존과 같이 급격히 변화시키는 경우가 점차 늘어나고 있다.

:: 간접적 관계망을 확대하기 | Expanding the Web of Indirect Relationships

새로운 유형의 원격서비스 체계가 초래할 전반적인 사회적 결과로서, 우리에게 익숙한 중개인들이 없어질 것이다. 중개인들은 전자시스템과 소프트웨어에 의해 대체된다.

은행 지점에 가서 은행원―아마 꾸준한 접촉을 통해 여러분과 서로 알게 된 사람일 수도 있다―을 만나는 대신에 여러분은 얼굴 없는 자동현금지급기를 활용하거나 전자 홈뱅킹 시스템과 접속하게 된다. 극장 매표소에서 혹은 암표상으로부터 표를 구입하는 대신에, 여러분은 웹사이트를 뒤지고 화면상에서 좌석을 선택하고 신용카드로 요금을 선불한다. 여러분과 친한 동네 소매상을 찾는 대신에, 카탈로그를 탐색하여 '주문' 버튼을 클릭한다. 그전에는 여러분의 운전면허증을 갱신하기 위하여 자동차 등록소에 가서 줄을 서서 기다려야만 했지만, 지금 이 일을 온라인으로 할 수 있다.

이처럼 간접적으로, 익명으로, 전자적으로 가능한 관계가 우리의 일상생활에서 급격히 늘어나고 있다. 반면 이에 상응하여, 얼굴을 직접 맞대고 처리하던 업무들은 줄어들고 있으며 이런 업무를 다루던 친근한 중개인들과 맺었던 2차적 사회관계들도 아울러 줄어든다. 전반적으로 사회는 점점 더 자동화되고 전자적으로 매개되는 광대하고 복잡한 웹에 의존하게 된다. 이제 웹은 우리의 새로운 만능 중개인이다. 거래비용의 감소와 시장 효율성에서 얻는 혜택은 아마 엄청날 것 같다. 당연하게도 빌게이츠는 그의 글에서 "마찰에서 자유로운 자본주의"의 시대가 다가오고 있다고 즐겁게 입맛을 다시고 있다.[7]

많은 사람들이 **경제적 동물**(homo economicus)의 풋내기 변종으로 전락되는 것을, 그리고 인간적 접촉과 인간관계가 상실되는 것을 두려워한다. 이러한 두려움은 충분히 이해된다. 그런데 한 가지 어려운 질문을 해보도록 하자. 특정한 사회적 관계는 진정 가치있는 것인가? 그리고 무엇이 기존의 사회적 관계를 대체할 것인가? 나의 경우, 자동차 등록소에서 근무하는 따분하고 지친 직원들과 인간적 접촉 없이도 잘살 수 있다. 그리고 줄을 서서 기다리는 데 소비하는 시간을 훨씬 더 좋은 데 활용할 수 있으며, 내가 하고 싶은 것을 할 때 과연 외로울지에 대해 심히 의심스럽다.

분명히 말해서 핵심은 적적함을 방치하자는 것도 아니며, 연속극 재방송이나 게임 중계를 보면서 적적함을 채우자는 것도 아니다. 만약 전자적으로 달성된 효율성 덕분에 실제로 인간이 혜택을 볼 수 있으려면, 덕분에 자유롭게 남게 된 시간들을 **더 좋은** 어떤 것에 활용할 기회가 반드시 있어야 한다. 이때 '더 좋은' 것이 무엇인지는 개인적인 기준뿐만 아니라 사회적인 기준에 의해서도 정의된다. 이것이 바로 정책이나 설계에서 가장 중요하게 여겨야 할 과제이다. 만약 정보통신망을 완비한 직장/주거통합 가정이 우리에게 가장 가치있는 1차적 관계에 더 많은 시간과 에너지를 쏟을 수 있도록 기회를 제공해줄 수 있다면, 우리는 이를 사회적 성공으로 간주할 수 있을 것이다. 만약 작은 규모의 24시간 동네가 공동체 건설에 대한 새로운 관심을 촉진하고 기여할 수 있다면 이것은 성공한 것이다. 그리고 아마 책을 찾아다니고 책을 **사는 데** 낭비되었던 시간을 이제는 더 싸고 더 쉽게 접근할 수 있는 전자출판물을 **읽는 데** 더 생산적으로 활용할 수 있을 것이다.

:: 원격 로봇 공학 Telerobotics

위에서 살펴본 모든 것들이 사람의 몸이 필요 없어도 가능한 서비스에 성공적으로 적용될 수 있다. 그러나 정보의 교환뿐만 아니라 바로 그곳, 그 장소에서 사람의 손을 요구하는 전통적 형태의 서비스들은 어떻게 될 것인가? 당신은 원격서비스를 통해 자동차를 수리할 수 있겠는가?

글쎄. 적어도 당신의 컴퓨터를 원격적으로 수리하도록 맡길 수 있는 환경이 존재하긴 할 것이다. 만약 멀리 떨어져 있는 숙련기술자에게 당신 컴퓨터를 로그인할 수 있게만 해준다면 굳이 컴퓨터를 가지고 서비스센터를 방문하지 않고서도 소프트웨어의 문제를 해결할 수 있을 것이다. 실제로 대형 네트워크들은 이런 종류의 원격서비스 없이는 유지되기 어렵다. 기계에 소프트웨어와 네트워크 접속장치가 내장되면 될수록, 점점 이런 방식으로 서비스될 것이다. 만약 이런 방식으로 직접 수리할 수가 없다면, 원격적으로는 문제가 무엇인지만 진단하고, 기술자가 적절한 부품과 도구를 가지고 급히 파견될 것이다.

이러한 전략이 충족될 수 없는 곳에서는 원격 로봇이―적어도 원리적으로는―이러한 일을 수행하게 될 것이다. 원격 로봇이란 다양한 물리적 작업을 수행할 수 있는, 원격적으로 통제되는 기계이다. 원격 로봇은 산업용 로봇처럼 한곳에 고정시킬 수도 있고, 배달용 차량처럼 움직일 수도 있다. 또 정보통신 네트워크와 유선 접속할 수도 있고, 무선으로 연결될 수도 있다. 로봇의 모든 움직임이 분명하게 통제될 수 있고, 어느 정도 자동화된 의사결정능력을 장착시킬 수도 있다.

켄 골드먼(Ken Goldman)과 조셉 산타로마노(Joseph Santarommano)가 수행했던, 매우 역설적이기도 한 원격 정원(Telegarden) 프로젝트는 네트워크화된 원격 로봇공학이 작동하는 몇 가지 방식에서 초창기의 도발적인 연구작업이었다. 이 원격 정원은 원격 로봇이 관리하는 정원으로 웹을 통하여 접근할 수 있다. 이 정원을 공동 관리하는 커뮤니티에 가입하려면 당신의 이메일 주소를 이 프로젝트 조직자나 다른 정원사들에게 보내면 된다. 이 커뮤니티의 회원 자격이 생기면 당신은 웹 인터페이스를 통하여 원격적으로 로봇의 팔을 조작할 수 있게 된다. 그리고 씨앗을 뿌리고 씨앗에 물 주며, 모든 행동을 모니터하고 정원의 상태를 지켜볼 수 있다. 평소 디지털 세계에 별 관심을 보이지 않던 ≪정원 설계(Gardening Design)≫라는 잡지는 이 프로젝트에 감동하여 다음과 같이 논평하였다. "보이지도 않고 만져지지도 않는 한 톨의 씨앗을 수천 마일 떨어진 곳에 뿌리는 것은 감정 없는 기계적인 일로 보인다. 그러나 이러한 행위가 곧 성장이라는 근본적 행위에 대하여 감사하는 선(禪)과 같은 감성을 낳게 한다. 비록 메마른 센서의 신호에 불과하지만 먼 거리에 떨어진 씨앗을 심는 듯한 행위는 그래도 기대, 보호, 양육의 감정을 불러일으킨다. 비록 모뎀을 통해서도, 정원에서 나오는 맥박의 고동이 분명히 느껴진다."[8]

짧은 시간 동안만 웹을 돌아다녀보아도, 매력적이고 재미있는 원격 로봇 장난감과 기술적 설비들을 많이 발견할 수 있을 것이다.

[야후에서는 이것을 '네트와 연결된 흥미 있는 장치들(Interesting Devices Connected to the Net)'로 분류한다.] 이 단락을 쓰면서, 나는 여러분들이 다음과 같은 것을 할 수 있는-또는 할 수 있도록 해주겠다고 약속하고 있는, 혹은 한때 할 수 있었던-사이트들을 발견했다. 그 사이트들에는 모래가 채워진 유리상자 속에 묻힌 물건을 파내는 것, 다양한 종류의 실험실 장비들을 제어하는 것, 여러 장소에서 비디오 카메라들을 작동시키고 비추도록 하는 것, 독일에 있는 모형 기차를 작동시키고 이것이 움직이는 것을 지켜보는 것, 멀리 떨어져 있는 크리스마스 트리를 장식한 전구들을 켜는 것, 여러 개의 자동 망원경들을 작동시키는 것, 서호주 대학(University of Western Australia)에 있는 기계 팔을 가지고 주위의 블록을 이동시키는 것, 진짜 물감과 붓을 가지고 그림을 그리는 것, 심지어 멀리서 토스트를 굽는 것까지 있다.

일반적으로, 원격 로봇공학은 복잡하고, 값비싸고, 약간은 해롭기도 한 것처럼 여겨진다. 실제로 종종 그렇기도 하다. 하지만 너무 거리가 멀어서 여행비용이 매우 비싼 곳, 위험한 지역에 서비스가 공급되어야 하는 곳, 수요는 널리 흩어져 있지만 숙련된 공급자는 몇 군데 한정되어 있는 곳과 같은 상황에서는 원격 로봇공학이 실용적일 수 있다. 전문적인 외과수술의 예를 들어보자. 수술실에서 환자를 수술하는 것이 정상적이며 너무나 당연하다. 하지만 만약 원격 로봇공학과 디지털 이미징 기술이 결합되어 스마트 외과수술실에서 원격 조정 수술이 가능하다면, 그래서 외과의사가 직접 하는 수술을 대체하는 것이 가능하다면, 굳이 아픈 환자나 바쁜 의사가 매우 먼 거리를 이동하는 것이 반드시 더 좋은 선택일까? 너무 위험하여 의사가 현장에서 위험을 감수하기 힘든 전쟁터나 천재지변 상황에서는 어떻게 하는 게 좋은가? 그리고 몇몇 전문화된 공정의 경우에 수요는 전세계에 널리 흩어져 있지만 이 공정에 필수적인 기술은 단지 몇 군데의 주요한 센터에서만 이용 가능하다면 어떻게 할 것인가? 위와 같은 상황들에서도 서비스를 공급해야 할 필요성 때문에 원격 수술의 가능성에 대한, 그리고 인상깊은 원형(原型, prototype) 시스템의 개발을 위한 집중적인 연구가 촉발되고 있다.[9]

따라서 당신은 원격 로봇공학을 활용하여 먼 거리의 서비스 공급자들과 접촉—문자 그대로 **접촉**(touch)—할 수도 있다. 이것이 가능하다. 그러나 로봇의 팔다리, 만지면 작동하는 피드백 장치, 이 전자적 전리품이 그 몸을 흔드는 것을 보고 너무 흥분하지는 말아라. 어쨌든 아직도 멀었다.

:: 원격서비스의 역설 The Teleservice Paradox

원격 로봇공학의 한계는 교훈적이다. 새로운 원격서비스시스템이 아무리 성공한다고 하더라도, **몇 가지** 서비스들—가장 단순한 서비스들이 많이 포함될 것이다—의 경우는 여전히 서비스 공급자들이 가까이 있어야만 한다. 재택근무자들도 옷을 드라이클리닝하기 위해 맡길 필요가 있다. 하지만 이를 위해 너무 먼 데까지 찾아가기를 원하지는 않을 것이다. 전자무역상들은 전세계적으로 사업을 운영하지만, 이들의 쓰레기통을 비우거나 사무실을 청소할 청소부는 바로 그 자리에 정확히 있어야만 한다. 원격 정원이 있다고 할지라도, 매일 정원사들은 손에 흙을 묻혀야만 한다. 주방장은 음식이 뜨거울 때 이를 식탁에 갖다놓아야만 한다. 원격 미용실과 원격 치과는 미래에도 여전히 먼 이야기일 것이다. 이 모든 것을 합쳐본다면 한 도시 내에서 지역적 소비—지역경제학자들의 용어인 '수출기반(export base)'과 구별되는—를 위하여 생산되는 재화와 서비스는

아마 앞으로도 여전히 매우 높은 비중으로 남을 거라고 쉽게 예상할 수 있다.[10]

따라서 일단 한번 인구와 경제활동의 집중이 이루어진 곳에서는, 각 활동들을 서로서로 계속 붙잡아두는 강력한 접착력을 지니게 된다.[11] 교육, 오락, 의료, 소매업, 금융, 기타 서비스들의 디지털 전달로 인하여 이들의 집중 지역 내부 및 집중 지역들 사이에서 새로운 서비스 이용형태가 만들어지리라고 기대할 수 있다. 하지만 집중 지역이 확실히 해체되지는 않을 것이다. 또 한편으론 정말 일종의 역설적이라고 할 수 있는 상황이 진행된다. 맨해튼의 금융 지구, 시티 오프 런던, 혹은 아스펜[3]에 있는 재택근무자들의 밀레니엄 단지 등과 같은 전자적으로 매개된 활동의 핵심 집중 지역들에서는 컴퓨터나 전자상으로 통제되는 기계가 수행할 수 없는 종류의 일을 할 저임금 서비스 노동자들을 불러들이고 있다. 그리고 또한 이곳에 저임금 서비스 노동자들이 집중해 있다는 점이, 바로 이곳이 특권층에게 매력적인 이유 중의 하나이다. 이같이 잘 나가는 최고급 장소들의 근처 어딘가에는 이와 상대되는 지역, 즉 넓긴 하지만 흥미와 매력이 거의 없으며 임대료가 싼 지역이 반드시 있는데, 이는 다소 추잡한 공공연한 비밀과도 같다.

하지만 이런 점에서 상황이 완전히 끝난 것은 아직 아니다. 폴 크루그먼(Paul Krugman)이 주장한 것처럼—그리고 아마 그가 옳았던 것 같다—도시빈민지역은 결국 그 복수를 하게 될 것이다.[12] 네트워크가 확산되고 스마트 장소가 번성하고 소프트웨어가 점점 더 강력해질수록, 정보와 관련된 서비스의 가격은 낮춰질 것이다. 동시에 자동화되거나 먼곳에서 전달될 수 없어서 수동적으로 수행되어야만 하는 서비스의 가격은 여기에 대응해서 올라갈 것이다. 요리

---

[3] 미국 콜로라도 주의 로키 산맥 산자락에 있는 도시로 스키 관광지로 유명함.

사, 정원사, 유모, 배관공 등의 수입이 점차 괜찮아질 것이다.

한편 네트워킹은 소규모 서비스 공급자들의 운영방식을 급격히 변화시킬 것이다. 이미 택시 시스템－각각의 운영자가 중개자 및 정보통신센터에 의해 조정되고 있음－은 이러한 방식을 보여주고 있다. 디지털 정보통신의 시대에서는 온라인 서비스 중개센터에서 주소록, 가격과 유용성에 대한 정보 등을 제공하고 추천도 할 것이다. 배관공을 전화로 와달라고 요청하거나 부를 때, 자동응답 전화의 잠시 기다리라는 음성 메시지나, 몇 번 버튼을 누르고 다시 또 다른 숫자버튼을 누르는 식의 무척 귀찮은 전화연결방식 대신에, 여러분은 스스로 알아서 필요한 기술을 지닌 파이프 전문기술자를 찾아서, 그 사람의 가격, 유용성, 신원 등을 조회한 후에, 자동적으로 시간 약속을 하는 소프트웨어를 활용할 수도 있을 것이다. 또 동네 골동품 가게에서 가구를 사는 대신, 국가 전체를 대상으로 하는 온라인 경매 사이트를 탐색할 것이다.

요약하건대, 원격서비스에 의해 추동되는 공간적 힘의 움직임은 매우 복잡하며, 때로는 동시에 서로 다른 방향성을 지니기도 한다. 원격서비스는 분산화 경향과 재집중화 경향을 동시에 초래한다. 또 서비스의 지역적 수요와 지역적 공급 사이의 결합을 파괴시킬 수 있지만, 또한 기존의 서비스 중심지의 지배력을 강화시킬 수도 있다.

:: 전자적 정면, 건축적 뒷면 Electronic Fronts, Architectural Backs

건축적으로 볼 때, 원격서비스의 가장 놀랄 만한 결과는 건물의 전면(facade)[4] 공간과 뒷면 공간 사이의 전통적 관계를 변형시키는 것이다. 많은 조직들에서 전자적 정면과 건축적 뒷면을 요구하기 시작하고 있다.

예를 들어, 구식의 쇼핑 거리에 있는 한 소매점을 생각해보자. 이 가게의 정면은 일반 사람들에게 이 가게를 보여주는 공간이며, 바로 그 뒤에 있는 공간은 고객이 물건을 둘러보고, 판매 점원과 이야기하고, 물건을 구입하는 공간이다. 다시 그 뒤에 있는 재고를 쌓아놓는 뒷방과 사무공간은 사람들에게 **공개되지 않는** 공간이다. 더욱더 뒤로 가면, 아마 여기서 멀리 떨어져 있는 창고나 본점의 사무실 공간이 있을 것이다. 이와 같이 눈에 보이는 것과 공개적 개방에는 매우 분명한 계층성이 있다.

그런데 이 가게의 전자 등가물인 온라인 인터페이스는 거리에 맞닿는 건물의 전면부, 간판, 진열창, 판매 공간의 기능을 대신한다. 소프트웨어가 이 가게와 고객 간의 상호작용을 매개하는 모든 업무를 맡아서 수행한다. 뒷방 공간은 여전히 남게 된다. 재고를 저장하고 사무 직원이 머무를 필요가 여전히 있기 때문이다. 그러나 입지적 제약은 약화된다. 따라서 뒷방 공간은 어느 곳에서나 자유롭게 분포할 수 있다. 더욱이 이러한 뒷방 공간을 제공하는 건물은 임대료가 높은 화려한 도시지역에 반드시 입지해야 할 필요도 없고, 가게를 대표하는 기능을 수행할 필요도 없다. 뒷방 공간은 멀리 외곽에 동떨어져 아무도 몰라도 괜찮을 것이다.

또 한 예로 온라인 서점의 경우, 홈페이지가 건물의 정면과 등가물이 된다. 이 서점 홈페이지는 거리를 한가로이 걷다가 들어오는 것이 아니라, 검색엔진에 의하여 혹은 다른 홈페이지에서 연결되어서 찾아오게 된다. 온라인 카탈로그는 실제 책들이 꼽혀 있는 책장에 대응되고, 검색엔진과 대행 소프트웨어가 여러분이 검색하는 것을 도와준다. 온라인 주문양식이 계산대와 금전등록기의 기능을 수

---

[4] 건축용어로 거리와 맞닿는 건물의 전면부를 의미함.

행한다. 물론 뒤의 어딘가에는 책들이 물리적으로 저장되고, 회수되고, 포장되고, 발송되는 곳인―가장 전통적인 방식을 여전히 지닌―거대한 규모의 창고, 혹은 서비스 영역 전체에 분산되어 있는 소규모 창고배급체계가 있다. 그리고 또 어딘가 아주 다른 곳에는 서버, 콜 센터, 사무실이 있을 것이고, 이들 기능의 입지는 노동시장과 정보통신 하부구조에 의해 결정될 것이다.

놀랄 일도 아니지만, 전자상에서 업무를 처리하는 뒷방 공간의 특징과 분포는 기업이 제공하는 상품과 서비스의 성격에 따라 달라질 것이다. 뜨거운 음식처럼 시간이 지나면 금방 품질이 떨어져서 매우 빠른 배달을 필요로 하는 물건들은 서비스 영역 전체에 고루 분산된 뒷방 공간을 필요로 한다. 아마 피자 배달의 경우에 한 나라 전체를 관장하는 한곳에 중앙 집중된 피자배달센터를 필요로 하지는 않을 것이다! 온라인 슈퍼마켓의 경우 대도시지역 내에서 당일 배달을 할 수 있게 분포되어 입지한 창고가 필요하다. 온라인 서점의 경우 비행기와 트럭 배달에 의존하기 때문에, 국가적, 국제적 교통의 요충지에 거대한 배달 집중 장소를 필요로 한다. 그리고 금융서비스조직의 경우는 물리적으로 어떤 것도 배달하지 않기 때문에, 임대료나 노동력 활용이 적당한 곳이면 어디에나 입지할 수 있다. 뒷방 근무자가 물리적인 품목을 다루지 않는 경우라면, 재택근무자가 되어서 널리 사방으로 분산되어 있을 수도 있다. 이 경우 재택근무자들의 작업공간은 고객과의 공간적 연계라곤 전혀 없게 된다.

조직의 전자적 정면이 출현함에 따라, 이와 동시에 조직을 공개적으로 드러내는 양식과 조직의 공간적 분포형태가 변화된다. 예를 들어 과거에 여러분은 도시 중심가에 위치한 은행지점의 모습으로 은행을 만날 수 있었다. 지금에 와서 은행은 매우 다양하고 훨씬 더 확산된 모습으로, 즉 여러 군데 흩어져 있는 수많은 현금출납기,

미니 지점, 전자 홈뱅킹 스크린 등으로 자신의 모습을 드러내 보이고 있다.

:: 서비스를 제공받는 공간과 제공하는 공간의 재현
Served and Serving Spaces Revisited

가장 중요한 점은 원격서비스가 건축공간의 조직—건물은 물론 도시 규모에서도—에 관해 새로운 사고방식을 요구한다는 점이다.

1960년대를 회상해보건대, 그 당시 루이스 칸[5]은 한 건물에서 서비스를 제공받는 공간(served spaces)과 서비스를 제공하는 공간(serving spaces)을 구분했으며, 이런 구분은 상당한 관심을 끌었다. 여기서 서비스를 제공받는 공간이란 인간의 중요한 활동이 이루어지는 곳이며, 서비스를 제공하는 공간이란 서비스를 제공받는 공간이 필요로 하는 지원 활동과 장비가 있는 곳이다. 따라서 연구실이 있는 층은 서비스를 제공받는 공간이 될 것이며, 인접한 동력장치가 설치된 방이나 배기관 등은 서비스를 제공하는 공간이 될 것이다.

그 이후, 네트워크 기술자들은 이와 유사한 사고방식을 배우기 시작하였고, 결국에는 비슷한 용어까지 재발견하였다. 웹이나 이와 유사한 네트워크는 구조적으로 클라이언트 사이트와 서버 사이트로 구성된다. 이때 당신의 가정 사무실은 클라이언트 사이트가 될 것이며 당신 고용주의 인트라넷 서버가 이를 지원하게 된다.

오늘날 전자 네트워크 시대에, 이 두 가지 전통이 서로 수렴하기 시작했다. 우리는 스마트 서비스를 제공하는 공간과 스마트 서비스를 제공받는 공간을 전통적인 방식, 즉 가까이 인접시켜서 관계 맺

---

[5] Louis Kahn(1901~1974). 에스토니아에서 태어나 미국에서 활동한 건축가. 건축에서 국제주의적 모더니즘의 새로운 방향을 개척하였다.

게 할 수 있다. 하지만 또한 이 두 공간이 멀리 떨어져 있어도 전자적 접속에 의해 서로 기능적으로 연계될 수가 있다. 우리는 여전히 부분적으로 층별 계획이나 토지이용 지도를 통하여 건축 공간의 기능적 조직을 읽고 있다. 하지만 이제 네트워킹과 소프트웨어 역시 함께 보아야만 하게 되었다.

전자적으로 재편될 21세기의 도시에서, 여러분은 대면 접촉과 정보통신 가운데 어느 것을 선택하게 될 것인가? 여러분은 어떤 경우에 만나기 위해 이동할 것이며, 또는 직접 만남을 대신하여 편하게 원격 접속을 할 것인가? 어떤 경우에 동시적으로 의사소통하기를 원하며, 또는 비동시적으로 의사소통하기를 원하는가? 각각의 개인적 선택들이 모두 합쳐진다면 어떤 결과가 나올 것인가? 그리고 이 결과 어떠한 형태의 공간적·시간적 양상들이 나타날 것인가?

내가 확신하기에, 우리는 참석[1]의 경제(economy of presence)[1] 라는 새로운 틀 안에서 행동을 계획하고 자원들을 할당할 것이다. 앞으로 일상업무를 처리할 때마다 항상 우리는 활용 가능한 여러 등급의 참석방식을 놓고 그중 어떤 것을 선택할 것인지 그 편익과 그 비용을 꼼꼼히 계산해볼 것이다.

과거에는 이같은 '참석의 경제'의 구성요소들이 도시의 장소에 적절히 존재하여 도시의 일상 생활을 구성했다. 그러나 이제 디지털 정보통신 하부구조와 스마트 공간들이 완성된 체계를 갖추었고, 그 결과 참석의 경제는 새로운 가능성을 낳았다. 또한 각 참석방식의 상대적 편익과 비용 역시 획기적으로 변하고 있다.

:: 그곳에 있는 데 드는 비용 The Cost of Being There

일반적이지 않지만, 사실 어느 곳에 실제로 머무르거나 참석하는 것은 자원을 소비하고 돈을 지불하게 한다. 전형적인 예로 어떤 인

---

[1] 여기서 말하는 참석의 보다 확실하고 상세한 의미는 "특정 시간, 즉 지금 **현재** 이 순간에 어떤 특정 장소에 실제로 (**가상이** 아니라 **실제로**) 자신을 참석, 출석, 출현, 등장, 혹은 드러내고 있는 상태"를 의미함. 이러한 의미를 지닌 'presence' 가 국내의 다른 역자들에 의해서는 실재, 출현, 현존, 현전 등으로 번역되기도 함.

기 있는 장소—소수의 사람들이 거기에 있기를 원하는 장소보다 다수의 사람들이 거기에 있기를 원하는 장소—에 있을 때, 당신은 더 많은 액수를—예를 들어 호텔 숙박요금이나 사무실 임대료를—지불한다. 그리고 다른 사람을 만나러, 혹은 업무를 처리하러, 혹은 공연을 보러 어떤 장소에 가기 위해서는 시간과 노력이 든다. 어떤 특정 시간에 어떤 특정 장소에 있는 것이 상당히 값비싼 비용이 드는 경우도 있다.

정보통신기술이 지금과 같은 수많은 변화를 가져오기 이전에는, '참석'한다는 것은 항상 여러분의 육체가 정확히 어떤 한곳에, 즉 직접적인 대면 교류의 가능성을 만들어주는 어떤 특정한 장소로 간다는 것을 의미했다. **서로 함께 있기** 위해서는 적당한 토지 및 건물 자원과, **그곳**에 갈 수 있게끔 해주는 순환체계 혹은 교통체계라는 자원을 지출해야만 했다. 그리고 바로 이 점이 고대 아고라의 본질이었다.

과거의 이같은 상황에서는 근접성—시간과 공간 양 측면 모두에서—이 엄청나게 요구되었다. 따라서 근접성은 매우 희귀하고 가치 높은 자원이 되었다. 최상의 시간과 입지가 따로 있었다. 중심이 있었던 반면 주변도 따로 있었다. 효율적인 공간 활용과 순환을 위하여 건물과 도시는 사려 깊게 조직되었다.

:: 전통적인 제약들 Traditional Limits

더욱이 과거에는 규모의 한계가 엄격하게 존재했다. 서로 멀리 떨어지지 않고서는 공동체가 더 커지는 것이 불가능했다. 공동체 구성원들은 서로서로를 잘 알 필요가 있었고, 업무를 처리하고 공통의 관심사를 논의하기 위해 함께 모여 직접적인 대면 접촉을 할 필요가 있었다. 그렇지만 이러한 목적을 위한 수단들은 매우 한정되었다. 플라톤과 아리스토텔레스가 도시의 기능과 조직에 대한 날카로운 분석을 통해서 지적했던 것과 같이, 공동체에 참여하기를 원하는 사람들이 너무 많을 때에는 공동체 생활은 불가능하다.[2] 아고라는 단지 그 정도 크기일 수밖에 없었다.

북경에 있는 광대한 천안문 광장은 전통적 도시 공공 공간의 기능적 한계를 생생하게 보여주고 있다.[3] 광장의 면적은 약 100에이커^{2}이다. 만약 군중들이 이 광장에 정말로 빽빽하게 모인다면—때로는 그렇게 빽빽히 밀집하기도 한다—아마도 100만 명의 인파는 족히 운집할 수 있을 것이다. 그러나 이러한 상황은 여러 방향의 민주적 담론에 도움이 되지 못한다. 대신 천안문 광장은 대중을 상대로 연설하기에, 지도자에게 환호하기에, 혹은 지도자에게 저항하기 위해 온몸을 던지기에는 상당히 좋은 장소일 것이다.

:: 비동시적인 대안 The Asynchronous Alternative

고대 그리스의 아고라가 형성되고 있던 와중에서도 만사를 과거와 다르게 새롭게 변화시킬 사회적·문화적 대변혁이 준비되고 있었다. 가장 최초의 원시적인 수단이라고 할 수 있는, 즉 어떤 물체의 표면 위에 눈에 띄는 표시를 하는 행위가 바로 정보를 외부적으로 기록할 수 있는 가능성을 만들어냈다. 다시 말해 사람들은 어떤 것을 보고 그것을 그릴 수 있었다. 또 사람들은 어떤 것을 듣고 그것을 쓸 수가 있었다. 그때부터 더 이상 정보를 전달하기 위해 정보의 발송자와 수신자가 물리적으로 함께 같이 있어야만 할 필요가

---

2 1에이커(acre)는 약 4,047㎡의 넓이이다.

없어졌다. 시간의 분리는 더 이상 극복하기 어려운 장벽이 아니었다. 그려진 메시지나 쓰여진 메시지는 그것을 그리거나 쓴 사람이 그곳을 떠난 후에도—심지어 놀랍게도, 그 사람이 죽은 후에도—오랫동안 읽힐 수 있었다.[4]

따라서 **비동시적**(asynchronous) 의사소통이 가능하였다. 정보가 육체에서 분리되는 장구한 과정이 시작되었다. 그전까지는 경제적, 사회적, 문화적 생활은 사람들의 이동이나 한군데로 모이는 행위에 의해서만 가능했다. 그렇지만 이때부터는 이외에도 세상의 여러 사건, 사안들에 관해 기록된 정보를 생산하고, 재생산하고, 저장하고, 분배하고, 계속 활용하는 것이 경제, 사회, 문화 생활을 유지하는 중요한 활동이 되었다. 사람들 사이의 연계와 교류, 이를 통해 창조되고 유지되는 공동체, 사람들이 모여 있는 도시의 형태 등등, 모든 것이 완전히 새롭게 변화하기 시작하였다.

멈포드는 바로 이런 점이 도시발전의 결정적 계기를 구성하였다고 확신한 사람 중의 한 명이다. 그의 위대한 저작인『역사 속의 도시(The City in History)』에서 멈포드는 다음과 같이 언급하였다.

자급자족적인 단위로서 도시가 출현한 것, 즉 도시가 지닌 역사적 조직들이 완전히 서로 차별적으로 작동하게 된 것이 바로 영구적인 기록—즉 그림문자, 상형문자, 필기문자, 그리고 숫자나 말에 대한 최초의 추상적 기호—의 발달과 동시에 진행되었다는 것은 결코 우연이 아니다. 영구적인 기록이 발달된 이때부터 그전까지는 구두로 전승되었던 문화의 총량 수준—소수의 집단이 아무리 오래 살아도 겨우 그 정도 달성할 수 있었던 최고 수준—을 넘어서게 되었다. 축적된 공동체의 경험이 더 이상 가장 나이 많은 구성원들의 머리 속에만 머물러 있어야 할 필요가 없었다.[5]

다시 말해서, 도시의 발달은 동시성과 비동시성이라는 두 형태의 의사소통방식―즉 말과 글, 연설과 필기, 생방송과 녹화방송, 악수와 글로 작성된 계약, 아고라와 문서보관소 등―이 결합되는 데 의존하였다. 동시성과 비동시성은 각각 나름대로의 비용이 들고, 또 장점과 단점을 가지고 있다. 따라서 동시성과 비동시성 중 하나를 선택할 때는 그 비용 및 장단점이 반드시 비교·검토되어야만 했다. 이것이 참석의 경제의 출발이었다.

:: 정보의 유통 Information Mobilization

비동시적 의사소통기술들은 처음에는 느리게 발달되었으나, 현시대에 가까워짐에 따라 점점 그 발달 속도가 빨라졌다. 최초의 저장매체는 무겁고 운반이 어려웠으며, 일반적으로는 영구적 구조물에 통합된 부분이었다. 즉 그것은 진흙이나 돌로 된 현판이거나, 벽에 새긴, 혹은 그림을 그린 표시였다.[6] 특히 종교적이고 기념비적인 건물들에 여러 이미지와 문자들을 새겨넣었으며, 이런 건물들을 공동체의 중심에 입지시켜서 사회적, 문화적, 정신적 생활의 핵심이 되도록 설계하였다.[7] 이 단계에서는 정보가 정보를 원하는 사람에게로 간 것이 아니라, 일반적으로 정보를 보거나 읽고자 하는 사람이 정보가 있는 곳으로 왔다.[3]

그런데 종이나 이와 유사한 가벼운 전달매체가 발달함에 따라 정보가 기록된 것을 운반하는 것이 훨씬 더 쉬워졌다. 가장 먼저 나온 것이 파피루스를 둥그렇게 말은 것이다. 이후 더욱 편리한 수단으로 손으로 직접 쓴 책이 등장했다. 이젤에 그림을 그리면서 그

---

[3] 이러한 방향성은 다음 소절에서 언급될 현 시기의 방향성과 정반대이다.

림을 다른 곳으로 옮길 수 있었으며 사고 팔 수도 있었다. 그리고 이런 그림이 벽화를 대체해 점점 보편화되었다. 맥루한은 이에 대해 언급하기를 '탈제도화된' 그림이라고 했다.[8] 편지나 필사본을 묶은 것도 마찬가지로 문자를 옮기게 되었다. 결국 베니스의 앨더스 마누티우스[4]가 싼 가격의 이동 가능한 인쇄된 책을 생산하기 시작하였다.[9]

이와 같은 정보매체의 휴대 가능성이 새롭게 열리면서, 또 여기에 효율적인 교통의 발달이 결합되면서, 공공우편제도가 시작되는 데 필요한 조건들이 만들어졌다. 우편제도는 일찍이 왕이나 황제에 의해 시작되었던 역마제도에 그 기원을 두고 있다. 페르시아의 황제였던 키루스(Cyrus) 황제[5]는 이미 기원전 6세기 때 이런 역마시스템을 갖추었다. 로마제국과 칼 대제[6]도 비슷한 제도를 가지고 있었다. 16세기에 들어와서는 유럽의 왕국들이 우편시스템을 통해 시민 개개인들에게 편지를 전달해주는 사업을 시작하였다. 19세기에 들어와서는 효율적이고 널리 이용 가능한 공공우편서비스가 도입되었다. 이는 곧 상당히 먼 거리에서 비동시적으로 의사소통할 수 있는 방법이었으며 점점 더 없어서는 안될 필수적인 서비스로 자리잡아갔다. 메시지는 역마차, 정기선, 철도, 그리고 어떤 때는 조랑말을 통해서도 전달되었다.

근대 국민국가가 등장하면서 각국은 정부 독점 혹은 거의 독점에 가까운 형태로 국가우편시스템을 설립하였고 국가간 우편교환을 위한 협정을 체결하였다. 이 결과 나타난 세계적 네트워크는 바로 뒤에 이어질 여러 대규모 정보전달시스템의 시작이라고 할 수

---

[4] 15세기 말과 16세기 초에 활동한 이탈리아의 학자이자 출판가.

[5] 기원전 6세기경 페르시아의 왕이자 페르시아 제국의 설립자.

[6] 서기 7세기에서 8세기에 걸쳐 프랑크 제국의 왕이자 신성로마제국의 황제였으며, 여러 제도를 도입하고 개혁을 추진하였고 제국의 영토를 크게 확장함.

있다. 비록 우편 시스템이 오늘날의 디지털 정보통신 시스템보다는 엄청나게 느리지만 핵심구조의 형태는 대부분 유사하다.

:: 원격 교류의 시작 The Beginnings of Remote Interaction

따라서 모든 것들이 역전되었다. 이제 정보를 얻고자 하는 자가 정보에 접근하기보다 정보가 정보를 얻고자 하는 자에게 오게 되었다. 오스틴(Austen), 디킨스(Dickens), 트롤럽(Trollope)의 소설들에서 그 예가 잘 나타나듯이 우편배달부는 사회생활을 유지하는 데 중요한 역할을 하기 시작하였다. 기업들은 주문장과 송장을 우편으로 교환하였다. 높은 교육을 받은 전문가들은 먼 거리에 흩어져 있지만 서신왕래를 통해 유지할 수 있는 '관심의 공동체'를 찾기 시작하였다. 이 때문에 관심의 공동체도 교육받은 전문가들의 주의나 관심, 봉사, 헌신의 대상이 되었고, 지역사회와 관심의 공동체는 이들의 관심을 끌기 위해 서로 경쟁하는 관계가 되었다.[10] 그리고 최초로 외로운 독수리 같은 재택근무자가 등장했다. 1880년대 외따로 떨어진 사모아 섬에 정착했던 로버트 루이스 스티븐슨(Robert Louis Stevenson)이 바로 그 사람이다. 그곳에서 그는 다작의 성공적인 작가로서의 그의 삶을 지속할 수 있었고 또한 많은 친구들 및 지인들과 교류할 수 있었다. 이 모든 것이 가능했던 것은 시드니에서 샌프란시스코를 왕래하는 배들이 아피아(Apia: 사모아의 수도이자 항구도시─옮긴이)에 한 달에 한번씩 들러서 우편물을 배달해주었기 때문이었다.

20세기 중반에, 존 듀이(John Dewey)는 지난 천년을 돌이켜보며 다음과 같이 회상했다.

플라톤은─후에 루소도 마찬가지지만─진정한 국가는 사람들이 개

인적으로 국가의 모든 사람들을 서로 잘 알 수 있을 정도의 숫자보다
더 규모가 커서는 안된다고 거의 확신했던 것 같다. 지금과 같은 현대
국가 단위는 의견과 정보가 빠르고도 편리하게 유통될 수 있도록, 또
직접적 대면 접촉 공동체의 한계를 넘어서서 지속적이고 복잡한 교류
를 할 수 있게끔 해주는 발달된 기술의 결과 덕분이다. ……물리적
매개의 기반이었던 거리가 소멸하면서 정치적 결사의 새로운 형태가
창조되고 있다.[11]

따라서 정보의 유통화(mobilization)는 참석의 경제에 새로운 차원
을 하나 더 덧붙이게 되었다. 사회적, 경제적 통합체제가 더욱 넓은
규모에서 출현할 수 있었다. 그리고 이 체제의 범위 내에서는 직접
만남을 위해 이동할 것인지, 아니면 원격통신을 활용할 것인지를
선택할 수 있게 되었다.

:: 생활을 다운로드하라! Download a Life!

이러한 전반적 상황에서, 미디어와 메시지의 기술적 특성이 매우
중요한 것으로 밝혀졌다. **오래 보관될 수 있는**(durable) 메시지는 시간
을 초월할 수 있고, **압축**(compact) 메시지는 이것을 저장하는 데 필
요한 저장공간을 최소화할 수 있으며, **가벼운** 메시지는 운반의 어려
움과 교통비용을 줄임으로써 거리를 극복할 수 있게 해준다. 만약
우리가 여전히 무겁고 거대한 돌로 된 판 위에 글씨를 새기고 있었
다면, 도서관이나 우편서비스는 지금과 같은 복잡하고 효율적인 수
준으로 발달되지 못했을 것이다.

종이가 이에 이르는 길을 준비해왔었다. 그렇지만 마침내 메시지
를 탈물질화시켜 먼 거리에 빠르게 보내는 문제를 해결한 것은 19

세기에 성장한 전자자기학의 능력 덕분이었다. 전자자기학이 이룬 성취는 그 당시로서는 놀랄 만한 것이었는데, 그것은 전선의 한쪽 끝에서 신호를 부호화(encoding)해서, 이를 전송하면, 멀리 떨어진 다른 쪽 끝에서 이 신호를 풀어서(decoding) 받는 것이었다. 이것이 전자정보통신의 첫번째 단계의 시대—즉 전보와 전화의 시대, 그후 전선(電線)조차 필요 없는 라디오와 텔레비전 방송의 시대—의 개막을 가져왔다. 이는 사업이나 산업 분야에서 협력과 통제의 혁명을 가능케 했으며,[12] 문화적으로는 맥루한이 생생하게 시간대 순으로 묘사한 초기 지구촌을 탄생시키게 되었다.

그 다음 단계의 거대한 진보로서 패킷스위칭(packet switching)을 들 수 있다. 이 기술은 결코 새로운 기록저장기술도, 새로운 전송기술도 아니지만, 이 기술은 정보통신 네트워크를 통해 고속-대량으로 흐르는 정보 흐름을 효율적으로 **관리**할 수 있는 수단이다. 이 기술은 1960년대 실험적으로 시작되었고, 1970년대와 1980년대를 거쳐 널리 보급되었으며, 1990년대에 들어와서는 없어서는 안될 필수적인 기술이 되었다. 최근 2, 30년간 이 기술 덕분에 통신에 관한 우리의 모든 사고방식이 변화하였다.[13] 또한 아르파넷(ARPANET), 에서넷(Ethernets), 그리고 다른 형태의 근거리 통신망(local-area networks), 인터넷, 월드와이드웹을 만들 수 있게 되었다.

동시적으로 운영되는 전화나 케이블 텔레비전 네트워크와는 달리, 패킷스위치 네트워크는 처음부터 디지털 정보를 비동시적으로 전송하기 위해 고안되었다. 이것의 핵심 아이디어는 메시지를 작은 데이터의 '패킷'으로 분해하는 것이다. 분해된 메시지 각각은 원래 의도된 목적지별로 구분된 꼬리표 정보를 붙이게 된다.[14] 하나의 패킷은 여러 개의 짧은 메시지로 구성되며, 긴 메시지는 여러 패킷을 필요로 하게 된다.[15]

이렇게 주소가 할당된 패킷은 네트워크—마치 편지가 담긴 봉투가 여러 우체국을 경유하는 것처럼, 중간의 전자적 장치를 경유하여—를 통해 전송되며 마지막으로 목적지에 올바른 순서대로 다시 조합된다.[16] 이것은 마치 책 한 권을 각 페이지별로 찢어서 각각 봉투에 넣은 다음, 한 주소로 발송하고, 이것이 배달되어 목적지에 도착한 다음 다시 각 페이지를 순서대로 한 권의 책으로 묶는 것과 매우 흡사하다. 다른 점은 이것을 해체하고 재조합하는 작업이 자동적으로 이루어지고 사용자의 눈에는 보이지 않는다는 점뿐이다.[17]

패킷스위칭 기술이 처음 실현되었을 때는 1960년대였고, 그 당시 컴퓨터는 희귀하고 값비싼 도구였다. 만약에 지금도 여전히 컴퓨터가 희귀하고 값비싼 도구였다면 이런 아이디어가 지금 같이 혁명적인 잠재력을 갖진 않았을 것이며, 대다수의 사람들은 아마 전문적인 연구실이나 사업적 맥락에서나 필요한 매우 난해한 이 전환 기술의 상세한 내역에 대해 아무런 관심도 갖지 않았을 것이다. 그렇지만 이 기술은 실리콘—값싼 컴퓨터 메모리 칩, 프로세서, 광섬유망 등—과 결합하면서 폭발적으로 활용되었다. 이 기술이 오늘날의 거대한 네트워크가 실현될 수 있도록 하는 첫 관문을 열었다. 오늘날 거대한 네트워크 속에서 엄청난 양의 디지털 정보가 할당된 양식에 따라 저장되며, 신속하게 한 노드(node)에서 다른 노드로 이동된다. 또 그 네트워크 속에서 기계적 지능이 상상할 수도 없을 정도로 복잡한 정보의 흐름을 똑똑한 기계가 알아서 관리하고 해석하고 있다.

:: 각 교류양식들과 선택 Modes and Options

지금 시점에 이르기까지 참석의 경제에는 살이 붙어서 그 내용이 충실해져왔다. 이제 우리는 가까이 있건 멀리 떨어져 있건 간에

	동시적 (같은 시간)	비동시적 (다른 시간)
같은 장소	얼굴을 맞대고 이야기하기	책상 위에 메모를 놓고 감
떨어진 장소	전화로 이야기하기	이메일을 보냄

그리고 동시적이건 비동시적이건 상관없이, 이 네 가지 항목의 모든 가능한 조합을 통해서, 서로간에 교류할 수단을 보유하게 되었다.

예를 들어 당신이 한 동료에게 어떤 정보를 주고자 할 때, 어떤 선택들이 있을 수 있을까? 당신의 선택은 도식적으로 위의 표와 같이 요약될 수 있다.

우선 첫째로, 당신은 간단하게 당신 동료의 사무실로 어슬렁어슬렁 걸어가서 그 문제에 대해 얼굴을 맞대고 대화할 수 있다. 이것은 당신과 당신 동료 두 사람이 같은 시간에, 그리고 물리적으로 같은 장소에 함께 있다는 것을 의미한다. 다시 말해 '동시적 - 같은 장소 의사소통'이다. 이것은 건축적 설비, 즉 적당한 공간, 책상, 의자, 회의용 탁자 등을 필요로 한다. 만약 동료의 사무실이 스마트 장소라면, 당신은 예컨대 휴대용 컴퓨터로 비디오프로젝트를 활용한 프리젠테이션을 함으로써, 언어적 상호작용을 전자적으로 확장시킬 수 있다.

만약 동료가 사무실에 없다면, 동료의 책상 위에 쪽지를 써서 남길 수 있다. (혹은 동료의 컴퓨터 화면에 쪽지를 붙여놓을 수도 있다.) 그러면 나중에 동료가 돌아와서 그것을 읽을 수가 있다. 이것은 당신과 당신 동료 둘이 같은 장소에 있어야만 하지만, 같은 시간에 거기에 있을 필요는 없다는 것을 의미한다. 다시 말해 이것은 '비동시적 - 같은 장소 의사소통'의 경우이다. 이 경우에는 편리한 기록 및 저장기술을 필요로 하고, 수신인이 메시지를 쉽게 발견할 수 있어야만 한다. 보다 정교한 형태로는 메모판, 게시판, 도서관 서가 등이 활용되고 있다. 또한 물질들을 통제하면서 비동시적으로 이전하는 것을 가능케 하는 장치로 자동판매기와 자동현금입출금기 등이 활용되고 있다.

세번째 대안은 동료에게 구내전화를 거는 것이다. 만약 동료가 그 자리에 있다면 대답할 것이고, 당신은 동료와 비록 거리가 떨어져 있지만 동시적으로 교류할 것이다. 이 경우에 필요한 기술은 통신시스템의 구축이다. 물론 전화 대신에 비디오회의 시스템이나, 공유된 가상 환경이 사용될 수도 있을 것이다.

마지막으로, 당신은 이메일이나 음성메일을 교환함으로써, 멀리 떨어져 있으면서 비동시적으로 교류할 수도 있다. 이것은 통신기술과 기록 및 저장 기술의 결합을 필요로 한다. 전화기에 부착된 자동응답기와 같이 단순한 형태서부터 인터넷과 같은 정교한 형태까지 있을 수 있다.

:: 비용과 편익 Costs and Benefits

여러분은 위의 네 가지 대안들 가운데 어느 것을 선택할 것인가? 각각의 대안들은 그 비용과 장점과 단점이 서로 다르다. 따라서 특정한 맥락과 상황의 요구에 따라 각 대안을 평가할 수가 있다.

직접적 대면 접촉은 가장 집약적이고, 고품질의, 그리고 아마도 즐거운 교류를 제공한다. 이것은 저장용량, 대역폭, 인터페이스 한계 등의 제약을 받지 않는다. 그렇지만 대면 접촉은 직접 비용이나 기회비용 모두 가장 값비싼 선택이다. 이 대안은 이동을 요구하며, 보통 값비싸고 도심에 입지한 토지 및 건물을 소비한다. 그리고 무엇보다도 중요한 점은, 이 경우에 당신은 주의를 집중해야 한다는 것이다. 당신이 하루 중 사람들과 만나는 데 사용할 수 있는 시간의 양은 제한되어 있을 터인데, 이 대안은 그 시간들을 요구한다. 따라서 이 대안은 높은 비용을 정당화할 수 있을 정도로 그 상대방과의 교류가 중요할 경우에 합당한 대안이다.

비동시적 의사소통은 직접적이며 주의를 집중해야 하는 것과는 거리가 먼 대안이다. 이 대안은 많은 것을 걸러서 사라지게 한다. 즉 오스카 와일드[7]를 읽는 것은 오스카 와일드를 만나는 것과 분명히 다르다. 그렇지만 이 대안은 시간적 격차를 가로질러 의사소통할 수 있는 가능성을 열어준다. 또한 달갑지 않은 훼방을 줄여주며, 시간계획을 조정할 필요를 없애줌으로써 인생을 더 편리하게 해준다. 또한 당신이 원하는 어느 시간이라도 당신의 교류 목적을 수행할 수 있게 해준다. 가장 집중적으로 활동할 시간에 당신의 주의력을 분산시킬지도 모를 여러 다른 접촉을 할 필요가 없어지기 때문에, 기회비용이 효율적으로 줄어든다. 여러 상황에서 이 대안의 이러한 이점은 단점을 훨씬 능가한다. 비록 은행 출납원과의 인간적 접촉이 그리워질지도 모르지만, 대부분의 사람들은 자동현금입출금기가 가져다주는 비동시적인 편의를 선호하고 있다.

떨어진 장소에서의 의사소통 역시 어떤 것을 잃어버리게 한다. 연인과 전화로 이야기하는 것(심지어 원격회의 시스템으로 얼굴을 보면서 이야기하더라도)과 연인이 한곳에 함께 있는 것을 서로 비교할 수는 없을 것이다. 그렇지만 이 대안은 이동시간과 비용을 제거하는 엄청난 이점을 가지고 있다. 따라서 속도와 적은 비용이 매우 중요하며, 직접 만나지 못하는 것 때문에 발생하는 손실이 그다지 큰 문제가 되지 않을 경우에 우리는 이 대안을 선호하게 된다.

떨어진 장소에서 비동시적인 의사소통을 하는 것은 공간과 시간

---

[7] Oscar Wilde(1854~1900). 아일랜드에서 태어나 영국에서 활동한 소설가이자 시인.

	동시적 (같은 시간)	비동시적 (다른 시간)
같은 장소	교통을 필요로 함 시간 약속 및 조정 필요 집약적, 인간적 **매우 높은 비용**	교통을 필요로 함 시간 약속 및 조정 불필요 시간에서 해방 비용을 줄임
떨어진 장소	교통 불필요 시간 약속 및 조정 필요 공간에서 해방 비용을 줄임	교통 불필요 시간 약속 및 조정 불필요 시간과 공간에서 해방 **매우 낮은 비용**

양 측면 모두에서 의사소통 참여자들을 분리시키는 가장 극단적 경우이다. 따라서 이메일 메시지는 직접 만남보다, 그리고 전화통화보다도 더욱 덜 인간적이다. 그렇지만 이 방식은 훨씬 더 편리하며 비용도 훨씬 적게 든다. 멀리 떨어져 있거나 시간대가 다른 곳에서는 특히 그러하다. 오늘날 많은 바쁜 사람들이 하루 일과시간 동안 전세계 곳곳에 흩어진 거래인들과 수십 통 혹은 심지어 수백 통의 이메일 교류를 하고 있다. 그렇지만 이들이 직접적인 대면 만남이나 전화를 통해 이런 교류를 한다면, 아마 그것의 일부도 다 수행할 수가 없을 것이다.

지금까지 언급한 각각의 교류양식들의 이점과 단점, 그리고 이에 수반되는 비용은 위의 표와 같이 요약될 수 있다.

문자가 사용되기 이전의 원시사회에서는, 모든 행위가 '동시적-같은 장소' 사분면에 속하게 되며 다른 어떠한 대안도 있을 수 없었다. 그리고 이와 관련된 비용 때문에 거주지의 규모와 형태가 심하게 제약되었다. 멈포드 및 다른 학자들이 주목한 것처럼, 문자의 사용과 함께 인류의 상호교류의 상당한 양이 '비동시적-같은 장소' 사분면으로 옮겨지게 되었고, 도시에서 현대적 형태의 특징들이 발전하기 시작하였다. 통신이 발달하면서 '동시적-떨어진 장소' 사분면의 가능성이 열렸고, 조직과 사회 단위의 규모가 커졌으며, 세계화의 긴 여정이 본격적으로 시작되게 되었다.

그리고 보다 더 최근에, 디지털 네트워크가 발전하여 대량으로 보급되면서, 위의 표에서 가장 낮은 비용이 드는 사분면, 즉 '비동시적-떨어진 장소' 사분면이 있는 대각선 방향으로 엄청나게 많은 활동들이 급격히 전환되고 있다. 이것이 바로 디지털 혁명이 가져오고 있는 가장 근본적인 영향이다.

:: 선택하기 | Making Choices

이러한 전환 과정이 얼마나 많이 진행될 것인가? 네트워크를 갖춘 '비동시적-떨어진 장소 의사소통'은 그 편리함과 저비용 때문에 다른 모든 대안들을 몰아내게 될 것인가?

지금까지의 증거들로 미루어보면 그렇게 될 것 같지는 않다. 대신 각각의 교류양식들이 그 적절한 역할을 가질 것이며, 우리는 그 필요에 따라 그리고 관련 비용을 지불하려는 용의에 따라 특정 상황에 맞게 사분면 중 어느 하나의 교류양식을 자유롭게 선택할 것이다. 이 점에 대해 사례를 들어서 설명해보도록 하자. 예컨대 당신이 동료에게 메시지를 보낼 때 여러 대안적인 교류양식들 중에 어떤 교류양식을 선택하는지를 생각해보자.

물론 부분적으로 이러한 선택은 사안의 본질과 중요성에 달려 있다. 만약 그 사안이 매우 중요한 것이고 인간적 대면이 정말 중요하다고 생각된다면, 당신은 당신 사무실을 떠나는 수고를 감내할 것이며, 사람들과 만나는 데 사용하려고 하는 한정되고 귀중한 시간들 중의 일부를 기꺼이 소비할 용의가 있을 것이다. 만약에 그 사안이 덜 중요한 것이라면, 아마 당신은 더 빠르고 더 값싸고, 덜 직접적인 교류양식들 중 하나를 선택할 것이며 우선순위가 높은 다른 목적을 위하여 시간과 정력을 남겨놓을 것이다.

극단적인 경우로, 만약 사안이 매우 민감하고 비밀을 요하는 것이라면, 당신은 다른 사람에게 발견될 수도 있는 어떠한 기록이 남는 것도, 혹은 엿듣거나 가로채기당할지도 모르는 어떠한 메시지도 보내지 않을 수 있다. 따라서 이 경우에는 도청으로부터 안전한 장소에서 직접 만나 접촉하는 것이 가장 최선의 선택이 될 것이다. 이것이 바로 사람들이 자주 드나드는 술집에 별실이 있고, 스파이들이 샤워를 하면서 이야기하고, 고급 법률가와 기업 중역들이 비싸지만 매우 시끄러운 맨해튼의 음식점을 필요로 하는지에 대한 설명이 된다.

당신의 선택은 당신의 동료와 지금까지 맺어왔던 기존 관계에 의해 영향을 받을 수도 있다. 만약 당신이 그 동료를 잘 알고 오랫동안 서로 신뢰해왔던 관계라면 사안이 아무리 민감한 경우라도 간단한 이메일 메시지로 충분할 것이다. 왜냐면 당신이 이메일에 쓴 용어들이 잘못 해석되지 않으리라고 확신할 수 있기 때문이다. 그러나 만약 그 동료를 절친하게 잘 알고 있는 경우가 아니라면, 오해나 마음에 상처를 줄 위험을 최소화하기 위해 직접 만나야 할 필요성을 강하게 느낄 것이다.

만약 당신의 동료가 유행성 독감에 걸린 경우라면, 혹은 동료의 사무실에서 역겨운 패스트푸드 음식 냄새나 오래 묵은 신발 냄새, 퀴퀴한 담배 연기 냄새가 나는 경우라면, 혹은 동료가 당신이 전달할 내용에 심하게 화를 내면서 반대할 것 같을 때에는 어떻게 할 것인가? 이러한 상황에서는 직접 만나는 것보다는 전화를 거는 것이 덜 위험하고 덜 불쾌하다. 따라서 당신은 슬쩍 꽁무니를 빼서 전화를 이용하는 편이 더 나을 것이다. 만약 당신이 어떤 유형의 접촉도 피하고 싶다면 그때는 이메일을 보내는 것이 더 나을 것이다. [폴 사이먼(Paul Simon)이 지적하고자 했던 것처럼, 그것은 당신의 연인과 헤어지는 한 방법이기도 하다.] 이와 반대로 그렇게 하는 것을 비겁하고 무책임한 것으로 느낄지도 모른다. 만약 그렇게 여긴다면, 당신은 동료에게 혼나러 가는 것이 더 올바른 길이라고 결심할 것이다.

그 당시 당신의 입지, 그리고 당신이 처한 상황 역시 중요하다. 만약 당신 사무실이 동료 사무실과 걸어서 금방 갈 수 있는 거리에 있다면 동료를 직접 만나는 데 특별한 수고가 거의 들지 않을 것이다. 따라서 별로 중요하지 않은 사안에 대해 간단한 의논을 하기 위해서도 동료를 직접 만나러 가는 것이 괜찮다고 느낄 것이다. 반면에 만약 동료의 사무실이 멀리 떨어져 있다면 똑같은 편익에 비해 비용이 더 높아지게 되고 따라서 전화나 이메일을 사용하는 쪽으로 마음이 기울 것이다. 만약 당신이 젊고 건강하다면 동료의 사무실까지 걷는 것이 쉽고 즐거울 수 있다. 그러나 당신이 나이 들고 허약하다면, 혹은 다리가 부러졌다면, 그때는 걷는 게 매우 큰 수고가 되기 때문에, 그래도 굳이 걸어가려면 훨씬 큰 혜택이 기다리고 있어야만 할 것이다. 만약 당신과 동료가 같은 시간대에 일한다면 동시적 의사소통을 하기가 쉬울 것이지만, 반대로 둘이 서로 다른 시간대의 교대조에 속해 있거나, 둘 중 누가 출장을 가게 되어서 시간대가 서로 달라지면 그때는 이메일, 음성메일, 팩스 등을 통하여 비동시적으로 의사소통을 하는 것이 나을 것이다. 이러한 수단을 이용하는 것은 본질적으로 직접 만나지 못함에 따른 손실을 감수해야만 하지만, 이런 경우 손실보다는 편익이 훨씬 더 클 것이다.

자, 이제 당신이 해결해야만 할 또 다른 문제가 있다. 동시에 여기저기서 당신의 참석을 요구해서 갈등이 발생하는 상황을 가정하자. 당신은 두 장소에 동시에 물리적으로 존재할 수 없기 때문에,

이 갈등을 물리적 방식으로는 해결할 수가 없다. 그렇지만 당신의 존재를 전자적으로는 분할할 수 있다. 예를 들어, 아픈 어린아이를 돌보기 위해 집에 머물러 있어야만 할 때, 당신은 여전히 전화나 전자메일을 통해 당신의 동료와 접촉할 수 있다. 서로 다른 정보 흐름을 동시에 처리할 수 있는 놀라운 인간의 능력 덕분에 이러한 분할이 어느 정도 가능하다. 즉 당신은 전화로 다른 사람 이야기를 들으면서, 눈으로 당신의 아이를 지켜볼 수 있다. 이에 덧붙여 널리 흩어져 있는 장소들을 이리저리 물리적으로 돌아다니는 것보다는 입지들간의 전자접속을 변환시키는 것이 비교할 수 없을 정도로 훨씬 더 빠르다는 것은 엄연한 사실이다. 만약 당신의 참석을 필요로 하는 요구들이 동시에 발생하는 경우가 거의 없다면, 당신은 어떤 특정 장소에 실제 머무르면서 그 요구들 대부분을 충족시켜줄 수 있을 것이다. 반대로, 당신이 동시적으로 발생하는 많은 여러 요구 들을 다 충족시켜야만 한다면, 당신은 '비동시적 - 떨어진 장소 의사 소통' 양식에 더욱 깊게 의존해야만 할 것이다. 이것이 바로 매우 바쁜 최고경영자들이 이메일에 그토록 의존하는 이유에 대한 설명 이 될 것이다.

당신의 교류가 의례적인 목적일 경우도 있으며, 또한 간접적이고 말로 표현할 수 없는 목적과 관련될 수도 있다. 한 예로, 당신이 지 휘자라면, 부하 직원에 대한 당신의 지지 혹은 위로의 신호나 메시 지를 보내기 위해, 그리고 그 중요성이 특히 강조되게끔 하기 위하 여, 전화나 이메일을 보내지 않고 일부러 하급자의 사무실에 본인 이 직접 방문할 수도 있다. 한편, 부하직원과의 이메일 교환을 통해 서는 아마 그 사람에 관한 어떠한 정보도 거의 얻지 못할 것이다. 부하직원과 전화상의 토론을 통해서는 그 사람에 대해 더 많이 알 게 될 것이다. 만약 직접 만나 집약적으로 토론한다면, 그에 대해 가장 많이 알게 될 것이다.

또한 당신은 단지 인생에서 적절한 균형을 유지하는 데 관심이 있을 수도 있다. 만약 당신이 전화와 이메일에 너무 많은 시간을 소비한다면, 직접적인 인간적 접촉이 부족하게 되어 따분하고 고독할 것이다.[18] 만약 이 경우라면, 사무실에서 나와 복도를 걸어나가는 것이 더 낫다.

마지막으로, 당신은 이 네 가지의 상이한 의사소통양식을 단지 따로따로 하나씩만 선택하는 것이 아니라, 때로는 이들을 서로 결합함으로써 더욱 효율적으로 활용할 수 있다는 점을 깨달을 것이다. 즉 직접 만날 약속을 하기 위해 전화기를 잡을 수도 있으며, 혹은 당신 동료와 만나거나 전화통화가 가능한 시간을 알기 위해 동료의 온라인 달력에 접속할 수도 있다. 더 나아가서, 당신과 동료가 만나기에 서로 편리한 시간을 찾는 경우에, 소프트웨어를 활용하여 자동적으로 찾도록, 즉 당신의 소프트웨어가 동료의 소프트웨어와 연결되어 최적 시간을 찾도록 명령어를 내릴 수도 있다. 때로는 이러한 형태의 결합이 '펜 팔(pen pal)' 현상을 낳을 수도 있다. 즉 이메일을 통해 접촉을 시작해서, 다음에는 전화상의 대화로 발전하고, 마지막으로 직접 만날 만한 가치가 있을지 여부를 판단할 수 있다.

:: 변하지 않을 장소의 힘 The Persistent Power of Place

당신 동료의 사무실이 지닌 특성과 질적 수준 또한 문제가 될 수 있다. 만약 그곳이 머무르기에 쾌적한 곳이라면, 그리고 당신이 업무를 보는 데 필요한 분위기와 프라이버시를 제공해줄 수 있는 곳이라면, 그때는 당신이 동료의 사무실에 갈 기회가 더 많아질 것이다. 그러나 만약 그곳이 혼잡하고 지저분하며 비좁은 곳이라면 당신은 전화하거나 이메일을 보내는 것이 더 낫다고 여길 것이다.

장소가 여전히 이같은 성격의 권력을 지니고 있기 때문에, 디지 털로 매개된 세상에서도 장소에 기반한(place-based) 기업들이 우리의 참여와 관심과 돈을 끌어들이기 위해 서로 경쟁할 것이다. 이때 장소에 기반한 기업들은 경쟁에서 이기기 위해 자신들이 제공하는 직접 대면 만남의 경험에 가능한 한 높은 가치를 부가하려고 노력할 것이다. 이런 기업들은 자신들이 평범하지 않고 색다르다는 것을, 자신들말고 다른 곳에서는 결코 그런 기회를 얻을 수 없다는 것을, 그리고 정보통신망을 통해서는 제공될 수 없다는 것(적어도 아직까지는)을 강조할 것이다.

일례로 영화관은 더 큰 스크린, 더 좋은 음향시스템 등을 제공하여, 가정에서 온라인 주문형 비디오(video-on-demand)를 통해 볼 수 있는 것보다 관객들이 더 집중하고 몰두할 수 있도록 해줄 것이다. 인터넷 사이트에 의해 위협받고 있는 서점들은 책 애호가들을 환영하는 장소적 분위기를 조성하고, 카푸치노와 여유 있게 머무를 수 있는 안락한 장소를 제공하고, 그리고 아름답게 제작된 책을 붙잡고 페이지를 한 장 한 장 넘겨보는 감각적인 즐거움을 강조하면서 반격을 꾀할 것이다. 전통 있는 옷가게들은 그 제품을 직접 만져보고 입어도 볼 수 있다는 이점을 강조할 것이다.[19]

패스트푸드 소매점들은 온라인 주문과 가정 배달을 받아들일 것이지만, 고급 음식점들은 차별적이고 장소 기반적인 경험을 제공하는 쪽으로 계속 나갈 것이다. 혹 스파고(Spago)[8]를 할리우드에서 벗어난 다른 장소로 옮기거나, 스파고에서 할리우드적 특성을 제거할 수도 있을 것이다. 하지만 만약 그렇게 하는 것은 그곳의 모든 용도를 폐기처분하는 것이나 다름없다. 여러분은 그곳에서만 유일하

---

[8] 할리우드에 있는 유명한 레스토랑으로 이곳에서 유명 영화스타들이 자주 식사를 한다고 해서 더욱 유명하다.

게 제공할 수 있는 것을 얻기 위해서는 그곳에 정말 **가서 있어야만** 하는 것이다.

온라인 슈퍼마켓과 경쟁하고자 하는 동네 음식점들은 식도락가들의 마음을 잡아당기는 음식물들의 전시, 콧구멍을 간지르는 커피나 향료의 향기와 빵 굽는 냄새, 그리고 구미를 당기게끔 모든 통로마다 만들어놓은 시식코너 등을 통해 구매자들의 감각에 호소할 것이다. 주중에는 온라인 슈퍼마켓에서 세제나 치약을 주문하면서 시간을 절약하던 바로 그런 구매자들이, 주말이 되면 세련된 포도주와 치즈 가게에 들러서 여가시간의 일부를 보낼 것이다.

전통적 유형의 공공 공간들은 평범한 형태에서 벗어나서 모방이 어려운 장소적 매력을 제공할 경우에 계속 번성할 것이다. 한 예로 온라인 거래 때문에 도심에 있는 쇼핑 거리가 대중을 유인하던 힘을 상실할 수도 있겠지만, 그렇다고 온라인 거래가 따뜻한 일요일의 해변가를 능가하기에는 여전히 어려울 것이다. 게다가 원격 거래 덕분에 그런 곳에 갈 수 있는 시간을 더 많이 벌 수 있을 것이다. 한편, 전자전송 덕분에 여러분이 원하는 음악을 언제든, 어디서든, 무엇이든 간에 상관없이 쉽게 들을 수가 있을 것이다. 하지만 이로 인하여 롤링 락(Rolling Rock)이 격렬하게 울려 퍼지는 넓은 운동장 어딘가에서 롤링 스톤즈(Rolling Stones)의 엄청나게 증폭된 음악소리로 고막이 터질 듯한 전율을 맛보는 것을 포기하지는 않을 것이다. 라 스카라(La Scala: 이탈리아에 있는 유명한 오페라하우스—옮긴이)에서의 오페라 역시 대체 불가능한 좋은 예가 될 것이다.

:: 대체 불가능 No Substitutions

지금까지 간단한 사고의 실험을 통해 제시해본 것처럼, 의사소통의 다양한 양식들—같은 장소에서 참석 혹은 멀리서 원격참석, 동시적 혹은 비동시적—은 서로 비슷한 점도 많고 때로는 서로 겹쳐져서 활용되기도 하지만 그렇다고 이 각각의 양식들이 기능적으로 정확히 똑같다고는 말할 수 없다. 위의 네 가지 의사소통양식들은 서로 각기 다른 방식으로 교류와 거래를 하고, 서로 다른 유형의 자원을 서로 다른 정도로 소비하면서 부가가치를 창출한다. 또한 각 양식이 활용되기에 가장 적합한 조건들도 서로 다르다.

따라서 의사소통의 각 양식들이 서로 단선적 방향으로만 대체되는 것은 아니다. 그리고 기술낭만주의자들이 자주 예견하는 것처럼, 한편 전통주의자들이 종종 두려워하는 바처럼, 직접 만나는 대면교류가 전자정보통신에 의해 완전하게 대체될 것이라고 기대해서는 안된다. 그 대신 각각의 서로 다른 사람들이—즉 처한 상황도 서로 다르고, 필요한 요구도 서로 다르며, 제약요소도 서로 다르고, 사용 가능한 자원들도 서로 다른 사람들이—매우 폭넓고 다양한 방식들 중에서 그들이 원하는 교류에 가장 적합한 것을 선택할 것이라고 예상할 수 있다. 사람들은 자신의 우선순위를 설정하고, 하나를 선택하면 그 대신 다른 것은 포기하면서, 결국에 가서는 물질성과 가상성, 정보통신과 교통 사이에 나름대로의—각자마다 다른—균형에 도달할 것이다.

그 결과 도시는 매우 다양한 경로를 따라 진화될 것이다. 뉴욕이나 런던과 같은 세계 도시(global city)들은 의심할 것도 없이 명령과 통제의 중심지라는 자신의 지위를 강화시키고자 할 것이다. 그리고 이를 위해 선진 정보통신 하부구조 및 건물들을 더욱더 스마트한 작업공간으로 만드는 투자에 전력할 것이다. 휴양지나 여가 중심지를 포함한 매력적인 주거 입지들에는 주거/직장 통합체와 재택근무자들이 더욱 밀집할 것이다. 고립되어 있었거나 가난했기 때문에 낙후되었던 지역사회들은 원격 교육, 원격 진료, 전자상에서 공급되는 그밖의 여러 유형의 저비용 서비스들을 통해 지역의 상황을 개선하고자 노력할 것이다. 실리콘밸리와 같이 노동비용이 너무 높은 첨단기술도시들은 전자적으로 매개된 세계화된 노동시장에서 노동력의 구매자 역할에 집중할 것이며, 고숙련이면서도 싼값의 풍부한 노동력을 보유한 도시들, 즉 델리,[9] 방갈로르,[10] 킹스톤[11]과 비슷한 유형의 도시들은 아마 노동력의 판매자 역할을 할 것이다. 교통과 화물운송의 중심지였던 도시들은 새로운 전자상거래 시스템에서도 핵심적 역할을 수행할 것이다. 문화, 오락, 연구, 학문의 중심지들은 더욱 전문화될 것이다. 이런 유형의 도시들은 스스로 유일무이하게 잘할 수 있는 것에 초점을 맞추면서, 대신 그들이 필요로 하는 다른 지적 자원들은 무엇이든 전자적으로 수입할 것이다. 그곳만이 지닌 가장 독특한 지역적 감각을 조성할 수 있는 방법을 모든 도시들이 찾아나설 것이다.

미래학의 권위자인 양 하는 사람들이 지금까지 해왔던 것처럼, 미래를 과도하게 일반화하는 것은 잘못된 것이다. 새로운 참석의 경제 속에서 각 개인들에게는 특정한 시간과 특정한 장소에서 자신만의 특수한 상황에 가장 적합하다고 판명되는 교류양식들이 있을 것이다. 확신하건대, 미래의 다양한 건축형태와 도시형태는 바로 이러한 각 개인들의 최적 교류양식들의 조합과 그 균형을 반영하는 형태일 것이다.

---

[9] 인도의 옛 수도.

[10] 역시 인도에 있는 도시로 최근 싸면서도 고급 기술을 보유한 노동력을 찾아서 선진국의 정보통신 특히 소프트웨어 관련기업들이 많이 입지하고 있음.

[11] 카리브해에 있는 자메이카의 수도.

지금 서서히 저물어가는 산업시대에, 우리가 도시에 요구하는 것은 점점 더 많아지고 있다. 그 결과 도시는 더욱 커지고, 더 혼잡해지고, 더 많은 스트레스를 받아 점점 더 피곤해지고, 교통과 오염 때문에 더욱 절망적으로 숨막힌 곳이 되어가고 있다. 많은 이들이 즐겨 인용하는 **아젠다 21**(Agenda 21)에서는 2025년까지 세계 인구의 60%가 도시에서 거주하게 될 것이라고 예측하고 있다.[1] 섬뜩하게도, 이런 추세를 오랫동안 지속할 수는 없다는 것이 분명하다.

그렇지만 디지털 혁명과 이로부터 새롭게 파생된 참석의 경제가 우리에게 몇 가지 희망적인 대안들을 제시해주고 있다. 지금 현재 가상성이 물질성과 서로 우열을 다투고 있다. 이제는 더 이상 이동이 유일한 해결책이 아니다. 그리고 인간의 지능은 실리콘/소프트웨어 협조체계에 의해 엄청난 수준으로 확장되고 있다. 그 결과 우리에게 친숙했던 도시패턴은 그 필연성을 상실해가고 있다.

:: **다섯 가지 핵심 포인트** Five Points

기존의 도시에서 우리는 e-토피아를 창조할 수 있다. e-토피아는 더욱 지능적이고 더욱 부드럽게 운영되는 날렵한 녹색 도시이다.[1] e-토피아의 기본적인 디자인 원칙은 아래의 다섯 가지 원칙으로 요약될 수 있다. 물론 이는 지나치게 단순화된 것이긴 하지만 우리의 이해를 돕는 데 유용하다. 이 다섯 가지 원칙은 바로 다음과 같다.

---

[1] 이 문장의 원문은 다음과 같다. "…lean, green cities that work smarter, not harder." 여기서 'lean'의 사전적 의미는 사람을 묘사할 경우 날씬하지만 건강한 사람, 조직을 묘사할 경우 불필요한 부분을 제거하여 더욱 효율적이고 경쟁력을 갖춘 조직을 의미한다. 이러한 'lean'의 의미를 이 책에서는 '날렵한'으로 번역하였다.

첫째, 탈물질화(Dematerialization)

둘째, 탈이동화(Demobilization)

셋째, 대량 맞춤생산(Mass customization)

넷째, 지능적 작동(Intelligent operation)

다섯째, 부드러운 변혁(Soft transformation)

이 다섯 가지 원칙을 따름으로써, 우리는 아마 미래 세대의 요구를 충족시킬 능력을 훼손시키지 않으면서도 지금 우리 자신의 요구를 충족시킬 수 있을 것이다.[2]

이 다섯 가지 원칙은 좁게는 상품 디자인에서부터 나아가 건축, 도시설계 및 계획, 그리고 넓게는 지역적·국가적·세계적 전략에 이르기까지 적용될 수 있다.

이제부터 그 적용방법에 대해 살펴보고자 한다.

:: 탈물질화 Dematerialization

만약 전자 홈뱅킹 시스템과 같은 가상적 시설이 은행의 지점과 같은 물리적 시설을 대체한다면, 바로 이때 순수한 탈물질화 효과가 있다. 탈물질화 효과로 인해 우리는 더 이상 그렇게 많은 물리적 건물을 필요로 하지 않으며, 또 그곳을 난방하거나 냉방할 필요도 없다. 크고 물리적인 것들이 매우 자그마한 등가물로 대체되어도—예컨대 실리콘 칩이 진공관의 일을 하기 시작하고, 머리카락같이 가는 광섬유가 굵은 구리선을 대체해도—거의 똑같은 결과를 수행하고 있다. 전통적인 정보의 물질적 운반체에서 정보만 따로 분리하는 경우에 있어서도 이와 비슷한 혜택이 나타난다. 이메일 메시지를 스크린에서 읽으면 종이를 소비하지 않아도 된다.

더욱이 우리는 첫 단계에서부터 마지막 단계까지 혜택을 볼 수 있다. 예를 들어 인공 물질들을 생산하지 않고 그 대신 탈물질화된 등가물을 사용한다면 그것은 쓰레기가 되지 않기 때문에 쓰레기 관리가 필요 없게 된다. 사용된 비트는 오염물질이 아니다!

이러한 모든 것이 명백해지면서, 현재 '무게 없는(weightless) 경제'란 용어가 경제학자들과 경영 평론가들 사이에서 널리 사용되고 있다.[3] [물론 오래지 않아 '무게 없는'이라는 용어는 '말(馬)이 필요 없는(horseless)', '전선이 필요 없는(wireless)', '우편번호가 필요 없는(zipless)' 등과 같은 용어들처럼 시대착오적인 흘러간 용어가 될 것이다.] 그리고 무게가 없어진다면 앞으로는 더 이상 건축적 함의를 쉽게 얻을 수가 없다. 이제는 없거나 더 적을수록 오히려 더 많은 일을 할 것 같다.[2]

최근까지는 이른바 녹색 건축(green architecture)이란 것이 일반적으로 추구되어왔는데, 이는 물리적 구조물이 불가피하다는 가정에 근거하였고, 그러므로 건축가가 해야 될 일은 물리적 구조물을 가능한 한 효율적으로 건축하는 것이었다. 결과적으로, 녹색 건축은 그 취지는 좋았으나 결과는 보잘것없어서, 건물의 크기와 방위, 재료의 선택, 에너지 시스템 등을 어설프게 만지작거리는 것 이상을 넘어서지 못했다. 따라서 그 제창자들이 얻고자 했던 것만큼의 큰 영향력을 발휘하지 못했다.

오늘날 새로운 참석의 경제 덕분에 다음과 같은 더욱 급진적인 질문을 다시 되풀이할 수 있는 가능성이 생겼다. "건물이 정말로 필요한가? 전체를, 아니면 일부분이라도 건물 대신 전자시스템으로 대체할 수 있지 않을까?"

---

[2] 원문은 "Now, less really can be more"이다. 저자는 바로 앞에서 less란 접미사가 붙은 단어인 weightless, horseless, wireless 등을 예로 들고 있다. 즉 앞으로의 세상은 less, 즉 ~가 없는, ~가 적은 것이 더 많은 일을 할 수 있는 세상이 될 것이라는 것을 의미한다.

전자적 탈물질화의 전반적 효과는, 확신하건대 제조업과 컴퓨터 화된 설비의 작동에 필요한 자원의 소비 수준에 달려 있다. 이것이 무시할 만큼 적은 수준은 결코 아니다.[4] 반도체의 제조에는 에너지, 광화학물질, 산성물질, 탄화수소 성질의 용매, 그리고 기타 다른 물질들이 소비된다. 20세기에 들어와서 폐품이 된 컴퓨터의 양은 100만 톤 규모의 미국 쓰레기 매립지 여러 곳을 가득 채울 정도라고 아이비엠(IBM)은 추정했다. 또한 아이비엠은 전체 미국 전력 공급의 10% 가량을 컴퓨터가 소비하고 있다고 추정했다. 그렇지만 건축구조물을 전자적으로 대체함으로써 자원을 근본적으로 절약하겠다는 미래의 밝은 전망에 비하면, 이런 정도는 확실히 미미한 수준이다. 그리고 지금 진행되고 있는 추세는 보다 더 작은 장치, 보다 더 환경친화적인 제조, 보다 더 낮은 에너지 소비로 나아가는 추세이다.

:: 탈이동화 Demobilization

우리가 전체적이건 부분적이건 간에 이동을 정보통신으로 대체한다면, 또한 자원을 보존할 수 있다. 일반적으로 비트를 이동시키는 것이 사람이나 물건을 이동시키는 것보다 엄청나게 더 효율적이다. 절약되는 것들은 다음과 같은 데서 두드러진다. 즉 연료 소비 수준을 줄일 수 있고, 환경오염 수준을 줄일 수 있고, 교통 하부구조 설치에 필요한 토지의 전용을 줄일 수 있고, 차량의 제조와 유지에 들어가는 비용을 줄일 수 있고, 이동하는 데 소비되는 시간을 줄일 수 있다.

탈이동화를 통해 자원을 보존하고 환경오염을 줄이려는 관심은 1970년대 OPEC에 의한 석유파동 기간 동안 처음 시작되었다. 그 당시에는 기존 도시패턴의 틀 속에서 재택근무가 도입되면 상당한 절약을 가져올 것이라고 꽤 기대되었다. 그렇지만 재택근무가 그렇게 단선적인 방식으로 교통을 대체할 수 없다는 것이 금방 확실해졌다.[5] 우리가 보아왔던 것처럼, 사람들간의 교류는 비트와 원자의 상호작용과 마찬가지로 너무나 복잡하고 미묘하다는 것이 입증되었다.

1970년대 석유위기 때의 실망의 경험—지금 회고하건대 그 당시는 너무 일렀고, 너무 순진했던 맹목적인 희망을 추구했었다—이 있지만, 탈이동화를 통한 새로운 참석의 경제는 상당한 수준의 자원 보존 **가능성을 열어주고 있다**. 이 가능성은 어느 정도는 인센티브의 문제이다. 피터 홀(Peter Hall)은 다음과 같이 관측하였다. "만약 정부가 도로 이용료를 부가하던지 해서 항상, 아니면 피크타임(peak times)만이라도 자동차 주행비용을 실질적으로 인상시키는 정책을 펼친다면, 혹은 주행 및 주차 공간을 제한해서 교통 발생을 억제하는 정책을 펼친다면, 그때는 (다른 것들은 변하지 않고 그대로 있다는 조건하에서) 개인적 교통, 적어도 개인 여정의 일정 정도는 대체하려는 움직임이 나타날 것이다. 아마 일부 단순노동 종사자, 특히 파트타임 종사자들은 전적으로 집에서 일하거나 집 근처의 워크스테이션(workstations)에서 일할 것이고, 다른 직장인들은 유연한 근무시간—즉 일주일에 몇 시간 혹은 며칠만 중앙 집중된 회의장소로 가는 것—으로 일하게 될 것이다. 따라서 전반적으로 교통량이 줄 것이며, 혼잡한 피크타임의 교통량도 분산될 것이라고 예측할 수 있다."[6] 단순하게 정보통신으로 모든 것을 직접 대체하자는 것은 해답이 아니다. 섬세한 나뭇결 모양을 지닌, 그리고 본질적으로 더욱 효율적인 새로운 도시패턴을 창조할 수 있도록 정보통신을 활용하자는 것이 진정한 해답이다.

특히 주거/직장 통합 마을은 산업시대의 전형적인 논리인 가정과 일터의 분리에서 기인했던 낭비적인 일상적 통근을 줄여줄 것이다. 가까운 근처의 시설로 가는 것은 걷거나 자전거를 통해서도 가능하다. 전자상으로 서비스가 공급된다면, 중간 접속 지점까지의 약간 먼 이동도 아마 불필요해질 것이다. 예를 들어 비디오를 빌리러 지역의 쇼핑센터에 있는 비디오 가게로 차를 몰고 가는 대신에 국가 규모의 서버로부터 영화를 다운로드받을 수 있을 것이다.

따라서 한 가지 유망한 도시발전전략은 압축적이고 다기능적이며 보행권역 크기인 마을들이, 효율적인 교통과 정보통신 연계망에 의해 서로 연결되어 만들어진 다(多)중심적인 도시의 발전을 추구하는 것이다.[7] 각 단위 마을들은 공공 교통 기간망을 따라서 일직선상에 분포될 수도 있다.[8] 가정, 직장, 서비스 시설을 이런 방식으로 다시 뒤섞음으로써, 보행이동, 기계화된 교통, 정보통신 이 삼자 사이의 보다 지속 가능한 조화를 추구할 수 있을 것이다.

:: 대량 맞춤 Mass Customization

탈물질화와 탈이동화는 새로운 참석의 경제 속에서 가장 알기 쉬운 환경보전전략이다. 하지만 이 두 가지가 전부는 아니다. 우리는 또한 대량 맞춤(mass customization)이라고 하는 눈에 잘 안 띄는 혜택을 얻을 수가 있다.[9]

산업시대의 우둔한 기계는 표준화, 반복, 대량 생산의 경제를 가져다주었다. 하지만 컴퓨터 시대의 스마트한 기계는 **지능적인 적응**과 **자동화된 개인화**라는 매우 상이한 경제를 우리에게 제공해주고 있다. 우리는 특정 상황에서 요구하는 바대로 아주 정확하게 맞춤 배달을 가능케 할 수 있을 만큼 엄청난 양의 실리콘과 소프트웨어를 활용할 수가 있다. 그러면 다른 것은 더 이상 필요 없게 된다.

한 예를 들어, 아침에 신문이 배달되었을 때, 당신이 그 신문의 모든 면을 다 읽지는 않을 것이다. 만약 당신에게 강아지가 새로 생겨서 강아지 똥을 치우는 데 쓰거나, 새장에 깔아주는 용도로 쓰지 않는다면, 배달된 신문의 대부분은 단지 낭비될 뿐이다. 그러나 전자배달되어 집에서 인쇄하는 개인화된 신문 시스템의 경우는 다르다. 신문 내용 중에는 당신이 관심을 갖는 측면이 있을 것이고, 당신이 보기를 원하는 기사들과 광고만을 정확히 분류하여 그것만 인쇄할 수 있다. 이러한 방식은 나무를 더 적게 소비할 뿐만 아니라 쓰레기도 더 적게 만들어낼 것이다. 이 방식의 원리는 신문 제작을 하는 인간의 노동력에도 잘 적용될 수 있다. 실제로 이런 개인화된 신문 시스템 업무를 사람이 처리하려면 엄청난 수의 편집자와 지면배치(layout) 아티스트들을 필요로 할 것이다. 설령 이들이 이 일을 하려고 해도 그렇게 빠르게 일할 수도 없는 것이다. 이런 일은 결국 값싼 컴퓨터 및 정보통신의 활용에 의존하게 된다.

비슷한 예로, 차고나 주차장에서 대부분의 시간을 주차하고 있는 당신의 자동차는 쓸모없이 묶여 있는 자원인 셈이다. 이와 대조적으로 정교하게 전자적으로 관리되는 자동차임대 공급서비스의 경우에는 언제 어디서나 자동차가 필요할 때, 당신이 원하는 바로 그 차종—어떤 때는 미니밴이 될 수도 있고 또는 두 좌석만 있는 스포츠카가 될 수도 있다—을 제공할 수 있다. 이 같은 방식으로 전체 차량을 한꺼번에 더 슬기롭게 관리하는 것이 각각의 개인 소유 자동차를 개별적으로 더 효율적으로 운영하려고 노력하는 것보다 훨씬 이득이 많을 것이다.

또한 다른 교통자원들에 대해서도 전자적으로 매개된 지능적 관리를 통해 이와 유사한 혜택을 얻을 수 있다. 택시에 위치감지장치를 부착하면, 손님의 요청이 있으면 자동적으로 가장 가까이 있는 택시가 손님에게 갈 것이다. 운송회사가 서로간에, 그리고 그들의

고객들과도 전자적으로 상호 연결된다면, 즉시(just- in-time) 배달체
계를 통해 훨씬 더 효율적으로 화물을 집배하고, 화물 적재율을 향
상시키고, 귀로(歸路) 화물에 대한 계획을 조정할 수 있으며, 또한
창고설비의 필요량을 줄일 수 있을 것이다.[10] 지능적 차량이 스마
트한 도로 네트워크를 달릴 때, 그 경로는 교통 시간을 최소화하고
혼잡을 피하는 쪽으로 최적화될 수 있다.

　대량 생산(mass production)이라는 낡은 방식과 전자적으로 매개
된 대량 맞춤은 외형적 함의에 있어서도 매우 생생하게 대비될 수
있다. 산업시대의 절정기였던 1920년대 헨리 포드[3]는 모델 T를 정
밀하게 표준화하였다. 그런데 잘 알려져 있다시피 헨리 포드는 이
자동차는 모든 색깔이 가능하지만, 단지 검은색으로만 공급하겠다
고 선언했다.[4] 이와 유사하게 미즈 반 데어 로에[5]는 건물의 모듈
(modules), 건설 구성요소, 디테일 등을 표준화하였고, 단순한 형태
와 규칙적 반복을 통해 복잡하지 않고 평이한 정서를 추구했으며,
검은색의 철과 유리로 된 건물을 건축했다. 다른 영웅적 모더니스
트들은 검은색 대신 흰색을 선호했지만 표준화와 반복이라는 멍청
한 기계적 논리를 똑같이 추구한 점에서는 마찬가지이다. 그러나
여기엔 심각하지는 않지만 해결될 수 없는 모순, 즉 한 가지 규격
의 크기가 모든 곳에 다 적합할 수는 없다는 모순이 있다. 만약 같
은 형태의 균일한 요소들로 구조틀을 만든다면, 이 중 일부는 과잉

[3] Henry Ford. 미국 포드자동차 회사의 창립자로 자동차 생산에 있어 표준화된 대
　량생산방식을 본격적으로 처음 도입하여, 자동차 생산을 효율화하고 가격을 크
　게 낮춤.

[4] 헨리 포드는 두고두고 인구에 회자되는 다음과 같은 유명한 말을 남겼다. "Any
　customer can have a car painted any colour that he wants so long as it is black."
　on the Model T Ford(1909).

[5] Mies van der Rohe. 20세기 초반에 활동했던 미국의 건축가로 국제적 스타일, 신
　고전파 설계로 유명함.

설계되어 낭비될 수밖에 없다. 만약 건물의 창문들을 모두 표준화한다면, 이 중 일부 창문들은 건물 내부와 외부의 변동 환경을 적절히 조정하는 기능을 할 수가 있겠지만, 나머지 창문은 그런 기능을 수행할 수 없다는 점이 불가피하다.

하지만 오늘날 빌바오[6]에 있는 프랑크 게리[7]가 설계한 구겐하임 박물관에서 볼 수 있는 것과 같은 정보화시대 프로젝트들은 급진적인 새로운 해결방안을 제시하기 시작하고 있다. 이 박물관 건물은 특별한 기능과 맥락에 정확히 일치하는 비표준화되고 비반복적인 요소들을 조합할 수 있는 컴퓨터로 통제되는 생산기계의 능력을 활용하였다. 이 복잡한 과정의 결과는 독단적이거나 비이성적인 것과는 거리가 멀어서 자신들의 구태의연한 생각을 바꾸지 않고 있는 미즈의 추종자들이 꼬투리를 잡을 수가 없었다. 오히려 훨씬 더 섬세하고 세련된 합리성을 지니고 있을 뿐만 아니라 게다가 깜짝 놀랄 만큼 새로운 형태의 공간적·물질적 정서를 창출함으로써 우리의 감수성에 충격을 주었다.

지능적이면서도 값싼 기계 및 도처에 있는 정보통신의 활용 가능성 덕분에, 지금 우리는 **표준화를 통한 자원 낭비와 맞춤 생산의 건축상 난점** 중 하나를 불가피하게 감내해야 할 필요가 더 이상 없어졌다.

---

[6] Bilbao. 스페인 북부에 있는 항구도시이며 공업 중심지, 바스크(Basque) 주의 수도.

[7] Frank Gehry(1929~). 캐나다에서 태어나 미국에서 활동하고 있는 건축가로 해체주의적 노선을 추구함. 스페인 빌바오의 명소인 구rps하임 박물관을 설계하였으며, 건축의 노벨상이라고 불리는 프리즈커 상(Prizker Prize)을 수상하였음.

거의 똑같은 논리가 관이나 전선을 통해 흐르는 소비재 자원들 —물, 연료, 전력 등—에도 적용된다. 이들 자원을 사용하는 장치나 시스템에 더욱 지능적인 것을 장착함으로써, 낭비를 최소화할 수 있으며, 또 효율적으로 수요를 관리하고 절약을 촉진하는 동태적 가격전략을 도입할 수 있다.

예를 하나 들어보자. 가장 낮은 기술 수준의 관개시스템은 사람인 정원사가 직접 수도꼭지를 틀고 호스를 정확한 방향으로 갖다 대어서 물을 뿌리는 것이다. 그 다음으로 높은 기술 수준인 단순 자동화된 관개시스템은 시계에 의해 작동하는 것으로서 규칙적인 시간간격으로—비가 오는 경우에도 상관없이—물을 뿌리는 것이다. 이보다 더 지능적인 관개시스템은 센서에 의해 통제되는 것으로, 수분 공급이 필요하다고 감지되는 조건일 경우에만 물을 공급하는 것이다. 그러나 더욱 지능적인 관개시스템은 위와 같은 외부 환경과 함께 사용가능한 물의 양을 동시에 모니터할 수 있으며, 또한 언제 관개가 필요한지를 예측하는 법을 배워서 습득할 수 있는 시스템이다. 따라서 물을 낭비하지 않고, 또 물 공급이 제한될 때는 물을 많이 사용하지 않으면서도 필요한 관개를 자동적으로 수행한다.

유사한 예는 또 있다. 가장 초보적인 전자시스템은 집에서 손으로 전등이나 가전제품을 켜거나 끌 수 있게 한 것이다. 이보다 좀 더 복잡한 시스템은 전등이나 가전제품의 스위치에 타이머를 부착해서, 이를 작동하는 데 사람이 반드시 거기 있어야만 할 필요성을 없앤 것이다. 이 경우 사람이 없을 때 쓸데없이 전기를 낭비하지 않을 수 있다. 여기에 덧붙여 간단한 센서만 추가로 부착하면 잠시 사용하지 않는 동안 방 안의 전등을 자동적으로 끌 수가 있어서 에

너지를 더 보존할 수 있는 시스템을 만들 수 있다. (그러나 불행하게
도 이러한 센서는 단지 당신이 조용히 앉아서 생각할 때도 전등을 끌 수가
있다.) 최대의 효율을 올리기 위해 필요한 시스템은 이용자가 어떤
방식으로 생활하는지를 익혀서 습득할 수 있고, 동태적으로 변동하
는 전기요금의 패턴을 파악할 수 있어서, 그러한 정보들을 모두 감
안한 예측 모델―최신 정보로 지속적으로 갱신됨―에 따라 전등,
난방, 냉방, 가전제품 등을 가장 최적으로 작동할 수 있는 그런 시
스템이다.

이러한 종류의 자동화는 초창기 가정용 전자제품의 판촉 슬로건
이었던 '노동 절약' 목적과는 관련이 없다. 또한 무한정 시키는 대
로 다 수행하는 기계가 있어서 여러분의 손발처럼 활용한다는 그런
천진난만한 공상에 의해서 개발된 것도 아니다. 이같은 자동화의
목적은 바로 모든 인류의 정주생활에 반드시 필요한 희소한 소비재
자원들을 더욱 효율적으로, 그리고 자원의 시장가격에 민감하게 반
응하면서 사용할 수 있도록 하는 것이다. 우리 인간들은 직접 이런
자원의 시장가격에 일일이 반응하는 것말고도 해야 할 더 좋은 일
들이 많이 있다. 따라서 이런 일들은 어쨌든 우리 인간보다 더 잘
할 수 있는 스마트한 실리콘 대행자들[8]에게 넘겨주어야 한다.

:: 부드러운 변혁 Soft Transformation

21세기가 개막되면서 펼쳐질 새로운 발전의 정점에서는, 탈물질
화, 탈이동화, 대량 맞춤생산, 지능적 작동 등의 흐름을 잘 활용할
수 있게 조직된 마을들, 그리고 나아가 전체적으로 새로운 도시들

---

[8] 지능을 갖춘 기계를 뜻함

을 창조할 수 있는 기회가 분명히 있을 것이다. 그렇지만 이미 많이 개발된 지역에서 제일 먼저 해야 할 과업은 기존의 건물들과 공공 공간, 교통 하부구조 등을 그것이 원래 만들어질 때 요구되었던 것과는 전혀 다른 새로운 요구에 맞도록 적응시키는 일이 될 것이다. 이들 산업 시대의 유산들, 그리고 그 이전 시대의 유산들이 미래에도 효율적으로 기능하기 위해서는 변혁을 필요로 한다.

도시는 그전에도 그런 변혁을 경험해왔다. 특히 산업혁명은 광대한 공업지역, 노동자주택, 도심의 사무실, 큰 용량의 교통시스템의 공급을 요구하였다. 이러한 요구에 대응할 수 있었던 도시들은 성장하고 번영한 반면에, 그렇게 할 수 없었던 많은 도시들은 쇠퇴해갔다. 그러나 이것은 극단적으로 파괴적인 결과를 낳았다. 도시의 오래된 거리들은 제거되었고, 건축적 유산은 상실되었으며, 철도와 고속도로가 도시의 섬세한 조직을 잔인하게 분단했으며, 도시에서 가난한 사람들의 삶은 비참한 상황에 몰렸다. 변혁의 비용은 막대했다.

다행하게도 다가오는 변화는 그 같은 황폐한 결과가 초래되는 것을 필요로 하지 않는다. 새로운 교통 하부구조의 건설이 대규모의 공간을 점유하고 종종 자연적·문화적 가치가 높은 지역을 파괴하고 소음과 오염을 증가시키는 데 비하여, 새로운 정보통신 하부구조의 건설은 그 물리적 결과에 있어서 훨씬 부드럽고 자연스럽다. 정보통신 하부구조는 로버트 모제스[9]와 같은 사람을 필요로 하지 않는다. 정보통신 하부구조는 거의 눈에 띄지 않게 장착될 수 있다. 예를 들어, 이탈리아에 있는 아름답고 오래된 도시인 시에나[10]에서 텔

---

[9] Robert Moses(1888-1981). 미국의 행정가로 링컨센터, 유엔 건물 같은 뉴욕의 주요 건물을 계획한 사람.

[10] 이탈리아의 중서부에 있는 오래된 도시로 13-14세기 시에나 학파로 불리던 일군의 예술집단의 근거지로 유명함.

레비전 케이블이 이 역사적인 거리 전체에 가설되었는데, 이 덕분에 거리를 볼품없게 하던 지붕 위에 불쑥불쑥 튀어나온 텔레비전 안테나들이 사라지게 되었고, 또 덕분에 고속의 디지털 정보통신을 위한 훌륭한 하부구조가 공급되었다.

더욱이 우리가 그동안 눈으로 본 것처럼, 정보와 관련된 일을 하기 위해 전자서비스되는 공간들은 오늘날 도시의 상업지구나 공업지구처럼 서로 연속된 큰 덩어리로 함께 모여 있어야 할 아무런 필요가 없으며, 오히려 섬세한 나뭇결 같은 도시조직 속에 효율적으로 분포될 수 있다. 또한 이들 정보공간들은 공업시설들과는 달리 주변 지역의 생활의 질에 아무런 부정적 효과도 끼치지 않는다. 특히 이들 정보공간들은 오래된 도시의 역사적 구역의 특징이기도 한 작은 규모이면서도 끊임없이 변화하는 특징을 지닌 공간 속에 수용되기에 아주 적합하다.

이것은 과거 향수적이고 보수적인 보존주의(preservationism)를 넘어설 수 있는 기회와 전망을 제공해준다. 보존주의 대신에 우리는 기능적으로 쓸모없게 된 도시조직을 다시 연결하고, 용도를 새로 부여하고, 그 가치를 다시 되살릴 수 있다.

지금 현재 우리가 있는 곳에서 미래에 우리가 필요로 하는 곳으로 가는 경로는 대규모의 격동적 변화의 길이어야 할 필요는 없다. 우리는 점진적이며 섬세하며 파괴적이지 않은 그런 변혁의 길을 갈 수가 있다.

:: 우리 도시의 미래 Our Town Tomorrow

21세기에 우리는 다음과 같이 세련된 문명을 갖춘 도시환경에 발붙이고 살아갈 것이다. 즉 보다 적은 사물의 축적, 보다 많은 정보의 흐름, 지리적 집중의 완화, 전자접속의 강화, 희귀한 자원의 소비억제, 지능적 관리의 확대라는 환경 속에서 살아갈 것이다.

우리는 점차 기존의 장소에다 새로운 요구를 적응시킬 수 있다는 것을, 그리고 그 방법은 물리적 구조를 파괴하고 새로운 것을 건설하면서가 아니라, 하드웨어의 배선을 바꾸고 소프트웨어를 새로 깔고 네트워크 연결을 재조직하면서 충분히 할 수 있다는 사실을 깨닫게 될 것이다.

그리고 미래에도 장소의 힘은 여전히 중요할 것이다. 전통적인 입지 논리는 약화되겠지만, 특별한 문화, 경치, 기후의 매력―전선을 통해서는 결코 공급될 수 없는 그런 유일무이한 특성들―을 제공해주면서 아울러 자기가 가장 관심을 가지는 사람들과 서로 직접 만나 교류할 수 있는 그런 환경을 갖춘 장소에 우리는 매혹될 것이다.

물리적 환경과 가상적 장소는 상호 독립적으로 기능하면서도, 기존의 도시생활의 패턴 속에서 서로를 대체하는 것이 아니라, 변혁된 도시생활의 패턴 속에서 서로를 보완할 것이다. 때로 우리는 물리적 장소로 가지 않고 대신 네트워크를 이용할 것이다. 그러나 또 다른 때에는 네트워크 대신 여전히 물리적 장소로 갈 것이다.

:: 주해

머리말: 도시의 진혼곡

[1] Marshall McLuhan, "The Alchemy of Social Change," Item 14 of *Verbi-Voco-Visual Exporations*, New York: Something Else Press, 1967. 그는 이어서 다음과 같은 점을 강조하고 있다. "텔레비전, 신문, 잡지를 갖춘 고속도로 휴게소들은 모두 뉴욕이나 파리와 같이 세계주의적이다. ……대도시는 이제 **폐물이 되었다**." 이러한 관점이 그 혼자만의 것은 아니다. 예를 들어 저명한 프랑스 건축가이자 도시이론가인 프랑수아 쇼아이(Françoise Choay)는 *The Rule and the Model: On the Theory of Architecture and Urbanism* (Cambridge: MIT Press, 1997)에서, '도시'라는 용어는 더 이상 우리의 현재 도시환경에 적용될 올바른 용어가 아니며, 따라서 도시라는 용어의 사용은 과거의 어떤 환경을 서술하기 위하여 보존해놓아야 한다고 주장했다. 쇼아이는 도시성(urbanity)을 사랑한 사람이며, 서운함과 체념의 마음을 가지고 이렇게 발전을 바라보았다. 그렇지만 다른 이들은 멋진 해방을 선언한다. 보수적 이데올로그이자 테크노 찬미자인 조지 길더(George Gilder)는 *Forbes ASAP*(February 27, 1995, p.56)에서 다음과 같이 주장하였다. "우리는 도시의 죽음을 향해 나아가고 있다." 어쨌든 도시는 "산업시대로부터 남겨진 짐꾸러미" 이상의 그 어떤 것도 아니다.

[2] 1950년대 말에 그 절정에 달했던 전통적 관점의 고전적 주장 중에는 루이스 멈포드의 책 *The City in History: Its Origins, Its Transformations, and Its Prospects*(New York: Harcourt Brace, 1961)와 제인 제이콥스의 책 *The Death and Life of Great American Cities*(New York: Vintage, 1961)가 있다. 멈포드와 제이콥스는 현시기 논쟁의 양쪽 편을 각각 대변한다. 그리고 분명히 함께 한 묶음으로 묶인 것을 반기지 않을 것이다. 그러나 여기의 관점에 따르면, 둘은 차이점보다는 유사점이 더 많다. 그리 오래되지 않은 과거에 도시에 대한 개념들의 변화는 피터 홀(Peter Hall)의 아래 책에서 매우 훌륭하게 조사되었다. *Cities of Tomorrow: An Intellectual History of Urban Planning and Design in the Twentieth Century*, Cambridge, Mass.: Blackwell, 1988. 또한 피터 홀의 *Cities in Civilization*(New York: Pantheon, 1998)은 멈포드의 주제를 정교화하고 최근의 상황에 맞게 새롭게 쓴 책이다.

1. 메가급 네트워크의 발전

[1] 전통 맑시스트, 맥루한학파(McLuhanites), 실리콘밸리의 미래주의자들은 모두 기술결정주의에 가깝다. 레이몬드 윌리암스(Raymond Williams)는 *Television: Technology and Cultural Form*(New York: Schocken, 1975)을 통해서 이런 기술결정주의를 날카롭고 광범위하게 비판하였는데, 그의 이런 비판은 그 뒷세대 사회과학자들(특히 좌파 사회과학자들)에게 매우 큰 영향을 미쳤다. 주체(agent)로서의 기술 관념에 대한 최근의 비판 동향을 좀더 자세히 보고 싶으면 Leo Marx, "Technology: The Emergence of a Hazardous Concept," *Social Research*(Fall, 1997)를 참고하라.

[2] 여기서 기술은 허버트 마르쿠제(Herbert Marcuse)가 1941년 그의 유명한 논문 "Some Social Implication of Modern Technology"에서 주창한 내용을 따르고 있다. 이 논문은 *Technology, War and Fascism: Collected Papers of Herbert Marcuse*, vol.1, ed. Douglas Kellner(London: Routledge, 1998, pp.39-65)에 재수록되어 있다. 마르쿠제는 기술, 즉 테크놀로지에 관해 다음과 같이 말하고 있다. "테크놀로지는 사회적 과정이며, 이 속에서 테크닉(technics)은 단지 한 부분적 요소에 불과할 뿐이다(즉 공업, 교통, 통신의 기술적 도구)…… 테크놀로지는 생산양식이며, 기계시대(the machine age)를 특징짓는 도구, 장치, 수단의 총체이다. 따라서 이런 의미에서 또한 기술은 사회관계를 조직하고 존속시키고 혹은 변화시키는 양식이며, 동시에 유행하는 사상과 행동 패턴의 현시(顯示)이며, 통제와 지배의 도구이기도 하다."

[3] 이 구절은 1993년 잡지 ≪와이어드(Wired)≫의 창간호에 있는 내용이다. 지금까지 디지털 혁명의 경제적·사회적·정치적 역동성에 관해 가장 세밀하고 종합적으로 분석한 것은 마뉴엘 카스텔(Manuel Castells)의 역작 *The Rise of the Network Society*(Oxford: Blackwell, 1996)이다. 디지털 혁명의 기술적 토대에 관해서는 1990년대 중반 이후 발간된 아래의 세 가지 책 속에서 담긴 저명한 내부 소식통의 설명에서 가장 명쾌하게 기술되어 있다. 즉 니콜라스 네그로폰테(Nicholas Negroponte)의 *Being Digital*(New York: Knopf, 1995); 빌 게이츠(Bill Gates)의 *The Road Ahead*(New York: Viking, 1995); 마이클 데토우조스(Michael Dertouzos)의 *What Will Be*(New York: Harper- Edge, 1997). 한편 나는 내 책 『비트의 도시(City of Bits)』(Cambridge: MIT Press, 1995)에서 건축가와 도시계획가가 정신을 바짝 차리고 여기에 주목해야만 한다고 주장했었다. 디지털 혁명에 관한 이런 모든 저서들과는 아주 다른 견해를 지닌, 즉 매우 구슬픈 디스토피아적 견해

에 대해서는 폴 비릴리오(Paul Virilio)의 *Open Sky*(London: Verso, 1997)를 참조하라. 또한 디지털 혁명이 가져올 수 있는 잠재적 부작용에 대한 자세한 분석은 지니 로크린(Gene I. Rochlin)의 *Trapped in the Net: The Unanticipated Consequences of Computerization*(Princetion: Princeton University Press, 1997)을 참조하라.

[4] 지금 우리 시대가 이러한 결합의 결과를 처음으로 경험하는 것은 아니다. 프랜시스 베이컨(Francis Bacon)은 그의 *Novum Organum*에서 (너를 거기로 데려다주는) 나침반, (너가 그곳을 지배할 수 있게 해주는) 화약, 그리고 (그 사실을 모두에게 알려주는) 인쇄기의 발명 덕분에 근대 세계는 고대 세계보다 훨씬 많은 이득을 얻게 되었다는 유명한 지적을 하였다.

[5] 이러한 입장은 정보통신 분석가들에게는 아주 자명한 이치가 되고 있다. 또한, 지금까지의 진보를 설명하고 미래의 시나리오를 예측하는 수많은 글들이 출판되었다. ARPANET과 인터넷에 관한 이야기는 Katie Hafner and Mathew Lyon, *Where Wizards Stay Up Late: The Origins of the Internet*(New York: Simon & Schuster, 1996)에서 다루고 있다. 조금 더 기술적인 설명은 Peter H. Salus, *Casting the Net: From ARPANET to Internet and Beyond*(Reading, Mass.: Addison Wesley, 1995)를 참조하라. 디지털 텔레비전의 등장에 관해서는 Joel Brinkley, *Defining Vision: The Battle for the Future of Television*(New York: Harcourt Brace, 1997)에 시대순으로 기술되어 있다. 초창기 월드와이드웹(World Wide Web: WWW)에 대해 알고 싶으면 Robert H. Reid, *Architects of the Web: 1,000 Days That Built the Future of Business*(New York: John Wiley, 1997)를 보라. 종합적이고 전반적인 경향을 이해하는 데는 Wilson Dizard, Jr., *Meganet: How the Global Telecommunications Network Will Connect Everyone on Earth*(Boulder: Westview Press, 1997)가 도움이 될 것이다. 이러한 것들이 모두 앞으로 어떻게 진행될 것인지에 대한 설득력 있는 예측을 보고 싶으면 Gordon Bell and James N. Gray, "The Revolution Yet to Happen," chapter 1 of Peter J. Denning and Robert M. Metcalfe, *Beyond Calculation: The next Fifty Years of Computing*(New York: Springer-Verlag, 1997, pp.5-32)을 참조하라.

[6] 그것이 바로 실리콘이 약속하는 바다. 이 단계를 넘어서면 아마 양자(quantum) 컴퓨팅처럼 보다 우리에게 낯선 가능성이 어렴풋이 펼쳐질 것이다. 더욱 작고, 처리속도가 더욱 빠르고, 연산능력이 더욱 향상된 컴퓨터를 만드는 데 이제 새로운 아이디어가 고갈되었다는 생각은 완전히 틀린 생각이다.

[7] 이러한 견해에 대한 자세한 설명은 Thomas L. Friedman, "The Internet Wars," *New York Times*(April 11, 1998, p.A27)를 참조하라.

[8] 이들 도시 하부구조 네트워크들이 발전의 가장 직접적 원인이라고 말할 수 있다. 물론 정치경제학자들이 종종 그렇게 하듯이, 더 넓은 맥락의 사회적·정치적 인과관계 속에서 설명될 수도 있다. 현대의 도시 형성 과정에서 도시 하부구조가 수행한 전반적 역할을 알고 싶으면, Josef W. Konvitz, "The Infrastructure," in *The Urban Millennium: The City-Building Process from the Early Middle Ages to the Present*(Carbondale: Southern Illonois University Press, 1985, pp.131-146)를 참조하라. 또 하부구조의 성장, 대체, 쇠퇴의 역사적 양상을 살펴보고 싶으면, Arnulf Gubler, "Evolution of Infrastructures: Growth, Decline, and Technological Change," chapter 3 of *The Rise and Fall of Infrastructures*(Heidelberg: Physica-Verlag, 1990)를 참고하라.

[9] 이 내용과 관련된 논쟁, 특히 캘리포니아의 팔로알토(Palo Alto)에 초점을 둔 논쟁에 대해서는 John Markoff, "Old Man Bandwidth: Will Commerce Flourish Where Rivers of Wire Converge?" *New York Times* (December 8, 1997, pp.D1, D13)에 나와 있다. 그리고 다른 맥락에서 좀더 자세한 내용들을 보고 싶으면, Andrew Gillespie and William Cornford, "Telecommunication Infrastructures and Regional Development," in William H. Dutton, ed., *Information and Communication Technologies: Visions and Realities* (New York: Oxford University Press, 1996, pp.335-352) 참조.

[10] 대역폭(bandwidth)은 매우 제한적이었기 때문에, 초창기 전화 통화는 말의 많은 뉘앙스를 여과해 버렸다. 즉 음성을 금속조각으로 거칠게 환원시켰다. 그래서 phonies란 단어는 이런 한계를 악용한 사기꾼이나 야바위꾼을 일컫는, 그리고 또한 자신의 위선을 숨기기 위해 얼굴과 몸짓을 감추는 자들을 뜻하는 용어가 되었다.

[11] 예를 들어 Agnès Huet and Jean Zeitoun, *Les téléports: Nouvelles places de marche sur les inforoutes*(Paris: L'Harmattan, 1995) 참조할 수 있다.

[12] 인도 정부는 여기에 필수적인 데이터 정보통신시설을 갖추는 것에 덧붙여서, 전선망을 구축하고, 소프트웨어 기업이 즉시 이용할 수 있도록 작업공간을 미리 사전에 준비하고, 규제 절차를 합리화하고, 세금 감면 혜택을 줌으로써 소프트웨어 단지의 경쟁력을 향상시키고 있다.

[13] UNESCO, *World Communication Report: The Media and the Challenge of*

the New Technologies, Paris: UNESCO publishing, 1997, pp.18, 70.

[14] 정보통신이 발달하기 이전이었던 미국 도시체계의 초창기 성장과정에 대해 분석한 글로는 Allan R. Pred, *Urban Growth and the Circulation of information: The United States of Cities, 1790-1840*(Cambridge: Harvard University Press, 1973) 참조.

[15] 이러한 거래 시스템은 전신, 전화, 텔렉스 연계와 더불어 시작되었다. 그후 로이터(Reuters)는 1973년부터 시작된 모니터 서비스를 통하여 컴퓨터 네트워크 시대에 돌입하게 된다. 이를 통해 요동치는 환율에 관한 매 일분 단위의 정보가 제공될 수 있었다. 1990년대에 들어와서는 모든 거래자의 책상 위에 온라인 거래가 가능한 정교한 워크스테이션 컴퓨터가 놓였으며, 거래자들은 또한 환율 모니터 호출기를 착용하게 되었다. 그리고 로이터(Reuters), 블룸버그(Bloomberg), 다우존스 마켓(Dow Jones Market), 브리지(Bridge)와 같은 여러 회사들이 금융정보와 거래시스템 시장을 놓고 매우 치열하게 경쟁하고 있다.

[16] 이와 관련한 기술에 대한 소개는 Annabel Z. Dodd, *The Essential Guide to Telecommunications*(Upper Saddle River, N.J.: Prentice Hall PTR, 1998) 참조.

[17] Ferdinand Tönnies, *Community and Association*, London: Routledge & Kegan Paul, 1953(original 1887).

[18] 이같은 발전 과정에 대한 간결한 설명은 Joel A. Tarr, "The Evolution of the Urban Infrastructure in the Nineteenth and Twentieth Centuries," in Royce Hanson, ed., *Perspectives on Urban Infrastructure*(Washington, D.C.; National Academy Press, 1984, pp.4-60) 참조. Joel A. Tarr and Gabriel Dupuy, eds., *Technology and the Rise of the Networked City in Europe and America*(Philadelphia: Temple University Press, 1988)에는 유용한 경험연구들이 많이 묶여 있다. 도시 건설에 있어서 네트워크의 일반적인 역할에 대해서는 Konvitz, *The Urban Millennium*을 참조하라.

[19] 이러한 시장에 대한 낙관적인 견해는 Frances Cairncross, *The Death of Distance: How the Communications Revolution Will Change Our Lives*(Boston: Harvard Business School Press, 1997), and John Hagel Ⅲ and Arthur G. Armstrong, *Net Gain: Expanding Markets through Virtual Communities*(Boston: Harvard Business School Press, 1997)에 제시되어 있다. 그렇지만 닐 포스트

먼(Neil Postman)과 같은 냉소적 시각을 지닌 비판자들은 새로운 디지털 기술이라는 것은 사실 엔터테인먼트 산업을 위해 시장을 확대시켜주는 거대한 계략에 불과할 뿐이라고 여긴다. 여기에 관해서는 Neil Postman, "Future Schlock: 500 Channels and Nothing On," *Toronto Glove & Mail*(1993)을 참조하라.

[20] 지역사회 네트워크(community networks)에 관해서는 Stephen Doheny-Farina, *The Wired Neighborhood*(New Haven: Yale University Press, 1996), and Douglas Schuler, *New Community Networks: Wired for Change*(Reading, Mass.: Addison-Wesley, 1996)를 참조하라. 샌프란시스코의 웰에 관해서는 Howard Rheingold, *The Virtual Community: Homesteading on the Electronic Frontier*(Reading, Mass.: Addison-Wesley, 1993)를, 뉴욕의 에코에 관해서는 Stacy Horn, *Cyberville; Clicks, Culture, and the Creation of an Online Town*(New York: Warner Books, 1998)을 참고하라.

[21] 예를 들어, Mike Jensen, "A Guide to Improving Internet Access in Africa with Wireless Technologies," *International Development Research Council Study*(August 31, 1996) 참조.

[22] 인공위성 시스템의 기능 향상에 대해서는, John Montgomery, "The Orbiting Internet: Fiver in the Sky," *Byte*(November 1997, cover story)를 참조하라.

[23] Karl Marx and Friedrich Engels, *The Communist Manifesto: A Modern Edition*, London:Verso, 1998, p.40. 이 판의 발행 서문에서 에릭 홉스바움(Eric Hobsbawm)은 '몽매(idiocy)'란 단어의 뜻이 '어리석다, 바보같다'는 의미보다는 그리스의 'idiotes'의 의미에 좀더 가깝다고, 즉 '좁은 안목'이나 '넓은 사회로부터의 고립'과 같은 의미를 지닌다고 지적하고 있다(p.11).

[24] Nicholas Negroponte, "One-Room Rural Schools," *Wired* 6, no.9, September 1998, p.212.

[25] 초창기 여과(filtering) 기술의 실제 영향에 대해서는 Larry Guevara, "Plain or Filtered," *Educom Review* 33, no.3(March/April 1998, pp.4-6)을 살펴볼 것.

[26] 1990년대 인터넷과 월드와이드웹(WWW)이 급속도로 성장하면서, 입법가와 법률가들의 이에 관한 인식도 높아졌다. 그리고 이러한 성장의

결과로 나타난 여러 쟁점들을 분류하는 작업을 시작했다. 예를 들어, M. Ethan Katsh, *Law in a Digital World*(New York: Oxford University Press, 1995), and Brian Kahin and Charles Nesson, eds., *Borders in Cyberspace* (Cambridge: MIT Press, 1997)를 참조하라.

[27] '공간'을 기하학적으로만 엄격하게 인식할 필요가 없으며, 사회적 산물로 유용할 수 있다는 인식은 앙리 르페브르의 다음 책에서 주장되었다. Henri Lefebvre in *The Production of Space*, trans. Donald Nicholson-Smith, Oxford: Blackwell, 1991(original 1974). 도시와 관련된 르페브르의 글은 *Writings on Cities*, trans. and ed. Eleomore Kofman and Elizabeth Lebas (Oxford: Blackwell, 1996)에 묶여 있다.

[28] 이것은 1997년에 들어와 분명해졌다. 잡지 ≪와이어드≫의 최근 재정적 어려움에 관한 기사에서, 책임 편집자 케빈 켈리(Kevin Kelly)의 다음과 같은 언급이 인용되었다. "여러분이 한때는 멋있었을지 모른다. ……내 생각에 우리는 멋있었던 시기를 지나서 그후의 시기로 들어서고 있는 것 같다." 그리고 브루스 스털링(Bruce Sterling)은 다음과 같은 말을 덧붙였다. "디지털 혁명의 초기 시절에 이것은 실제로 일종의 혁명이었으며, 따라서 모든 것이 가능한 것처럼 보였다…… 그러나 쯧쯧, 애석하게도 혁명 후에 임시정부가 들어섰다. 그리고 아주 보편적이게도 혁명은 자신이 낳은 어린 아이를 먹어치운다." Amy Harmon, "Fast Times at Wired Hit a Speed Bump," *New York Times*(August 4, 1997, pp.D1, D8) 참조. 1998년에 이르러서는 아무도 이를 의심하지 않았다. ≪와이어드≫가 Conde-Nast 잡지 왕국에 흡수되어버렸기 때문이다.

2. 텔레매틱스가 주도한다

[1] *Terminal Architecture*(London: Reaktion Books, 1998)에서 Martin Pawley는 이러한 관점을 발전시켜서 21세기 건축을 유적이 아닌 정보의 터미널로 이해해야 한다는 주장을 했다. 여기에 동의한다. 그러나 그는 나보다 더 을씨년스러운 결론으로 나아갔다.

[2] 깁슨(William Gibson)의 *Neuromancer*(New York: Ace Blooks, 1984)─사이버스페이스(cyber space)라는 단어를 유행시킨 소설─는 전자적인 매개에 의한 육체의 분리와 비장소성을 제기한 것으로 단순하게 받아들여진다. 그러나 여기서 더 나아가서 [치바(Chiba) 시(市)와 같은] 특별한 물리적 장

소와 가상의 장소 간, 물질적 여행과 전자접속 간, 육체와 전자 아바타 간의 복잡한 상호작용에 대한 알레고리를 읽어낼 수 있다.

[3] 이것은 1990년대 중반에 나타나기 시작했다. 아바타의 초기 모습은 마이크로소프트의 V-Chat, 인텔의 Moondo, 소니의 Cyber Passage Bureau, 아이비엠의 Virtual World, 라이코스의 Point World, Alpha World, Worlds Chat, The Realm, Utopia에서 볼 수 있다. 대략 1997~1998년 상황에 대한 유용한 개론으로는 Bruce Damer, *Avatars! Exploring and Building Virtual Worlds on the Internet*(Berkeley: Peachpit Press, 1998)을 들 수 있다. 아바타 (avatar)란 단어는 산스크리트어에서 기원한 것으로, 힌두교의 신들을 여러 모양의 우상으로 재현한 것을 의미했다. 예컨대 1998년 8월 27일자 ≪데칸 헤럴드(Deccan Herald)≫로부터 인용하자면 "음악가 가네샤(Ganesha), 크리켓 경기자 가네샤, 무장 가네샤, 춤추는 가네샤, 아프가니스탄의 가네샤, 중국의 가네샤, 일본의 가네샤, 사만비아(Samanvyaa) 가네샤, 치장된 가네샤, 시르디 사이 바바(Shirdi Sai Baba)로서의 가네샤, 타이타닉에서의 가네샤, 앉아 있는 가네샤, 서 있는 가네샤, 금속 가네샤, 점토 가네샤, 나무 가네샤…… 등 수많은 이름을 가진 조물주인 가네샤라는 신은, 비나야카 차투르기(Vinayaka Chatur- ghi) 시에서 화요일마다 여러 다양한 형태의 신격을 가진 우상으로 숭배되고 있었다."

[4] Paul Saffo, "Sensors: The Next Wave of Innovation," *Communications of the ACM* 40, no.2, February 1997, pp.93-97.

[5] Krzysztof Wodiczko, *Critical Vehicles: Writings, projects, Interviews*, Cambridge: MIT Press, 1999.

[6] Bill Gates, "Plugged In at Home," in *The Road Ahead*, New York: Viking, 1995, pp.205-226.

[7] Robert Venturi, *Iconography and Electronics upon a Generic Architecture*, Cambridge: MIT Press, 1996.

[8] H. Ishii, M. Kobayashi, and K. Arita, "Interative Design of Seamless Collaboration Media," *Communications of the ACM* 37, no.8, August 1994, pp.83-97.

[9] P. Maes, T. Darrell, B. Blumberg, "The ALIVE System: Wireless, Full-Body Interaction with Autonomous Agents," *Communications of the ACM*

39, Spring 1996.

[10] J. Jacobson, B. Comiskey, et al., "The Last Book," *IBM Systems Journal* 36, no.3, 1997. 또한 Neil Gershenfeld, "Bits and Books," in *When Things Start to Think*(New York: Henry Holt, 1999, pp.13-25)를 참조하라.

[11] 이런 종류의 아이디어들 대부분은 MIT의 미디어 연구소의 ambient-ROOM 프로젝트에서 실험되었다. 구체적으로는 Hiroshi Ishii, Craig Wisneski, Scott Brave, Andrew Dahley, Matt Gorbett, Brygg Ullmer, and Paul Yarin, "ambientROOM: Integrating Ambient Media with Architectural Space," and Andrew Dahlet, Craig Wisneski, and Hiroshi Ishii, "Water Lamp and Pinwheels: Ambient Projection of Digital Information into Architectural Space," both in *Proceedings of CHI* 98(New York: Association for Computing Machinery, 1998)을 참조하라.

[12] John Underkoffler는 이런 접근법을 자신의 Luminous Room 프로젝트에 차용하였다. 여기에 대해서는 John Underkoffler, "A View from the Luminous Room," *Personal Technologies* 1, no.2(June 1997, pp.49-59)를 참조하라.

[13] Pierre Wellner, "Interaction with Paper on the Digital Desk," *Communications of the ACM* 36, no.7, July 1993, pp.87-96.

[14] Hiroshi Ishii and Brygg Ullmer, "Tangible Bits: Towards Seamless Coupling of People, Bits, and Atoms," *Proceedings of CHI*, 1997, pp.234-241. 이러한 개념의 발전된 형태를 알고 싶으면, John Underkoffler and Hiroshi Ishii, "Illuminating Light: An Optical Design Tool with a Luminous-Tangible Interface," *Proceedings of CHI*(1998, pp.542-549)를 참조하라.

[15] Myron Krueger, *Artificial Reality Ⅱ*, Reading, MA: Addison-Wesley, 1991.

[16] Osamu Morikawa and Takanori Maesako, "HyperMirror: Toward Pleasant-to-Use Video Communication System," *Proceedings of CSCW 98: ACM 1998 Conference on Computer Supported Collaborative Work*, New York: Association for Computing machinery, 1998, pp.149-158.

[17] John Underkoffler, "The I/O bulb and the Luminous Room," PhD

dissertation, Media Arts and Sciences program, MIT, 1998.

[18] Ivan E. Sutherland, "A Head-Mounted Three-Dimensional Display," *Proceedings of the Fall Joint Computer Conference*, Washington, D.C.: Thompson Books, 1968.

[19] 알베르티(Alberti)의 사각형, 컴퓨터 그래픽, 가상현실 이 셋 간의 상관관계에 대한 비판적 논의의 연장선에 대해 알고 싶으면, Jay David Bolter and Richard Grusin, *Remediation: Understanding New Media*(Cambridge: MIT Press, 1998)를 참조하라.

[20] C. Cruz-Neira, D. J. Sandin, and T. A. Defanti, "Surround-Screen Projection-Based Virtual Reality: The Design and Implementation of the CAVE," *Proceedings of SIGGRAPH* 93, New York: Association for Computing Machinery, 1993, pp.135-142. 또한 T. A. DeFanti, D. J. Sandin, and C. Cruz-neira, "A 'Room' with a 'View'," *IEEE Spectrum*(October 1993, pp.30-33)도 참조하라.

[21] 1996년도 즈음의 연구결과와 프로토타입의 응용을 훑고 싶으면, Larry Krumenaker, "Virtual Assembly," *MIT's Technology Review*(February/March 1997, pp.18-19)를 참조하라. 좀더 구체적인 내용을 알고 싶다면, S. Feiner, B. MacIntyre, and D. Seligman, "Knowledge- Based Augmented Reality," *Communications of the ACM* 36, no.7(July 1993, pp.53-62), and R. T. Azuma, "A Survey of Augmented Reality," *Presence* 6, no.4(1997, pp.355-380)를 참조하라.

3. 소프트웨어: 새로운 장소의 정령

[1] GPS 기술은 새로운 것이 아니며, 소형화와 비용절감만 뒷받침된다면 매일매일 편리하게 널리 이용될 수 있을 것이다. GPS 수신기는 부피가 크고 수만 달러나 하는 것이었지만, 1990년대 후반에는 단지 몇백 달러 나가는 휴대용 아이템이 되었다.

[2] 이 생각의 앞선 적용 사례는 다음 문헌에서 소개되어 있다. Andy Harter and Andy Hopper, "A Distributed Location Systerm for the Active Office," *IEEE Network* 8, no.1, 1994, pp.63-70 and Roy Want, Bill N. Schilit,

Norman I. Adams, Rich Gold, Karin Petersen, David Goldverg, John R. Ellis, and Mark Weise, "An Overview of the ParcTab Ubiquitous Computing Experiment," *IEEE Personal Communications* 2, no.6, 1995, pp.28-43.

[3] Joe Paradiso and Neil gershenfeld, "Musical Applications of Electric Field Sensing," *Computer Music Journal* 21, no.2, 1997.

[4] 예컨대, Alex P. Pentland, "Smart Rooms," *Scientific American*(April 1996, pp.68-76)을 참조하라. 좀더 정교한 기술적 접근법은 Michael Coen, Ed., *Intelligent Environments: Papers from the 1998 AAAI Spring Symposium*, Technical Report SS-98-02(Menlo Park: AAAI Press, 1998)를 참조하라.

[5] Neil Gershenfeld, *When Things Start to Think*, New York: Henry Holt, 1999, pp.152-154.

[6] Paul Saffo, "Sensor: The Next Wave of Innovation," *Communications of the ACM* 40, no.2, February 1997, pp.93-97.

[7] 이러한 평가는 Ted Lewis의 "Binary Critic" column, *IEEE Computer* (September 1997)에서 드러났다.

[8] 블루투스에 대해서 더 자세히 알려면 www.bluetooth.com을 참조.

[9] Jini에 대한 구체적인 것은 www.sun.com/jini 나 www.jini.org 사이트를 참조하라. 동시대의 다른 과학기술, 예를 들어 모토로라의 Piano, 휴렛패커드의 JetSend 그리고 HAVi의 가정 디지털 장치의 상호작동 사양도 상호작동 문제에 대해서 유사하게 다루고 있다.

[10] 자바(Java)에 대해 조금 더 구체적인 것은 www.sun.com/java를 참조.

[11] 소프트웨어 대행자(agent) 기술과 그 응용은 Michael N. Huhns and Munindar P. Singh, *Readings in Agents*(San Francisco: Morgan Kaufmann, 1998)에서 이해하기 쉽게 조사되어 있다. 대행자 개발에 대한 실질적인 안내서를 보려면, Michael Knapik and Jay Johnson, *Developing Intelligent Agents for Distributed Systems: Exploring Architecture, Thchnologies, and Applications*(New York: McGraw-Hill, 1998)를 참조하라.

[12] 단일 용도로 전문화된 정보장치의 개념과 여기에 찬성하는 입장에 대해서 좀더 상세하게 알고 싶으면, Donald A. Norman, *The Invisible*

Computer: Why Good Products Can Fail, the Personal Computer Is So Complex, and Information Appliances Are the Solution(Cambridge: MIT Press, 1998)을 참조하라.

4. 컴퓨터 속에서 산다

[1] 조금 더 흥미로운 가능성은 다음 문헌에 나타나 있다. Steve Mann, "Wearable Computing: A First Step Toward Personal Imaging," *IEEE Computer*, February 1997, pp.25-32. 또한 Thad Starner and Steve Mann, "Augmented Reality through Wearable Computin," *Presence* 6, no.4(1997)도 참조하라. 몸에 부착 가능한 휴대 장치와 신체 네트워크의 선례를 보고 싶으면, Chris Hables Gray, ed., *The Cyborg Handbook*(New York: Routledge, 1995) 참조.

[2] T. Zimmerman, "Personal Area Networks(PAN)," *IBM Systems Journal* 35(1996), pp.609-618. 또한 Neil Gershenfeld, "Wear Ware Where," in *When Things Start to Think*(New York: Henry Holt, 1999, pp.45-61)도 참조하라.

[3] Donna J. Haraway, *Simians, Cyborgs and Women*, New York: Routledge, 1991. Gray, ed., *The Cyborg Handbook*, and N. Katherine Hayles, *How We Became Posthuman: Virtual Bodies in Cybernetics, Literature, and Informatics*, Chicago: University of Chicago Press, 1999.

[4] 초기의 것으로는 Xybernaut(이것은 머리 위에 부착시킨, 음성 감지 멀티미디어 컴퓨터이다), ViA, Teltronics가 있다.

[5] Gordon Bell, "The Body Electric," *Communications of the ACM* 40, no.2, February 1997, pp.31-32.

[6] Mark Weiser, "The Computer for the 21st Century," *Scientific Americam* 265, no.3, 1991, pp.94-104. 기술에 대해서 좀더 자세히 알고 싶으면, Mark Weise, "Some Computer Science Problems in Ubiquitous Computing," *Communications of the ACM* 36, no.7(July 1993) 참조.

[7] George Fitzmaurice, "Situated Information Spaces and Spatially Aware Palmtop Computers," *Communications of the ACM* 36, no.7, July 1993.

[8] 예컨대 Scott Elrod, Gene Hall, Rick Costanza, Michael Dixon, and Jim Des Rivieres, "Responsive Office Environments," *Communications of the ACM* 36, no.7(July 1993, pp.84-85)을 참조하라.

[9] David Schneider, "Power to the People," *Scientific American* 276, no.5 (May 1997, p.44)를 참조.

[10] 도로의 요금을 동적으로 책정한다는 개념은, 혼잡한 길에 더 많은 통행료를 부과하고, 한산한 길에는 더 적은 통행료를 부과한다는 것을 의미한다. 1998년 싱가포르는 다차선 도로를 전자동으로 모니터하는 것을 토대로 이 시스템을 도입했다.

[11] W. Wayt Gibbs, "World Wide Widgets," *Scientific American* 276, no.5, May 1997, p.48.

[12] 다양한 거주자들 각각의 환경적 요구를 만족시켜주는 기술을 살펴보기 위해서, Joseph F. McCarghy and Theodore D. Anagnost, "MusicFX: An Arbiter of Group Preferences for Computer Supported Collaborative Workouts," *Proceedings of CSCW 98: ACM 1998 Conference on Computer Supported Collaborative Work*(New York: Association for Computing Machinery, 1998, pp.363-372)를 참조하라.

[13] Michael C. Mozer, R. H. Dodier, M. Anderson, L. Vidmar, R. F. Cruickshank Ⅲ, and D. Miller, "The Neural Network House: An Overview," in L. Niklasson and M. Boden, eds., *Current Trends in Connectionism*, Hillsdale, N. J.: Erlbaum, 1995, pp.371-380, and Michael C. Mozer, "The Neural Network House: An Environment That Adapts to Its Inhabitants," in Michael Coen, ed., *Proceedings of the AAAO Spring Symposium on Intelligent Environments*, Menlo Park: AAAI Press, 1988, pp.110-114.

[14] 이 입장은 Reyner Banham의 *The Architecture of the Well-Tempered Envi-ronment*(Chicago: University of Chicago)에서 생기와 통찰을 더하며 발전했다.

[15] 새롭고 거대한 규모의 하부구조에 대한 고전적인 사회 딜레마는, 이것을 건축하는 데 시간과 돈이 만만치 않게 들기 때문에 누구한테나 어디에나 공급할 수 없다는 데 있다. 하부구조를 거대하게 건설하고, 돈과 시간이 되는 대로 사용자를 늘려가며, 여기서 발생하는 단기간의 불평등은 무시함으로써, 편의와 효율성을 우선할 것인가? 아니면 공평함을 유지하

려, 모든 사람에게 하부구조를 공급할 수 있을 때까지 아무한테도 서비스를 공급하지 않을 것인가? 혹은 현실적인 타협을 찾을 것인가?

5. 가정과 동네

[1] 이러한 생각은 디지털 혁명이 그 추진력을 얻어가고 있던 1980년대 여러 공중파 방송에 많이 등장했다. 특히 도시의 문제나 위험에서 벗어나려는 다소 순진한 유토피아적 환상을 다루던 방송에 많이 나왔다. 예를 들어 Alvin Toffler, *The Third Wave*(New York: Bantam, 1980), and Joseph Deken, *The Electronic Cottage*(New York: Morrow, 1981) 참조.

[2] 실제로는 1990년대 디지털 혁명이 전개되면서 대부분의 미국 주요 도시들에서 도심의 사무공간에 대한 수요가 매우 높아졌다.

[3] 원격작업(telework)과 재택근무 관련 주제에 관해 훌륭하면서도 종합적인 개관을 해주는 참고자료로는 Jack M. Nilles, *Managing Telework: Strategies for Managing the Virtual Workforce*(New York: John Wiley, 1998)를 참조. 유럽에서의 발전에 관해서는 Mike Johnson, "EU study on Teleworking," in *Teleworking...in Brief*(Oxford: Butterworth Heinemann, 1997, pp.193-208) 참조. 재택근무에 관한 연구 문헌은 현재 무척 많다. S. L. Handy and P. L. Mokhtarian, "Forecasting Telecommuting—An Exploration of Methodologies and Research Needs," Transportation 23, 1996, pp.163-190; P. L. Mokhtarian, "The State of Telecommuting," ITS Review 13, no.4, 1990; P. L. Mokhtarian, "Telecommuting and Travel: State of the Practice, State of The Art," Transportation 18, 1991, pp.319-342; P. L. Mokhtarian, "Telecommuting in the United States: Letting Our Fingers Do the Commuting," TR News, no.158, 1992, pp.2-7; J. M. Nilles, "Telecommuting and Urban Sprawl: Mitigator or Inciter?" Transportation 18, 1991, pp.411-431; R. M. Pendyala, K. G. Goulias, and R. Kitamura, "Impact of Telecommuting on Spatial and Temporal Patterns of Household Travel," Transportation 18, 1991, pp.383-409 참조.

[4] 역사적으로 볼 때, 가정 공간의 내부 조직은 집중화와 분산화의 문제를 어떻게 서로 다른 방식으로 해결해왔는지를 잘 반영하고 있다. 사회화 과정이 사적인 거실에서 일어나는지 아니면 공공장소에서 일어나는지, 모든 집마다 개인적인 종교적 성소(聖所)를 가지고 있는지, 아니면 중앙 집중

된 한 장소에서 공동으로 숭배되는지, 집에서 일하는지 아니면 중앙 집중된 작업장으로 일하러 가는지, 개인적인 주차장을 가지고 있는지, 아니면 가까운 어딘가의 공공 시설에 주차하는지, 이같이 다양한 사례들에 관한 논의에 대해서는 Amos Rapoport, *House Form and Culture*(Englewood Cliffs, N.J.: Prentice Hall, 1969) 참조.

[5] 오래된 **마치야**는 길고 좁은 대지 위에 나무로 지어진 아름다운 집합주택이었다. 숙련된 장인들이 자기집 앞의 거리에 그들의 세공품들을 전시하였다. 오늘날 이러한 패턴은 새로 지은 건축물에서도 계속되고 있다. 여기에는 가정, 가게, 소형 공장, 식당들이 서로 복잡하게 얽혀 있다. 현관에 **노랜**이라는 커튼이 걸려 있으면 지금 장사를 하기 위해 문을 열어 놓고 있다는 것을 뜻한다. 이와 같은 마치야의 사례는 특히 유연한 도시 구조를 형성하게 하며, 이로 인해 형성된 유연한 도시 구조는 일본 교토에서 성공한 많은 현대적 기업들의 인큐베이터 역할을 해오고 있다.

[6] 이에 대해서 일찍이 경고한 글로 P. Mattera, "Home Computer Sweatshops," *The Nation* 236, no.13(1983, pp.390-392)을 보라.

[7] 1차적 사회관계와 2차적 사회관계의 구별은 G. H. Cooley, *Social Organization*(New York: Scribner, 1909)에 의해 이루어졌다. 이 구별은 지금까지 사회학의 가장 기초가 되고 있다. 이 구분은 다음과 같은 사람들에 의하여 전자적으로 매개된 상황에도 쓸모있게 적용되고 정교화되었다. Craig Calhoun, "Computer Technology, Large-Scale Social Integration, and the Local Community," *Urban Affairs Quarterly* 22, no.2, December 1986, pp.329-349, and "The Infrastructure of Modernity: Indirect Social Relationships, Information Technology, and Social Integration," in Hans Haferkamp and Neil J. Smelser, eds., *Social Change and Modernity*, Berkeley: University of California Press, 1992, pp.205-236.

[8] Melvin M. Webber, "The Post-City Age," *Daedalus* 97, 1968, pp.1091-1110. 또한 R. F. Abler, "What Makes Cities Important," *Bell Telephone Magazine* 49, no.2, 1970, pp.10-15; P. C. Goldmark, "Communication and Community," *Scientific American* 227, 1972, pp.143-150 참조.

[9] 이러한 관점을 일찍이 공식화한 고전적 저작은 T. C. Koopmans and M. Beckman, "Assignment Problems and the Location of Economic Activities," *Econometrica* 25, no.1(1957, pp.53-76)이다.

[10] 예를 들어 Kerry Hannon, "A Long Way from the Rat Race: The Charms of Telluride Have Made a Telecommuting Town," *US News and World Report*(October 1995) 참조.

[11] 이전의 출력 및 복사가게가 마을의 비즈니스 센터로 전환되는 것이 이런 쪽으로의 추세를 입증해주는 한 증거이다. Laurie J. Flynn, "For the Officeless, a Place to Call Home," *New York Times*, Business Day, July 6, 1998, pp.D1, D4 참조.

[12] 예를 들어 Richard Sennett, *The Fall of Public Man*(New York: Knopf, 1976)을 참조하라.

[13] Robert Putnam, "Bowling Alone: America's Declining Social Capital," *Journal of Democracy* 6, no.1(1995)은 현대 생활에서 공동체의 상실을 진단하고, 그 원인을 도시화, 교외화, 자동차 및 텔레비전의 대중적 보급이 서로 결합된 데에서 찾는 내용을 담고 있는데, 최근에 나온 상당히 긴 비판서로서는 유일한 것이다.

[14] Jane Jacobs, *The Death and Life of Great American Cities*, New York: Vintage Books, 1961. 신도시주의적 관점에 대해서는 Peter Calthorpe, *The Next American Metropolis: Ecology, Community, and the American Dream*, Princeton: Princeton Architectural Press, 1993; Peter Katz and Vincent Scully, *The New Urbanism: Toward an Architecture of Community*,New York: McGraw-Hill, 1993; David Mohney and Keller Easterling, eds., *Seaside: Making a Town in America*, Princeton: Princeton Architectural Press, 1991 참조. 리처드 로저(Richard Rogers)의 매우 색다른 시각에 대해서는 *Cities for a Small Planet*(Boulder: Westview Press, 1997) 참조.

[15] 실리콘 앨리(Silicon Alley)의 등장에 관해서, 그리고 이곳의 장점뿐만 아니라 불만족스러운 점들에 대해서는 Andrew Ross, "The Great Wired Way," *Any*, no.22(1998, pp.57-61)를 참조할 수 있다.

[16] 이러한 공간 패턴에 대한 전반적 개관으로는 John Kain, "The Spatial Mismatch Hypothesis: Three Decades Later," *Housing Policy Debate* 3 (1993, pp.371-460) 참조.

[17] Manuel Castells, "The Informational City Is a Dual City: Can It Be Reversed?" in Donald A. Schön, Bish Sanyal, and William J. Mitchell, eds.,

High Technology and Low Income Communities, Cambridge: MIT Press, 1998, pp.25-42를 참조할 것. 정보 하부구조의 불평등한 접근의 영향에 대해서는 William Wresch, *Disconnected: Haves and Have-Nots in the Information Age*(New Brunswick: Rutgers University Press, 1996)를 참조. 그리고 폐쇄된 공동체로 은둔하는 전반적 경향에 대해서는 Edward J. Blakeley and Mary Gail Snyder, *Fortress America: Gated Communities in the United States*(Washington, D.C.: Brookings Institution Press, 1997) 참조.

[18]　기술의 변혁이 특권화와 주변화라는 두 가지 동시적 영향을 초래함으로써 이중 도시(dual city)가 나타난다는 것은 과거부터 소설가들이 매우 선호하는 주제였다. 예컨대 디킨스(Dickens)의 소설을 생각해보면 잘 알 수 있다. 디킨스의 소설에서는 주인공들이 도시의 특권적 영역에서 주변적 영역으로 극적으로 옮겨가면서 양쪽을 대비하는 특징을 보여준다. 디지털 혁명 시기에 들어와서도 비슷한 흐름이 사이버펑크(cyberpunks)에서 나타난다. 예를 들어 닐 스티븐슨(Neal Stephenson)이 쓴 으스스하며 유쾌한 소설 *Snow Crash*(New York: Bantam, 1992)에서, 작가는 정보통신망을 완비한 특권층들이 완벽한 통관 검사와 개인적 안전요원들을 갖춘 자동화된 '교외 요새(Burbclaves)'에 은둔한다고 상상했다. 이들 특권층의 교외 요새들 사이에는 다음과 같은 것들이 있다. "거지들이 석유 불꽃이 이글거리는 통 위에 개를 꼬챙이를 끼워서 굽고 있다. 바람이 몰아치는 하수구에서 긁어모은 수백만, 수천만 달러어치의 지폐 뭉치를 너무 높이 쌓아올려서 흘러넘치는 수레를 거리의 사람들이 밀고 있다. 길가의 놓여 있는 사체들이─이 사체들은 너무 커서 사람의 시체라고 여길 수밖에 없다─거리를 넓게, 그리고 길게 오염시키고 있었다. 넓은 가로를 따라서 거리들이 불타고 있다. 패스트푸드 체인점들은 어디에서도 찾을 수가 없다."

[19]　하지만 이것이 중요한 영향력으로 작용할 수도 있다. 여기에 대해서는 Andrew Gillespie and Kevin Robins, "Geographical Inequalities: The Spatial Bias of the New Communications Technologies," *Journal of Communication* 39, no.3(Summer 1989, pp.7-18) 참조.

[20]　전화기술의 다양한 전용(轉用)과 변형에 대해서는 Claude S. Fischer, *America Calling: A Social History of the Telephone to 1940*(Berkeley: University of California Press, 1992) 참조.

6. 온라인 만남

[1] 스티븐슨의 *Snow Crash*(1992)는 물리적인 모임장소와 상당히 유사하며, 우리의 신체와 꼭 닮은 아바타—당신의 경제적 지불 능력에 따라 아바타의 성질은 달라진다—가 점유하고 있는 가상의 모임장소에 대한 생각을 보편화시켰다. 그가 제시하는 가상의 '메타버스(Metaverse: 물리적 우주를 차용한 가상의 우주)'는 길(the Street) 주변에 조성되어 있고, 불빛이 반짝이는 거대한 가로수 길은 만 킬로미터보다 약간 큰 반지름을 가진 검정색 구면의 적도 주변에 길게 펼쳐져 있다. 어떤 때라도 수백만의 사람들은 이 적도를 오르내릴 수 있다. 적도를 중심으로 양쪽 모두 개발이 가능한 부동산이 존재한다.

[2] 정보통신, 컴퓨터 네트워크, 간접적인 사회관계에 대해서는 Craig Calhoun, "Community without Propinquity Revisited: Categorical Identities, Relational Networks, and Electronic Communication," *Sociological Inquiry* 68, no.3(1998)을 참조하라.

[3] Michael Dertouzos, presentation to the Club Rome conference "How New Media Are Transforming Society," Smithsonian Institution, Washington, D.C., 1998.

[4] Richard S. Tedlow, "Roadkill on the Information Superhighway," *Harvard Business Review*, November/December 1996. 국가적, 세계적 상표와 관련된 시장전략은 19세기 말 고속 복사, 철도, 효율적인 체신 시스템과 더불어 번성하기 시작했다. 아이보리 비누, 아메리칸 타바코, 존슨 앤 존슨, 코카콜라는 모두 1880년에 나온 것이다. 여러 측면에서 볼 때, 인터넷은 이같은 흐름을 단지 이어가고 있는 것이라고 볼 수 있다.

[5] Manuel Castells, *The Rise of the Network Society*, Malden, Mass.: Blackwell, 1996, p.364.

[6] 이것은 D. J. Czitrom, *Media and the American Mind*(Chapel Hill: University of North Carolina Press, 1982, p.11)에서 인용한 것이다.

[7] 시장 분절 이론의 고전적인 형태에 대해서는 다음을 참고하라. Wendell R. Smith, "Product Differentiation and Market Segmentation as Alternative Marketing Strategies," *Journal of Marketing* 21, July 1956. 온라인 상의 가상 커뮤니티에 접속하는 것에 관해서는 John Hagel III and Arthur

G. Armstrong, *Net Gain: Expanding Markets through Virtual Communities*(Boston: Harvard Business School Press, 1997)를 참조하라.

[8] 특별히 분명하고 감동을 주는 사례로는 보스톤빌(BostonBill)의 이야기와 희귀한 병인 섬유조직염(fibromyalgia)을 앓는 사람들의 온라인 커뮤니티를 꼽을 수 있다. Peter S. Canellos, "A Champion of the Afflicted Is Mourned," *Boston Globe*, March 16, 1998, pp.A1, A16. 동성애자들의 가상경관에 대해서는 Michael Joseph Gross, "Good Thrill Hunting," *Boston Magazine* (April 1998, pp.50-56)을 참조하라.

[9] 예컨대 다음을 참조하라. Clifford Stoll, *Silicon Snake Oil: Second Thoughts on the Information Highway*, New York: Anchor, 1996.

[10] 뒤르켐(Durkheim)에 따르면 아노미 상태란 노동이 아주 잘게 분화되어서, 각 개인들은 집단의 경제적 노력의 더 큰 목적이 무엇인지에 대해 알지 못하게 됨으로써, 그 결과 사회관계가 붕괴될 때 발생하는 심리상태이다. Emile Durkheim, *The Division of Labor in Society*, trans. George Simpson, New York: Free Press, 1933(original 1893) 참조.

[11] Howard Rheingold, *The Virtual Community: Homesteading on the Electronic Frontier*, Reading, Mass.: Addison-Wesley, 1993, p.2.

[12] Stacy Horn, *Cyberville: Clicks, Culture, and the Creation of an Online Town*, New York: Warner Books, 1998, p.8.

[13] Stephen Graham and Simon Marvin, *Telecommunications and the City: Electronic Spaces, Urban Places*, London: Routledge, 1996, pp.260- 263.

[14] 지식의 등대(Farol do Saber) 시스템은 쿠리티바(Curitiba)의 시장 라파엘 그레카 데 마케도(Rafael Greca de Macedo)에 의해 시작되었다. 이는 1994년 처음 건축되고, 50개가 증축되었다. '등대' 타워는 고대 알렉산드리아의 등대와 도서관을 참조한 것이자 동시에 주위 이웃에게 시계탑을 떠올리게 했다. 지식의 등대는 시 학교와 공공 광장 주변에 있었다. 쿠리티바 시(市)의 웹사이트에서 인용된 시장의 인사말은 다음과 같다. "지식의 등대는 정보의 터미널이며, 대중 일반에게 열려있다." 이것이 의미하는 바는 다음과 같다. "어둠을 쫓아내고 우리 민중들에게 안전을 제공한다. 아는 것, 읽을 수 있다는 것은 기회에서 배제되어 도둑, 문맹, 못가진 자, 사회에서 버림받은 자의 세계로 추락하는 것을 막을 수 있는 가장 좋은 안

전판이다.”

[15] 동적 네트워크 어드레싱에 대한 관점은 미묘하지만 중요하다. 보통 의 경우 네트워크 어드레스는 특정 접속지점과만 연결된다. 즉, 예컨대 여 러분의 이메일이 어떻게 해서 올바른 장소로 배달되느냐의 문제인 것이다. 만약 당신이 어떠한 접속지점에서도 작업을 하길 바란다면, 멀리 떨어져 있는 기계에 로그인할 필요가 없이, 단지 가까운 접속지점에 당신의 개인 어드레스를 임시적으로 연결시키는 것이 더 단순하고 효율적인 방식일 것 이다.

[16] Melvin M. Webber, “Order in Diversity: Community without Propin-quity,” in Lowdon Wingo, ed., *Cities and Space: The Future Use of Urban Land*, Baltimore: Johns Hopkins University Press, 1963, pp.29-54. 또한 다음을 참 조하라. Melvin M. Webber, “The Urban Place and Nonplace Urban Realm,” in Melvin M. Webber, ed., *Explorations into Urban Structure*, Philadelphia: University of Pennsylvania Press, 1964 and Peter Hall, “Revisiting the Nonplace Urban Realm: Have We Come Full Circle?” *International Planning Studies* 1, no.1, 1996, pp.7-15.

[17] 다음 문헌은 이 같은 기술과 기술의 사용법, 관련 정책문제에 대해 서 설득력 있게 소개하고 있다. Robert B. Gelman with Stanton McCandlish and Members of the Electronic Frontier Foundation, *Protecting Yourself Online*, San Francisco: HarperEdge, 1998.

[18] 내가 1970년대 케임브리지 대학에서 가르치고 있었을 때, 우리는 전자 정보통신을 많이 사용하지 않았다. 이메일은 존재하지 않았으며, 전 화도 드물었고 불편했으며, 전화를 사용한다는 것은 여전히 예의바르지 못 한 의사소통으로 여겨졌다. 만약 우리가 볼 일이 있는 어떤 사람과 만나길 원한다면, 점심시간에 Trumpington거리에서 어슬렁거리면 되었다. 그렇지 않으면 대학 구내의 저녁만찬 자리에서 서로 만날 수 있었다.

[19] 가시성(visibility)과 비가시성(invisibility)에 대한 요지는 하버마스주의 자들의 포용적이고 통합된 공공영역(public sphere)이라는 개념을 비판하는 과정에서 크게 부각되었다. 여기에 대해서는 다음을 참조하라. Oskar Negt, Alexander Kluge, Peter Labanyi, Owen Daniel, Assenka Oksiloff, and Miriam Hansen, *Public Sphere and Experience: Toward an Analysis of the Bourgeois and Proletarian Public Sphere*, Minneapolis: University of Minnesota Press, 1993.

특별히 공공공간에 관한 것은 Rosalyn Deutsche, "Men in Space," *Artforum* (February 1990, pp.21-23).

[20] Manuel Castells, "Mexico's *Zapatistas*: The First Informational Guerrilla Movement," in *The Power of Identity*, Malden, Mass.: Blackwell, 1997, pp.72-83. 미래의 혁명에 있어서 사이버스페이스의 역할에 RAND Corporation의 통찰력 있는 분석을 보기 위해서는, John Arquilla and David Ronfeldt, "Cyberwar Is Coming!" *Comparative Strategy* 12, no.2(1993, pp.141-165)를 참조하라. (또한 www.techmgmt.com/restore/cyberwar.htm도 참조하라.)

[21] Andrew Shapiro, "Internet Treasure," *Boston Review* 23, no.3-4, Summer 1998, pp.18-19.

[22] *Democracy in America*, Book 1, Chapter XII: "Political Associations in the United States."

[23] 온라인 만남의 장소를 활용한 풀뿌리 정치조직에 대한 체험적이고 도 실천적인 설명은 다음 문헌을 참조하라. Ed Schwartz, *NetActivism: How Citizens Use the Internet*, Sebastopol, Calif.: O'Reilly, 1996.

[24] 전통적으로 인식된 키비타스(civitas)와 우르브스(urbs) 사이의 관계에 대한 고전적 논의에 관해서는 Numa Denis Fustel de Coulanges, *The Ancient City: A Study of the Religion, Laws, and Institutions of Greece and Rome*[Baltimore: Johns Hopkins University Press, 1980(original 1864)]를 참조하라.

[25] 예컨대, James Dale Davidson and Lord William Rees-Mogg, *The Sovereign Individual*(New York: Simon & Schuster, 1997)을 참조하라. 이에 관해 조금 더 학문적으로 정교한 논의는 Saskia Sassen, *Losing Control? Sovereignty in an Age of Globalization*(New York: Columbia University Press, 1996)을 참조하라.

[26] 커뮤니티와 장소 사이의 보다 복잡해진 최근의 관계는 전자정보통신 때문에 나타난 것은 아니지만, 전자정보통신 때문에 그 복잡성이 훨씬 강화되었다고 할 수 있다. Claude S. Fischer, *To Dwell among Friends: Personal Networks in Town and City*, Chicago: University of Chicago Press, 1982, and Barry Wellman, "The Community Question," *American Journal of Sociology* 84 (1979, pp.1201-1231)를 참조하라.

[27] 다양한 시각에서 이 시기의 도시에 대해 자세히 분석한 것으로는
다음과 같은 것이 있다. M. Christine Boyer, *The City of Collective Memory*,
Cambridge: MIT Press, 1994; Dolores Hayden, *The Power of Place*, Cambridge:
MT press, 1995; Peter G. Rowe, *Civic Realism*, Cambridge: MIT Press, 1997.

7. 새로워진 일터

[1] Walter B. Wriston, *The Twilight of Sovereignity: How the Information
Revolution Is Transforming the World*, New York: Scribner's, 1992, p.61. 여기
서 리스턴(Wriston)은 전자적으로 가능해진 금융시장의 출현에 대해 생생
하고 체험적인 설명을 했다.

[2] 1998년의 상황에 대한 조사는 "Financial Centers," *The Economist* 347,
no.8067(May 9, 1998, p.62) 참조. 전자상거래의 발달에 관한 설명 및 그
함의에 대한 훌륭한 분석은 Gene I. Rochlin, *Trapped in the Net: The
Unanticipated Consequences of Computerization*(Princeton: Princeton University Press,
1997, pp.74-107) 참조.

[3] 이때의 주식 대폭락은 전자적 정보통신과 소프트웨어 때문에 전세계
에 빠른 속도로 전파되었을 뿐만 아니라, 여러 유형의 통신 오류 및 소프
트웨어 오류 때문에 더욱 큰 폭으로 증폭되기까지 하였다.

[4] Matt Richtel, "Record Label to Distribute Music on Line," *New York
Times*, May 5, 1999, pp.C1, C9.

[5] 자동차에 대해서는, Rebecca Morales, *Flexible Production: Restructuring the
International Automobile Industry*(Cambridge: Polity, 1994) 참조. 옷에 대해서는
Edna Bonacich, Lucie Cheng, Norma Chinchilla, Nora Hamilton, 및 Paul
Ong, eds., *Global Production: The Apparel Industry in the Pacific Rim*
(Philadelphia: Temple University Press, 1995) 참조. 컴퓨터에 대해서는 PC나
노트북을 뜯어서 그 안의 여러 부품들의 원산지 표시를 보면 된다.

[6] 조지 길더(George Gilder)는 다음의 글에서 많은 인상적인 예를 들고
있다. (물론 타의 추종을 불허하는 그의 독특한 '시장 숭배, 정부 비하' 관
점을 미리 잘 감안하고 보아야 할 것이다.) "The Eclipse of Geopolitics," in
Microcosm: The Quantum Revolution in Economics and Technology, New York: Simon
& Schuster, 1989, pp.353-370. 여기서 그는 책과 관련하여 다음과 같이 추

정한다. "책 한 권을 인쇄하는 데는 약 80센트 가량 든다. 책의 가치의 대부분은 작가, 출판업자, 배급업자, 소매상들에 의해 창출된다." 실리콘 칩에 대해서는 다음과 같이 추정한다. "컴퓨터 디자인은 물리적 형태로 보여질 필요가 전혀 없기 때문에, 세계적 신경중추망을 통하여 전세계 어느 곳이든 가리지 않고 생산라인과 연결된 다른 컴퓨터로 흘러갈 수 있다."

[7] 이러한 변화 및 그에 따른 영향에 관해 언급하는 것은 1980년대와 1990년대 들어와 우파와 좌파 양쪽 모두의 명성 있는 정책전문가들 사이에서 일종의 대유행이 되었다. 우파와 좌파는 각각 자신들의 특정관점에 입각하여 이를 설명하였다. 예컨대 조지 길더는 그의 관점을 그의 책 『소우주(Microcosm)』에다 부어넣었고, 로버트 라이히(Robert Reich)는 그의 관점을 그의 책 *The Work of Nations: Preparing Ourselves for 21st-century Capitalism* (New York: Random House, 1992)에 주입하였다.

[8] 더욱 자세한 설명은 Don Tapscott, *The Digital Economy: Promise and Peril in the Age of Networked Intelligence*(New York: McGraw-Hill, 1996, p.92)를 보라.

[9] Ithiel de Sola Pool, *Technologies without Boundaries: On Telecommunications in a Global Age*, Cambridge: Harvard University Press, 1990, pp.68-69.

[10] Ronald H. Coase, "The Nature of the Firm," in *The Firm, the Market, and the Law*, Chicago: University of Chicago Press, 1990(original 1937), pp.33-56.

[11] 예를 들어 Frances Cairncross, "The Future of the Firm," in *The Death of Distance: How the Communications Revolution Will Change Our Lives*(Boston: Harvard Business School Press, 1997, pp.151-153), 그리고 Don Tapscott, "Theme 4: Molecularization,"in *The Digital Economy: Promise and Peril in the Age of Networked Intelligence*(New York: McGraw-Hill, 1996, pp.51-54) 참조. 더욱 자세한 기술적 분석에 대해서는 Thomas W. Malone, Joanne Yates, Robert I. Benjamin, "Electronic Markets and Electronic Hierarchies," *Communications of the ACM* 30, no.6(1987, pp.484-497) 참조.

[12] 예를 들어 William H. Davidow and Michael S. Malone, *The Virtual Corporation: Structuring and Revitalizing the Corporation for the 21st Century*(New York: HarperBusiness, 1993) 참조.

[13] Lester C. Thurow, "Economic Community and Social Investment," in Frances Hesselbein, Marshall Goldsmith, Richard Beckhard, and Richard F. Schubert, eds., *The Community of the Future*, San Francisco: Jossey-Bass Publishers, 1998, p.25.

[14] 생산의 물리적 수단은 여전히 옮기기에는 비용이 많이 드는 경우가 많기 때문에, 기업은 종종 실제 철수하기 전에 철수하겠다는 위협을 하곤 한다. 심지어 철수 위협만 하고는 실제로는 철수하지 않기도 한다. 철수 위협은 실제 철수시 들어가야 할 이전비용이 들지 않으면서도, 현재 입지에서 임금과 세금비용을 낮추게 할 수 있다.

[15] Eric J. Hobsbawm, *Nations and Nationalism since 1780*, Cambridge: Cambridge University Press, 1990, pp.174-175. 이처럼 국경을 초월한 산업지대 가운데 가장 잘 알려진 것은 멕시코의 북부 지역의 산업발전계획의 일환인 **마켈라도라**(Maquiladoras: 미국과 멕시코의 국경 바로 가까이에 있는 멕시코의 단순조립형 제조공장들을 일컫는 용어로, 이곳에서는 미국에서 원재료를 들여와 멕시코의 값싼 노동력을 이용해 제품을 조립한 다음, 완성품은 다시 미국으로 가서 파는 형태로 운영된다—옮긴이)이다.

[16] Gilder, *Microcosm*, pp.355-356.

[17] 실리콘밸리와 실리콘밸리처럼 되기를 원하는 다른 모든 지역들을 구별할 수 있는 **진정한** 차이점은 실리콘밸리에는 훌륭한 재능과 전문 능력을 갖춘 인재들이 전세계에서 유일무이하게 이곳에 집중되어 있고, 아울러 이들의 집중으로 인한 활발한 상호교류와 이를 지원하는 서비스가 함께 갖추어져 있다는 것이다.

[18] 일례로 내가 1998년에 방갈로르에서 인터뷰했던 산업 지도자는 이 도시에서 소프트웨어 수출산업이 성공한 핵심 요인은 바로 쾌적한 환경, 좋은 기후, 기존에 갖춰진 고급 교육 및 연구기관의 전통 등의 요인들에 이끌려서 이곳에 온 **고숙련 지역인재 집단들** 때문이라고 일관되게 설명하였다. 낙후 지역에서 첨단기술 작업장이 생존하기 위해서는 새로운 도로에 대한 투자 및 대기업에 의한 버스 운영 역시 중요하다. 그리고 부동산 개발에 있어서는 입주하자마자 즉시 사용할 수 있는 플러그-앤-플레이(plug-and-play) 체제와 정보통신망을 미리 갖춘 건물들이 강조되고 있다.

[19] 전형적으로 경제학자들은 경제적 공동체는 장소 안에 들어있는 구조라고 생각했다. 그 장소 안에서 시장 경제가 작동하는 데 필요한 재산권

이 규정되고, 또 내부 및 외부의 적들로부터 재산권이 지켜진다. 먼 과거 시절에 경제적 공동체는 종종 성벽으로 둘러싸인 도시 국가와 일치했다. 얼마 전까지 경제적 공동체는 국민국가와 동일한 영역에 존재했다. 그리고 보다 최근에는 우리는 EEC의 예와 같이 초국가적이면서도 여전히 지리적인 경제적 공동체를 보고 있다.

[20] 한 경제학자가 이 이슈를 다룬 것을 보려면 Thurow, "Economic Community and Social Investment" 참조.

[21] Diane Coyle, *The Weightless World: Strategies for Managing the Digital Economy*, Cambridge: MIT Press, 1998, p.210.

8. 원격서비스 도시

[1] Joel E. Tarr, Thomas Finholt, and David Goodman, "The City and the Telegraph: Urban Telecommunications in the Pre-Telephone Era," *Journal of Urban History* 14, no.1, November 1987, pp.38-80.

[2] Don Tapscott, *The Digital Economy: Promise and Peril in the Age of Networked Intelligence*, New York: McGraw-Hill, 1995, p.45.

[3] 이와 관련된 핵심 사안들에 대한 직선적이면서도 설득력 있는 분석에 대해서는 Robert B. Gelman and Stanton McCandlish, "Privacy, Anonymity, and Secure Communications: Safeguarding Personal and Business Data in the Information Age," in *Protecting Yourself Online*(San Francisco: HarperEdge, 1998, pp.35-84)을 참조. 좀더 푸코주의적인 관점에 대해서는 William Bogard, *The Simulation of Surveillance: Hypercontrol in Telematic Societies* (Cambridge: Cambridge University Press, 1996)를 참조.

[4] 협력적 여과 알고리즘(collaborative filtering algorithms)은 모집단들의 소비자선택에 관한 통계자료들을 활용하여서, 그 모집단 내 특정 구성원들의 과거 행태로부터 외삽(外揷, extrapolate)하여, 이들의 선호를 예측하고, 이에 근거하여 자동적으로 개인적 추천을 하는 데 사용된다. 이 알고리즘은 만약 어떤 개개인들이 과거에 어떤 선택을 하였다면, 이들은 아마 지금도 과거와 비슷한 관심을 가지고 있고, 미래에도 아마 비슷한 선택을 할 것이라는 지극히 상식적인 생각에 근거하고 있다. 모집단이 크고 선택과 관련된 정보의 양이 많을 때, 이 알고리즘은 매우 잘 작동한다.

[5] 이러한 발전에 대하여 더 확장된 논의에 대해서는 Tapscott, *The Digital Economy*, pp.191-195 참조

[6] Brad Stone and Jennifer Tanaka, "Point, Click and Pay," *Newsweek*, August 17, 1998, pp.66-67.

[7] Bill Gates, "Friction-Free Capitalism," in *The Road Ahead*, New York: Viking, 1995, pp.157-183.

[8] Jillian Burt, "Serfing the Net," *21·C*, Spring 1996, p.69에서 인용. 원격 정원은 http://www.usc.edu/dept/garden을 통해 접속할 수 있다.

[9] 예를 들어, Ian W. Hunter, Tilemachos D. Doukoglou, Serge R. Lafontaine, Paul G. Charette, Lynette A. Jones, Mark A. Sagar, Gordon D. Mallinson, and Peter J. Hunter, "A Teleoperated Microsurgical Robot and Associated Virtual Environment for Eye Surgery," *Presence* 2, no.4(Fall 1993, pp.65-280) 참조.

[10] Paul Krugman, "The Localization of the World Economy," in *Pop Internationalism*, Cambridge: MIT Press, 1997; *Geography and Trade*, Cambridge: MIT Press, 1993.

[11] 이것은 적어도 알프레드 마셜(Alfred Marshall)까지 거슬러 올라가는, 오래되고 자주 반복되는 관찰이다. 정보통신의 출현은 이같은 도시 접착력의 역할과 영향을 변화시켰지만 그것을 전적으로 제거하지는 못하고 있다.

[12] Paul Krugman, "Technology's Revenge," in *Pop Internationalism*, pp.191-204.

9. 참석의 경제

[1] 영어의 'presence'라는 단어는 이와 관련된 적절한 의미들을 다양하게 지니고 있음에 주목하라. 당신은 특정한 장소에 등장 혹은 출석(present)할 수 있다. 또한 현재(present) 시간을 의미할 수 있다. 또한 당신은 당신 자신을 표현(present)할 수 있다.

[2] 그의 후기 현학적 저술인 『법(Laws)』(737e ff)에서 플라톤은 이상적인 도시국가의 규모는 5,040명의 시민권을 가진 농민들과, 여기에 그들의 가

족들과 노예들, 그리고 약간의 외국인 거주자들을 합친 수준이라고 아주 정확하게 지적하였다. 플라톤보다 더욱 경험적인 경향을 지닌 아리스토텔레스는 정확한 숫자를 명시하지는 않았으나 도시 국가의 적절한 영토경계의 조건을 그의 저서『정치학(Politics)』에서 다음과 같이 자세히 서술하였다. "정의의 문제에 결정을 내리기 위해서는, 그리고 남의 이야기에 의존하지 않고 자기 자신의 직접적 판단에 의해서 공직을 선출하기 위해서는, 시민들이 반드시 서로서로를, 그리고 각자가 어떤 유형의 사람인지를 잘 알아야만 할 필요가 있다." 아리스토텔레스는 지나치게 과대한 도시 규모는 "이 나라에 거주하는 외국인들이나 이방인들이 시민권을 얻는 것을 쉽게" 만들게 된다고 지적한 후에, 다음과 같이 요약하였다. "따라서 여기서 우리는 국가의 최적 한계규모를 제시하고자 한다. 국가는 자급자족적 생활에 필요한 식량을 조달하는 데 충분할 만큼 많은 인구를 가져야만 하지만, 그 인구가 너무 많아서 쉽게 조사하지 못할 정도로 많아져서는 안된다. 이것이 바로 국가의 최적 규모를 설명하는 우리 방식이다."

[3] 천안문에 관한 통찰력 있는 분석 및 전자 정보통신시대에 천안문의 역할의 변화에 대해서는 Craig Calhoun, "Tiananmen, Television and the Public Sphere: Internationalization of Culture and the Beijing Spring of 1989," *Public Culture* 2, no.1(Fall 1989, pp.54-71)을 참조.

[4] 정보의 전달이 구술(oral)에서 문자(literate)로 변화한 것의 함의와 결과에 대해서는 지금까지 상당히 많은 곳에서 논의되어 왔다. 이 주제와 관련된 엄청나게 많은 문헌들이 있다. 이 주제에 대한 논의는 플라톤에서부터 출발한다. 플라톤은 그의 책『휘드라스(*Phaedrus*)』에서 구두에서 문자로의 변화가 그렇게 대단한 것이 아니라는 다음과 같이 유명한 주장을 했다. "(문자는 사람을) 망각케 하고" 그리고 "(문자를 통한 지혜는) 겉보기에는 지혜인 것 같지만 진실한 지혜가 아니다." 프로이드가 쓴 다음 구절은 그 후 여러 미디어 비평가들, 특히 맥루한에 의해 끊임없이 인용되는 구절로서 그 반향이 계속 울려 퍼지고 있다. "모든 도구들 덕분에 인간은 그 자신의 기관(organs)을 완성한다. 전동기나 센서는 인간의 기관의 기능적 한계를 제거시켜 준다…… 글쓰기의 기원은 존재하지 않는 사람의 목소리이다."[Sigmund Freud, *Civilization and Its Discontents*, Trans. James Strachey, New York: W. W. Norton, 1961(original 1930)]. 문학에서 이와 관련된 훌륭한 현대적 입문서는 해롤드 이니스(Harold A. Innis)의 고전 *The Bias of Communication*(Toronto: University of Toronto Press, 1951)을 들 수 있다. 맥루한은 그의 책 *Understanding Media: The Extensions of Man*[Cambridge: MIT Press, 1994(original 1964)]의 8장, 9장, 10장에서 이 주제를 다루고 있다.

[5] Lewis Mumford, *The City in History*, London: Secker & Warbug, 1961, p.97.

[6] 지금까지 발견된 것 중 가장 오래된 원시시대의 운반 가능한 현판에는 간단한 목록들과 계산들이 기록되어 있다. 이것은 비축된 소유물들의 목록을 기억하도록 하고, 물물교환 협상을 용이하게 하기 위한 도구였다.

[7] 『파리의 노트르담』(1831)에서 빅토르 위고(Victor Hugo)는 건축의 이같은 역할을 극화하면서 인쇄된 문자의 시대에 건축의 명백한 소멸을 안타까워했다. 그의 희곡에서 등장인물인 종교지도자 프롤로(Frollo)는 다음과 같은 유명한 구절을 말한다. "이것이 그것을 죽일 것이다". 즉 이제 건축은 더 이상 인류의 집합적 기억으로서의 역할을 할 수 없을 것이다. 프롤로는 다음과 같이 덧붙였다. "건축은 이제 더욱 녹슬고 시들고 희미해지고 있다. 훌륭한 건축물을 갉아먹는 벌레인 인쇄된 단어가 건축을 핥고 빨아가면서 게걸스럽게 먹고 있다. 건축은 이제 그 복장을 내던져버려서 볼 만한 것이 점점 더 줄어들고 있다. 건축은 지저분하고 누추하고 꾸밈이 없게 되었다. 건축은 이제 더 이상 어떤 것도 표현하지 않으며, 더 이상 다른 시대 예술의 기억조차도 못 된다." 역사가 앤소니 비들러(Anthony Vidler)는 프랑스의 기념비적인 새로운 국립도서관-많은 전통적 애서(愛書)가들이 혐오하는 건물-이 건축의 복수를 대변한다고 신랄하게 조롱하였다.

[8] Marshall McLuhan, *The Gutenberg Galaxy: The Making of Typographic Man*, London: Routledge & Kegan Paul, 1962, p.206.

[9] 이같은 길고 복잡한 이야기를 조금 압축한 내용에 대해서는 Warren Chappell, *A Short History of the Printed Word*(New York: Knopf, 1970); Elizabeth L. Eisenstein, *The Printing Revolution in Early Modern Europe* (Cambridge: Cambridge University Press, 1983) 참조.

[10] Robert H. Wiebe, preface to *The Search for Order*, 1877-1920, New York: Hill and Wang, 1967.

[11] John Dewey, *The Public and Its Problems: An Essay in Political Inquiry*, Chicago: Gateway Books, 1946, pp.114-115.

[12] James R. Beniger, *The Control Revolution: Technological and Economic Origins of the Information Society*, Cambridge University Press, 1983.

[13] 패킷스위칭에 대한 선구적인 연구는 1960년대 초중반 랜드 코퍼레

이션(the Rand Corporation)의 폴 바란(Paul Baran)과 영국 국립물리연구소의 도날드 데비스(Donald Davies)에 의해 수행되었다. 그 역사에 대해서는 Peter H. Salus, *Casting the Net: From ARPANET to Internet and Beyond* (Reading, Mass.: Addison-Wesley, 1995) 참조. 보다 기술적인 세부사항에 대해서는 Mischa Schwartz, *Telecommunication Networks*(Reading, Mass.: Addison-Wesley, 1987) 참조.

[14] 패킷은 그 크기에 따라 다르지만, 인터넷에 의해 운반되는 패킷은 전형적으로 약 200바이트 가량의 정보를 담고 있다. 이는 200개의 키보드 문자와 같은 정보량이다.

[15] 정보통신 엔지니어의 관점에서 보면 메시지는 '사용자(user)'의 단위이고 패킷은 '시스템'의 단위가 된다. 사용자는 메시지를 보지만 시스템은 패킷을 다룬다.

[16] 패킷의 이동 경로가 매우 복잡할 수도 있다. 또 패킷의 출발지에서 목적지 사이에 수많은 중간지점을 통과할 수도 있다. 더욱이 동일 메시지의 연속된 패킷이라고 해서 반드시 같은 경로로 가는 것도 아니다.

[17] 따라서 패킷스위칭은 지속적인 연결이 필요치 않은 곳에서, 그리고 지연(delays)이 용인되는 곳에서 최적으로 작동한다. 즉 컴퓨터 대 컴퓨터 데이터교환, 팩스 전송 등과 같은 곳에 매우 적합하지만, 계속 이어지는 말이나 영상 커뮤니케이션에는 적합하지 않다. 패킷 주소(address)를 읽고 응답할 필요 때문에 만들어진 프로세싱 오버헤드(processing overhead)는 길고 연속되는 데이터의 흐름보다는 짧은 데이터 조각들이 전송될 때 가장 적합하다. 그렇지만 충분히 빠른 패킷스위칭 네트워크에서는 마치 지속적으로 연결된 것 같은 느낌을 줄 수 있으며, 따라서 때때로 동시적으로 목소리나 영상을 성공리에 전송할 수 있다.

[18] 카네기 멜론(Carnegie Mellon) 대학교의 연구자들은 1998년 출간된 광범위한 내용의 연구보고서에서, 피츠버그의 인터넷 사용자들에 미친 이러한 유형의 영향을 설명할 수 있었다. 이 연구결과는 연구자들 자신 및 많은 다른 사람들을 무척 놀라게 했다. Amy Harmon, "Sad, Lonely World Discovered in Cyberspace," *New York Times*, August 30, 1998, pp.1, 22 참조. 그 결과는 Robert Kraut, Michael Patterson, Vicki Lundmark, Sara Kiesler, Tridas Mukophadhyay, and William Scherlis, "Internet Paradox: A Social Technology That Reduces Social Involvement and Psychological Well-Being?" *American Psychologist*(September 1998)에 출간되었다. 연구 결과는 다양한 해

석을 낮게 했다. 한 비평자는 다음과 같이 논평했다. "그들이 인터넷이라
는 광대한 세계에 노출되고 나서 혹시 다음과 같은 의문을 제기하지 않을
까? '내가 여기 피츠버그에서 도대체 무엇을 하고 있지?'라고".

[19] Jennifer Steingauer, "Old-Line Retailers resist On-Line Life," *New York
Times*, April 20, 1998, pp.D1, D4.

10. 날렵한 녹색 도시

[1] 아젠다 21(Agenda 21)은 UNCED에서 주관한 리오데자네이로 환경 정
상회담에서 처음 등장했다. UNCED 문서 A/CONF.151/PC/Add.7, Section1,
Chapter6 참조.

[2] 이러한 정식은 <환경과 발전에 관한 국제 위원회>의 '지속가능성
(sustainability)'의 정의에서 나온 것이다. 이 정의에 따르면 지속가능성이란
"미래 세대가 그들 자신의 필요(needs)를 충족시킬 능력을 손상시키지 않으
면서 현재의 필요(needs)를 충족하는 것"이다.

[3] 예를 들어, Diane Coyle, *The Weightless World: Strategies for Managing the
Digital Economy*(Cambridge: MIT Press, 1998) 참조.

[4] Lee Goldberg, "The Advent of 'Green' Computer Design," *Computer* 31,
no.9, September 1998, pp.16-19.

[5] Pnina Ohanna Plaut, "Telecommunication vs. Transportation," *Access:
Research at the University of California Transportation Center*, no.10, Spring 1997,
pp.21-26; Ilan Salomon, "Telecommunications and Travel: Substitution or
Modified Mobility?" *Journal of Transport Economics and Policy*, September 1985,
pp.219-235; Ilan Salomon, "Telecommunications and Travel Relation ships: A
Review," *Transportation Research* 20A, no.3, 1986, pp.223-238 참조

[6] Peter Hall, *Cities in Civilization*, New York: Pantheon, 1998, p.960.

[7] 이러한 전략은 리처드 로저스(Richard Rogers) 등과 같은 사람들에 의
해 옹호되어왔다. Richard Rogers, *Cities for a Small Planet*, Boulder: Westview
Press, 1997 참조.

[8] 이러한 아이디어는 수잔 오웬즈(Susan E. Owens)가 자세히 탐구하였

다. 그녀의 책 *Energy, Planning and Urban Form*(London: Pion, 1986) 참조, 또한 그녀의 논문 "Energy, Environmental Sustainability, and Land-Use Planning," in M. J. Breheny, ed., *Sustainable Development and Urban Form* (London: Pion, 1992, pp.79-105) 및 "Land-Use Planning for Energy Efficiency," *Applied Energy* 43(1992, pp.81-114) 참조.

[9] 대량 맞춤(mass customization)이라는 용어가 특별히 아주 적절한 용어라고 볼 수는 없지만 이미 널리 통용되고 있어서, 우리도 이 용어를 사용해야만 할 것 같다. 이 용어는 특히 경영 컨설턴트인 스탄 데이비스(Stan Davis)의 "Mass Customization," in *Future Perfect*, rev. ed.(Reading, Mass.: Addison-Wesley, 1997)에 의해 대중화되었다. 더 자세한 논의에 대해서는 B. Joseph Pin, *Mass Customization*: *The New Frontier in Business Competition* (Boston: Harvard Business School Press, 1992) 참조.

[10] Plaut, "Telecommunication vs. Transportation."

e-토피아

ⓒ 강현수, 2001

지 은 이 • 윌리엄 미첼
옮 긴 이 • 강현수
펴 낸 이 • 김종수
펴 낸 곳 • 도서출판 한울

초판 1쇄 인쇄 • 2001년 11월 30일
초판 2쇄 발행 • 2009년 4월 30일

주소(본사) • 413-832 파주시 교하읍 문발리 507-2
주소(서울사무소) • 121-801 서울시 마포구 공덕동 105-90 서울빌딩 3층
전   화 • 영업 02-326-0095, 편집 02-336-6183
팩   스 • 02-333-7543
홈페이지 • www.hanulbooks.co.kr
등   록 • 1980년 3월 13일, 제406-2003-051호

Printed in Korea.
ISBN 978-89-460-4066-3 03300

＊ 책값은 겉표지에 표시되어 있습니다.